歴史のなかの教師

近代イギリスの国家と民衆文化

松塚俊三

Matsuzuka Shunzō

山川出版社

Dame Schools, Popular Culture and Liberal State in Modern Britain

by

MATSUZUKA Shunzo

歴史のなかの教師

近代イギリスの国家と民衆文化

目次

序章　周縁からの出発　3

第一章　デイム・スクールと公教育　15
はじめに　15
1　デイム・スクールという表象　18
2　公教育の発展、デイム・スクールの蔑称化　33
3　デイム・スクールとは何であったのか　45
4　終焉に向かって　61
おわりに　66

第二章　リテラシィから学校化社会へ　国家・社会・教育　72
はじめに　72
1　リテラシィの急激な上昇とその私的誘因　75
2　自由主義国家の教育　85
3　学校化社会に向かって――結びにかえて　95

第三章　デイム・スクールとイギリス民衆文化論　読むことと書くことの間　102
はじめに　102
1　ピーター・バークとその後のイギリス民衆文化論　105
2　「民衆文芸」の普及　111

3　読むことと身体技法と　115
4　リテラシィの意味　118
5　モニトリアル・システムの登場——結びにかえて　123

第四章　地域社会のなかで　一九世紀ニューカースルの公教育学校とプライベイト・スクール　133
はじめに　133
1　工業化とパターナリズム　135
2　ニューカースルの初等公教育　143
3　モニトリアル・システムの普及　160
4　初等教育の普及と地域社会　170
5　プライベイト・スクール　177
おわりに　194

第五章　民衆の教師・教育観　204
はじめに　204
1　バラ・ロード師範学校　205
2　教師確保の諸困難とBFSS　217
3　選抜と排除と　224
4　民衆の教師・教育観　239
おわりに　251

第六章　自由主義国家と教師　260

はじめに　206

1　教師の採用方法　263

2　不遇をかこつ教師の給与　266

3　教師の居住環境・共同体　271

4　「職分を全うするにふさわしい人間でありつづけることを願って」　275

5　諸矛盾の結節点、教師の移動——結びにかえて　280

あとがき　287

付録

索引　*1*

参考文献　*5*

歴史のなかの教師

序章　周縁からの出発

本書のテーマは一〇年前に書かれた「おばさん学校——イギリス庶民のネットワーキング」（朝日百科『世界の歴史』九九号、一九九一年）に始まる。二〇〇〇字程度の短文のなかで筆者は「おばさん学校」をおおよそ次のように紹介した。

近世から近代にかけてのイギリスには、どんな片田舎にも、町の片隅にも小さな学校があり、たいていは高齢の未婚女性や寡婦（夫）がわずかばかりの授業料で隣近所の子どもたちに読み書き算術（3R）を教えていた。これらの課目をひととおりきちんと教えるのはましなほうで、なかには「猫を教材に」一日中遊ばせておくだけとか、女生徒の手習いとして裁縫や刺繍を教えるのをいいことに、もっぱら内職を手伝わせる「おばさん」もいた。窓に看板がわりの貼り紙をする以外に元手はいらなかったし、特別の机もなければ椅子《いす》もなかった。台所、寝室、屋根裏部屋、納屋《なや》、仕事場など、暮らしのあらゆる場所が「教室」になった。「おばさん」は鍋を片手に料理しながら子どもたちをひとりひとり傍らに呼びよせ、アルファベットを教えたり、簡単な読み物や教理問答の一節をみんなに読んで聞かせていた。

どこから見てもお粗末な、学校といえるかどうかも怪しい「学校」に筆者はとりあえず「おばさん学校」という名称を与えた。この種の「学校」は「かみさん学校」「おかみさん学校」「女教師学校」の名前ですでに日本にも紹介されていたが、古めかしい名称を採用する気にはなれなかった。子どもたちの目の高さから、親しみを込めて直感的に命名した「おばさん学校」は、その後ひとり歩きするようになり、高等学校の世界史の教科書にも挿絵が登場するようになった。しかし、この「おばさん学校」という表象は一時的、便宜的なものであり、十分に熟したものとはいえなかった。「学校」の実態に迫れば迫るほど、一研究者がつけた名称など一つの記憶の形にすぎないことを思い知らされた。そこには、その場しのぎの概念規定や学術用語を容易に受けつけようとはしない複雑な世界が広がっていた。今日の学問水準からすれば、後に紹介するP・ガードナーの「労働者階級プライベイト・スクール」(working class private school)という概念に従うのが妥当であるように思われたが、それとても当時の利用者や教師の感覚からはほど遠いものがあった。

近世以来、連綿として一九世紀の奥深くまで続いたこの種の「学校」の利用者と教師は、ついに最後まで彼らの「学校」に統一した呼称や上から与えられた「学術用語」を使うことはなかった。多様で曖昧《あいまい》模糊とした「学校」を何と呼ぶか、規定するか自体が、次章で詳述するように、為政者や公教育の推進者と民衆とが文化的に対峙する「磁場」のなかにあった。こうした事情を勘案するとき、先に一時的に命名した「おばさん学校」なる表象も一つの価値判断、記憶の創出であることは明らかであり、再考を迫られた。学問研究である以上、自らの研究に基づいて積極的な定義を行うべきは当然であるが、研究対象の複雑さとわずかな蓄積しかもたない研究の現状とを考え、本書では原語(dame school)そのままに、デイム・スクールを使用することにした。

ところで、従来のイギリス教育史研究は民衆の教育(popular education, あるいはeducation of the poor)を重要な研究課題の一つとしてきたにもかかわらず、デイム・スクールをまともにとりあげることはなかった。今日、われわれが参照しうる研究はわずかに二つあるにすぎない。一つは一九三〇年代に修士論文として書かれたJ・H・ヒギンスンの一八世紀のデイム・スクールに関する研究であり[1]、もう一つは一九八四年に書物として刊行されたP・ガードナーの研究である[2]。前者はデイム・スクールを教育制度というよりは、農村共同体もしくは家政の相互扶助機能として描き出していた。後者は一九世紀のブリストルを舞台に、デイム・スクールを公教育を推進する政府や中産階級知識人の偏見から救い出し、「労働者階級文化」のなかに位置づけた。ガードナーの研究は『失われた初等学校』という表題にも表れているように、公教育を中心とする教育史研究の伝統のなかで完全に周縁化され、無視された下層民衆のプライベイト・スクールに独自の存在価値を見出そうとしていた。彼の研究はデイム・スクールをはじめて本格的に追究しただけでなく、社会史をめぐる議論が活発に展開された当時の息吹を感じさせた。しかし、現在の時点から振り返ってみると、欠陥も明らかだった。公教育制度の陰に隠れて忘れ去られてしまった膨大な数の「失われた初等学校」を復権させようとするあまり、生硬な対抗文化論に傾き、デイム・スクールだけでなく、公教育学校(public school)をも視野に入れた民衆教育の過渡期の歴史的構造にメスを入れることができなかった。公教育学校であれ、私営のプライベイト・スクールであれ、民衆の教育を担ったことに変わりはなく、両者を統合する視点が必要であった。

デイム・スクールが長い間、等閑視されてきた原因は、従来の教育史研究の問題関心の偏在もしくは狭さにあったと思われる。教育史研究は意識するとしないとにかかわらず、公教育の拡充・発展を素直に進歩として受けとめ、その制度的発展に関心を集中してきた。民衆の教育にまつわる膨大な研究成果は公教育の拡充、公教育政策、立法過程、教育行政、枢密院教育委員会、視学官、学務委員会、任意団体(ボランタリズム)など、教育の制度史といっても過言ではない。民衆の教育史に造詣《ぞうけい》が深いH・シルバーの言葉をかりれば、「いついかなる時も制度として生き延びたものを説明するのに役立つ現象だけが注目に値した」のである[3]。たとえ批判的な研究であっても、この呪《じゅ》縛《ばく》から逃れることはできなかった。急進主義や労働運動の教育に果たした役割を正当に評価し、日本のイギリス教育史研究にも少なからず影響を与えたB・サイモンですら、デイム・スクールについては「とても信じられないくらいひどいものであったことは疑いない」と一行で片付けている。[4] イギリス教育史の教科書として版を重ねたS・J・カーティスの大著『イギリス教育史』も、デイム・スクールについて、その大部分は「教育効果のない、子どもをあやす施設」であると述べるにとどまった。[5] また、日本でも優れた、公教育制度の成立史を著わした三好信浩は「殆んど教育的価値のないデイム・スクール」に言及する余裕をもたなかった。[6] 一時期注目されたソーシャル・コントロール論についても、結局のところ、上からの統制・支配を強調すればするほど民衆を「もの言わぬ受身の存在、もしくは中産階級から一方的な指導を受ける客体」とみなすことになり、デイム・スクールを視野に収めるにはいたらなかった。[7]

すでに多くの批判があるように、制度史や思想史を中心とする従来の教育史研究に希薄であったのは、学校と教師が果たした役割を民衆の生活や文化的・社会的諸経験のなかで検証すること、学校、教師、親、子どもの相互関係をリアルに捉えることではなかったかと思われる。事実、その後の民衆教育史研究はそうした方向に向かっていった。シルバーが苦言を呈した時代から、民衆の教育に関する研究は隣接諸科学の影響を受けながら研究対象、領域を拡大していった。われわれはその一端をJ・S・ハートが編集した文献目録『教育と労働者階級、一八世紀〜二〇世紀』にも窺《うかが》うことができる。[8] およそ一七〇〇から一八〇〇点に達するかと思われる研究成果のなかには、明らかに、教育を閉ざされた学校という制度のなかでのみ捉えるのではなく、より広い視点から再検討しようとする意欲的な研究も少なくなかった。

民衆の教育に関する研究は一九七〇年代から八〇年代にかけて、(1)家族の機能、子ども期、子どもの社会化、[9] (2)識字率とスクーリング、読書の社会史、[10] (3)スクーリングと人びとの反応、[11] (4)カリキュラム、[12] (5)ボロ服学校（ragged schools）、ワークハウス・スクールなど、正規の学校の外側に位置する学校、[13] (6)フェミニズム、[14] (7)学校と地域社会、

⑻民衆の文化と教育、[15] ⑼労働者の「自伝」に関する研究、独学、[16] ⑽学校建築、教室空間など、[17] さまざまな方向に研究の触手を延ばしてきた。ガードナーのデイム・スクールに関する研究もその成果の一つである。これらの研究成果をひとまとめに論ずることは早計にすぎるが、すくなくとも人格形成の多様な契機を広く社会のなかに求めようとしていたことは確かである。はじめから教育史固有の「テリトリー」を措定するのではなく、教育を人びとの多様で豊かな経験のなかに開いていこうとする方向性にほかならない。再びシルバーによれば「歴史としての教育」ということになろう。[18] これは本書の前提でもある。

しかし、教育における社会史的研究の伸展にもかかわらず、ことデイム・スクールに関する研究はガードナー以降、一向に進捗しなかった。そこにはガードナーの段階とは明らかに一線を画す研究の困難さが控えていた。あるいはデイム・スクールに関する実証研究のさらなる深化と歴史学の新しい方法に対する一層の自覚が求められていた。実証研究についていえば、第四章で扱う国勢調査の調査原簿が筆者に大きな刺激を与えた。一見、無味乾燥と思われる調査原簿は、大量に目を通すうちに、デイム・スクール教師の存在をより確かなものにし、その家族構成、年齢、職業、街区の状態とともに筆者の想像力をかきたてた。単なる民衆ではない、名前をもった彼らの存在は実数においても決して周縁的なものではなかったことを確信させた。このことはやがて地方統計協会の調査報告書によっても裏づけられることになる。

一九世紀の公教育制度が更地に水が浸透するように自然に拡充をみたのではなく、民衆の生活と文化に根ざす膨大な数のデイム・スクールを駆逐することによって確立したこと、公教育の推進者の絶えざる非難によって蔑称化したデイム・スクールのイメージがその後の研究者たちによって増幅させられたこと、こうしたことについてはガードナーの研究レヴェルでも十分に理解できた。けれども、デイム・スクール研究の難しさはさらにその先にあった。蔑称化のなかで周縁化されつづけてきたデイム・スクールを忘却の淵から救い出すことと周縁から再び「全体の構造」を捉えなおすこととは全く別の問題である。もちろん、忘却の淵に沈みがちな人びとの記憶を呼び戻し記述することは重要なことであるし、E・P・トムスンの『イギリス労働者階級の形成』(*The Making of the English Working Class*,1963)から研究らしきものを開始した筆者も自覚しているつもりである。本書にあっても、無視されがちな人びとの教育経験を記録すべく、可能な限り史料の発掘に努めた。本書の第五章と第六章で扱うことになる師範学校の願書や、推薦状、現場教師の苦悩に満ちた膨大な書簡史料と遭遇しなかったとしたら、本書は決して書かれることはなかったであろう。

問題は経験的手法によって過去をあるがままに甦らせることがどんな意味をもつかである。周縁が意味をもつのは所与の「全体の構造」のなかにその位置を確かめることではなく、一つの想定にすぎない「全体の構造」の見直しを迫るときである。デイム・スクールの場合、糸口はどれをとっても重要な歴史学の方法をめぐる最近の議論にあった。本書は「読書の社会史」「歴史学の言語論的転開」「記憶」「ミクロストリア」「モラル・エコノミー」「国民国家」「帝国」「公共性」といった言葉に象徴される刺激的な議論から大きな影響を受けている。史料の発掘と新たな方法論とによって周縁化されてきたデイム・スクールにもガードナーの段階とは異なる新しい光があてられるように思われた。方法論上のさまざまな刺激は研究の過程で二つの観点に絞り込まれた。一九世紀の国家と近世以来の民衆文化との出会いが本書の理論的な骨格をなしている(第二章、第三章)。以下、この二つの観点に触れておこう。

本書はデイム・スクールを主として論じた前半部(第一章〜第三章)と公教育学校教師の生きざま、選択を描く後半部(第四章〜第六章)に分けられるが、両者を対比しようとしているわけではない。むしろ、両者を底辺を同じくする二つの三角形のごとく捉えようとしている。デイム・スクールの教師と公教育学校の教師はその出自、教師になる動機、恵まれない経済状況と社会的地位の低さ、彼らを支える人間関係、教師(教育)像を共有する関係にあった。両者は隔絶された別個の世界に生きていたわけではなく、民衆の生活と文化に根ざす教育のあり方を底辺で共有していた。公教育の推進者はデイム・スクールを執拗に非難、攻撃しにかかるが、これはことの一面でしかなかった。デイム・スクールに対する非難は、激しさを増せば増すほどデイム・スクールとさほど変わらない公教育の劣悪な実態を浮き彫りにしていったように、近親憎悪にも似ていた。デイム・スクールは姿見に映った公教育自身の姿でもあり、デイム・スクールに対する非難はそのまま公教育にも向けられる性質のものであった。デイム・スクールに対する非難は自らの身体にも染みついた汚点を拭い去り、国民国家の規範的な教育機関として公教育自体を純化する努力にも通じていた。国家と公教育の普及に大きな役割を果たした任意団体(ボランタリズム)とは単純な対立関係にあったわけではなく、デイム・スクールに代表されるプライベイト・スクールの下位部分と公教育の両方にまたがる民衆の教育文化を剔抉《てっけつ》することを共通の歴史的課題としていた。本書がイギリス民衆教育の過渡期の歴史的構造とみるのは国家が民衆の教育に本格的に介入する一八三〇年代から七、八〇年代までつづくこのような関係を指している。この過渡期を経てきわめてイギリス的な意味での国民教育も成立する(第二章)。

ところで、このような構造を示す過渡期の民衆教育のあり方は一九世紀の自由主義国家の本質と深くかかわっていた。というより、一九世紀の国家と社会のあり方からしか説明がつかなかったというべきであろう。デイム・スクールが一九世紀の八〇年代まで強固に存続しえたこと自体が、中央集権的な教育体制の確立を急いだ大陸諸国家にとって理解しがたい事態であっただけではない。イギリスの国民国家は公教育の障害であると明確に認識されたデイム・スクールを一度たりとも強権をもって排除しようとはしなかった。初等教育を国家の手で整備することはどの国民国家にとっても焦眉の課題であったにもかかわらず、イギリスは典型的な形では国家主義的な教育体制を整えてはこなかった。国民教育をナショナル・エデュケーション(National Education)の意味で使いえても、ステイト・エデュケーション(State Education)の意味で使用することはできなかった。両者は明確に区別された(第二章)。

イギリス国民教育の歴史的総括を行ったR・オルドリッチが指摘するように、今日にいたるまで、イギリスの国家が教師を直接雇用したこともなければ、学校を所有したこともなかったことはその何よりの証左であろう[19]。その結果、イギリスの教育は国家、地方自治体、任意団体、学校理事者、後援者、親のいずれもが教育の統制権にあずかっているともいえるし、あずかっていないともいえる、きわめてあいまいで複雑な関係を現在まで引き継ぐことになった。あるいは逆説的に、教育における多角的で重層的な「公共性」の可能性を示しているともいえる。

このような事態を出現させた要因は国家主権を早期に確立したイギリスのナショナリズムであり、帝国であったことに違いはないが、より直接的にはナポレオン戦争後に財政軍事国家に替わって姿を現した自由主義国家と社会に求められた。国家主義的な教育制度によって新たな国民統合を大陸諸国ほどには緊要とはしなかったイギリスは、公教育の障害であるにもかかわらず、デイム・スクールをさまざまな力が働く「磁場」の作用に委ねた。また、任意主義的で自動調整的(self-regulating)な作動原理を埋め込まれたイギリスの近代社会は、国家の教育に対する強権的な介入を容易には許さなかったし、国家自体も最小限の介入によって人的・物的資源を最大限に動員する、高度にして強力な戦略をとった。デイム・スクールの消長はこのような性格の一九世紀国家と教育を自らのものとしてきたデイム・スクールの利用者、教師との出会い、両者の間に不断に繰り返された対立と交渉の物語である。

では本書のもう一つの骨格をなす民衆文化についてはどうであろうか。デイム・スクールの強固な持続性は一九世紀の国家のあり方だけでは説明がつかなかったはずである。一九世紀に入って増加傾向さえ見せるデイム・スクールの生命力は近世以来の民衆の生活と文化に根をもっていた。もちろん、民衆文化とはいっても、素朴な口承の世界や「伝統的な文化」の復元といったレヴェルではとうていデイム・スクールを捉えることはできなかった[20]。エリートの文化と「民衆文化」とのダイナミックな相互関係を捉えたP・バークの『近世ヨーロッパの民衆文化』によっても、デイム・スクールは十分な説明が得られなかった。バークをも含めて、従来の民衆文化論がともすれば陥りやすかった単純さは、学校やリテラシィにかかわる営みが「伝統的な民衆文化」を解体する条件と観念され、エリートの「文字世界」に一方的に引き寄せられるか「媒介者」の文化にとどまっていたことである。そのために、デイム・スクールや大陸の「小さな学校」は彼らの視野に入ることもなかった。こうした傾向はリテラシィを読むことと書くこととを一体のものとして考える、一九世紀末に定着した「常識」に基づいていたために、一八世紀以前の社会についてはいきおい「文盲」を強調することになった。

しかし、こうした理解も読書の社会史やその影響を受けた「民衆文芸」の研究などによって、次第に過去のものとなりつつある(第三章)。今日、多くの研究者が注目しているのは、民衆の多くは書くことはできなかったが、読むことができたという事実である。あるいは、読むことと書くことは全く別の事柄であり、読むこと＝「半識字」は今日的意味でのリテラシィにいたる、単なる過渡的な中間段階ではなかったということである。読むという行為は身体を用いる行為であり、朗読し、歌い、演じる身体技法(非言語的なコミュニケーション、パフォーマンス)と分かちがたく結びついていた。この独自の価値をもつ豊かな「半識字」の世界に棲息してきたのが主として読むことを教えるデイム・スクールである。デイム・スクールの強靭な生命力は活版印刷物の普及とともに始まる、読むことと身体技法との強固な結びつきに源を発していた。読み書きを一体のものとして教える公教育と読むことに主眼をおくゆえに劣等視されるデイム・スクールとの出会いは、一九世紀の自由主義国家と近世以来の民衆文化との出会いの、形を変えた具体的な表れでもあった。

こうして、両者の出会いはいくつもの「磁場」を生み出した。さまざまな力が作用し合う「磁場」はデイム・スクールの表象をめぐる相克としても、パターナリズム(家父長的温情主義)の強力な「磁力」が働く地域社会(第四章)にも、教師志願者の選別・排除を行った師範学校(第五章)の場にも現れたが、教師個人の選択としても現出した。終章でとりあげる現場教師の苦悩、職分を全うするにふさわしい人間でありつづけるための選択＝転勤は過渡期の歴史的構造という「磁場」で苦闘した教師たちの物語である。

本書は近代の成し遂げた国民教育の成果を否定も肯定もしない。本書はその再審を求めている。多角的で重層的な「公共性」のあり方が教育においても求められつつあるいま、デイム・スクールという過去は教育の未来を予測する一つの拠り所となるかもしれない。人びとが教育の当事者たろうとするならば。

本書はすでに発表された論文が元になっているが、まとめるにあたり、補筆、修正、削除を行った。とくに第一章、第二章、第四章は大幅に補筆、修正された。元になった論文の初出は以下のとおりである。

第一章 「民衆文化としての初等教育——一九世紀イギリスのおばさん学校」長谷川博隆編『権力・知・日常』名古屋大学出版会、一九九一年。

第二章 「リテラシィから学校化社会へ」岩波『世界史講座』22、一九九八年。「教育の民衆文化誌」講座英国の世紀、第四巻『民衆誌』、第二章、研究社、一九九六年。

第三章 「おばさん学校とイギリス民衆文化論——読むことと書くことの間」『九州歴史科学』第二八号、二〇〇〇年。

第四章 「イギリス初等教育の歴史的構造——一九世紀ニューカースルの公教育学校とプライベイト・スクール」(上)(下)『人文論叢』(福岡大学)二四巻、一・二号、一九九二年。

第五章 「民衆の教師・教師像——バラ・ロード教師養成学校手稿文書の研究」(上)(下)『人文論叢』(福岡大学)二七巻、三・四号、一九九五年、一九九六年。

第六章 「一九世紀イギリスの自由主義国家と初等学校教師」『人文論叢』(福岡大学)二九巻、三号、一九九七年。

1 J.H. Higginson, The Dame Schools of Great Britain, Leeds Univ. MA thesis, 1939; Do., ‘Dame Schools’, *British Journal of Educational Studies*, vol.12, no.2, 1974, pp.166-181.

2 P.W. Gardner, *The Lost Elementary Schools of Victorian England*, 1984.

3 H. Silver, ‘Aspects of Neglect: The Strange Case of Victorian Popular Education’, *Oxford Review of Education*, vol.3, no.1, 1977, p.62.

4 B. Simon, *Studies in the History of Education 1780-1879*, 1960, p.144.（成田克矢訳『イギリス教育史Ⅰ』亜紀書房、一九七七年、一二五頁）。

5 S.J. Curtis, *History of Education in Great Britain*, 1948, p.196.

6 三好信浩『イギリス公教育の歴史的構造』亜紀書房、一九六八年、六二頁。

7 F.M.L. Thompson, ‘Social Control in Victorian Britain’, *The Economic History Review*, 2nd. series, vol.XXIV, no.2, 1981, pp.191-192. ソーシャル・コントロール論の代表的な研究はP. McCann (ed.), *Popular Education and Socialization in the Nineteenth Century*, 1977; A.P. Donajgrodzki (ed.), *Social Control in Nineteenth Century Britain*, 1977.

8 J.S. Hurt, *Education and the Workingclass from the Eighteenth to the Twentieth Century*, History of Education Society, Guide to Sources in the History of the Education, no.8, 1985; Do., ‘Bibliographical Essay on the Education and the Working Classes’, *Bulletin of the Society for the Study of Labour History*, no.30, no.31, 1975.

9 家族史にかかわる領域の研究はきわめて多いので省略するが、子ども期と社会化に関するおもな研究には次のものがある。J.S. Hurt, *Childhood, Youth, and Education in the Later 19th Century*, 1981; I. Pinchbeck and M. Hewitt, *Children in English Society*, vol.1: *from Tudor Times to the 18th Century*, 1969; L.A. Pollock, *Forgotten Children: Parent-Child Relations from 1500 to 1900*, 1983（中地克子訳『忘れられた子どもたち』勁草書房、一九八八年）; E. Hopkins, *Childhood Transformed, Working-Class Children in Nineteenth-Century England*, 1994; H. Hendrick, *Children, Childhood and English Society 1880-1990*, 1997; D. Wardle, *The Rise of the Schooled Society*, 1974. 北本正章『子ども観の社会史』新曜社、一九九三年。

10 これらについての文献は第三章の注を参照。

11 S. Humphries, *Hooligans Or Rebels?, An Oral History of Working-Class Childhood and Youth 1889-1939*, 1981（山田潤、P・ビリングズリー・呉宏明監訳『大英帝国の子どもたち』拓殖書房、一九九〇年）; P.E. Willis, *Learning to Labour*, 1977（熊沢誠・

山田潤訳『ハマータウンの野郎ども』筑摩書房、一九八五年)。

12　この領域での重要な研究成果は、J.M. Goldstrom, *The Social Content of Education, 1808-1870: A Study of the Working-Class School Reader in England and Ireland,* 1972 ; P. Gordon & D. Lawnton, *Curriculum Change in the 19th and 20th Centuries,* 1978.

13　J.S. Hurt, *Outside the Mainstream: A History of Special Education,* 1988 ; R.Roberts, *A Ragged Schooling,* 1976. この分野については、一九七〇年から八〇年代にかけて多くのマスター論文、ドクター論文が出されている。

14　代表的な研究は、J. Purvis, *A History of Women's Education in England,* 1991 (香川せつ子訳『ヴィクトリア時代の女性と教育』ミネルヴァ書房、一九九九年) ; Do., *Hard Lessons, The Lives and Education of Working-Class Women in Nineteenth-Century England,* 1989; C. Dyhouse, *Girls Growing Up in the Late Victorian England and Edwardian England,* 1981.

15　教育と民衆文化との接点を意識的に追求したものは、W.T. Laqueur, *Religion and Respectability, Sunday Schools and Working Class Culture 1780-1850,* 1976.

16　D. Vincent, *Bread, Knowledge and Freedom: Study of Nineteenth-Century Working Class Autobiography,* 1981 (川北稔・松浦京子訳『パンと知識と解放と』岩波書店、一九九一年) ; J.Burnett (ed.), *Destiny Obscure, Autobiography of Childhood, Education and Family from 1820s to the 1920s,* 1982; History of Education Society, *Biography and Education,* 1980.

17　M. Seaborne, *The English School: Its Architecture and Organization 1370-1870,* vol.1, vol.2, 1977; Do., *School in Wales 1500-1900: A Social and Architectual History,* 1992; I. Grosvenor, M. Lawn and K. Rousemaniere (eds.), *Silences and Images, The Social History of the Classroom,* 1999.

18　H. Silver, *Education as History,* 1983.

19　R. Aldrich, *Education for the Nation,* 1996, p.91.

20　P. Burke, *Popular Culture in Early Modern Europe,* 1978.

第一章　デイム・スクールと公教育

はじめに

一九世紀イギリスの初等教育学校は公教育学校＝パブリック・スクールと私立学校＝プライベイト・スクールの二つに大別される。しかし、この分類は一見、明快なようで、実はそれぞれに大変やっかいな問題を含んでいた。デイム・スクールを論ずる前に、まずは一九世紀に頻繁に使われていたこの分類の意味を検討しておこう。[1]

公・私のいずれの概念も歴史的に発展してきたものであり、それぞれにイギリス固有の特徴をもっていた。今でこそ、公教育は一般に「義務」「無償」「世俗」の三原則を柱とする普遍的な国民教育をさして使われる言葉ではあるが、これら三原則にのっとった教育が制度として形を整えはじめるのは一八七〇年代以降のことである。しかし、公教育（public education）という言葉自体はそれよりもずっと以前から使用されていた。公教育なる概念は、社会の成員に開かれた形でなされる（opened to the public）共同の教育を意味しており、何よりも個人的な形でなされる教育の対概念として了解されてきたものである。社会に開かれた集団的な学校での教育は、税金、基金、寄付金などさまざまな公的性格の資金からの援助を受ける、かつ集団の責任において遂行されるものであれば、その担い手が国家や任意団体によるものであれ、基本的には公教育の範疇《はんちゅう》に入れられた。要するに、私的個人の責任において行われる教育以外の何らかの社会集団の管理下にあった教育活動はすべて「パブリック」な性格をもっていた。日本では私立学校にあたるハロー、イートンなどの有名校が「パブリック・スクール」と呼ばれるのも形容矛盾ではなく、本来の語義にかなっていた。公教育といえば直ちに「官立」が脳裡に浮ぶ我国とは事情を異にしている。国家をも「公共社会」(the public)の一部として取り込むきわめて広い意味で使用される公の概念は、教育制度史や思想史というより、イギリス社会における「公共性」のあり方によって規定される概念であった。

さらに、公教育概念はイギリスの公共社会そのものが変貌をとげていくにしたがって変化していく、きわめて融通無碍《むげ》な概念であったということもできよう。国家が国庫助成を通じて初等教育に本格的に介入する一八三三年以前にあっては、多くの慈善学校(charity schools)が公教育の中心であったし、一七八〇年代に始まる日曜学校(sunday schools)も公教育の重要な一翼を担った。労役所内に設置されたワークハウス・スクールや工場主、炭鉱主が資金援助を行った工場学校(factory schools)や鉱山学校(colliery schools)などもこれに付け加えることができる。一九世紀に入ると、初等公教育は主として任意団体によって担われるようになる。とりわけ、国教会系の「国民協会」(National Society for Promoting the Education of the Poor in the Principles of the Established Church, 一八一一年設立)と非国教会系の「内外学校協会」(British and Foreign School Society, 一八一四年設立)の果たした役割は大きかった。一八三三年以降の国庫助成もこの二団体を窓口として開始された。国家がこうした民間団体の自発的な教育活動の成果の上に、彼らとの対立、妥協を繰り返していったのが一九世紀の初等公教育史である。

国家が財政援助を梃《てこ》に教育への介入を強めるとともに、公教育の概念も次第に変化しはじめる。たとえば一八三三年にはローバック法案の審議に際して、ロバート・ピールが「普遍的国民教育」(universal national education)なる言葉を使用しているし、公教育の確立に大きな足跡を残したJ・ケイ＝シャトルワース（Kay-Shuttleworth, 1804-77）は「国民教育」（national education）の用語を用いている。また、初等教育に関する大規模な実態調査と提言を行ったニューカースル委員会の『報告書』には、公立＝国庫助成を意味するpublic [ie state-aided] schoolという表現も現れる。[2] しかし、こうした変化にもかかわらず、イギリスの公教育は公立＝官立の意味に一元的に解釈されることはなかった。公教育概念はつまるところ、個人の責任においてなされるプライベイト・エデュケーションの対概念としてしか規定されようのない、きわめてあいまいで多義的なものであった。明瞭な概念であるプライベイト・エデュケーションの対概念としてしか規定されない公教育概念のあいまいさは今日でも変わっていない。『オックスフォード英語辞典』は「公教育」を単にeducation at school, as opposed to being privately educatedと規定しているにすぎない。「公教育」のこうしたあり方は一九世紀の自由主義国家のあり方とも深くかかわる重要な問題であるが、この点については第二章で触れたい。

一方、プライベイト・スクールも公教育学校とは別の意味で複雑な事情をかかえていた。プライベイト・スクールは個人が自らの責任において誰からの援助も受けることなく、授業料のみに依存するという限りにおいては概念的にそれほど複雑なものではない。しかし、プライベイト・スクールは利用する階層が多様であり、教育内容も千差万別であったために、すこしでも分類のメスを入れようとすると、たちまち腑分《ふわ》け困難な対象の複雑さに翻弄《ほんろう》されることになる。上流の子弟を対象とする寄宿学校から下層の貧民が利用するデイム・スクールにいたるまで、プライベイト・スクールは多様であった。公教育が概念上のあいまいさ、多様性をともなっていたとすれば、プライベイト・スクールは実態把握の困難さを特徴としていた。複雑な実態はそれらの表象をめぐるさまざまな思惑や相克が交錯する磁場を形成する。本書が主題の一つとするデイム・スクールはその焦点に位置していた。

1　デイム・スクールという表象

プライベイト・スクールの腑分けを最初に試みたのはマンチェスターやロンドンの統計協会に集う中産階級の知識人たちである。彼らは都市生活のなかに出現した底知れぬ不安と脅威の原因をつきとめるべく、「犯罪」「不衛生」「貧困」「無知」の発見に努めた。彼らはえたいの知れない膨大な数の下層民を統計的＝「科学的」に解剖することが自らに課せられた社会的使命であることを十分に自覚していた。

彼らが行った教育調査は一八三四年から一八四三年のおよそ一〇年間に集中している。調査対象となった地域は、『ロンドン統計協会雑誌』に見る限りでも、マンチェスター（一八三四年）、ソルフォード（一八三五年）、リヴァプール（一八三六年）、ウェストミンスター（一八三八年）、ロンドンの各教区（一八三九〜四三年）、ラットランド（一八三八年）、バーミンガム（一八三八年）、キングストン・アポン・ハル（一八四〇年）におよんだ。教育調査自体はそれまでにも議会の特別委員会を通じて一八一〇年代以降、幾度か実施されており、珍しいことではなかったが、地方統計協会の調査はその精密度の高さ、プライベイト・スクールの分類に統一基準・項目を適用した点に特徴があった。彼らが行った調査はあらゆる形態の学校数、教師数、生徒数はもとより、生徒の年齢、教師の兼業事情、冬期の欠席率、カリキュラム、蔵書の種類と数にまでおよぶ詳細なものだった。調査にあたっては、バーミンガム統計協会が自負するように、「一つの路地も残さぬよう」、「調査をできうる限り正確かつ完全なものにするためにあらゆる手段が講じられた」[3]。こうした踏査の最大の成果は、彼らの「情熱」が調査のもっとも困難な下層階級のプライベイト・スクールに向けられたことである。

彼らはプライベイト・スクールをまず、大きく三つに分類している。第一は専門職やジェントルマンの子弟が通う寄宿制の週日学校（day schools）である「上等の学校」（superior schools）。第二は「商工業者」「法律事務所や公共機関の伝達吏、下院の下級事務職といったさまざまな事務所で働く者たち」の子弟が通う「中等の学校」（middling day schools）である。第三は「貧しい者たちの教育のための学校」（private schools for the education of the poor）である。[4] こうした分類は利用者の社会層に基づく伝統的な分類であり、上流階級、中産階級、労働者階級がそれぞれに対応していた。各地の統計協会はほぼ一致してこの分類に従った。ちなみに、本書では階級という用語が多用されるが、これも当時、頻繁に使用された時代の共通語彙《ごい》であることをあらかじめお断りしておく。

統計協会が行ったプライベイト・スクールの分類のなかでも、もっとも注目に値するのは第三の「貧民のための学校」である。これらの学校は為政者の無関心も手伝って、それまで「小さな学校」「婦人の経営する学校」「貧しい婦人によって教えられる学校」「老婦人によって維持される学校」「週日学校」「貧しい子どもたちの週日学校」「書き方を教えるプライベイト・スクール」「普通の週日学校」など、実にさまざまな名称で呼ばれてきた学校である。[5] 人びとの多様な経験的記憶に基づく多様な呼称に対して、統計協会は新たな表象＝学術用語（nomenclature）でもって貧民の学校を分類した。貧困や犯罪の原因であり結果ともなる教育の貧困のありかをつきとめようとする彼らは、多様なものを多様なままに受け止めることはできなかった。彼らが新たに用意した表象＝名称はデイム・スクールとコモン・デイ・スクール（common day schools）の二つである。各地の統計協会が精力を傾注したのは下層民の学校をこの二つに分類することであったといっても過言ではない。

彼らが新たに定義したデイム・スクールは(1)読み方を中心に教える学校であること、(2)生徒の出身階層が「肉体労働者」「職工」と「小商店主」の一部からなること、(3)教師の大半が女性であり、他の職業との兼業が多いこと、(4)五歳以下の生徒の占める比率がコモン・デイ・スクールよりも高いこと、(5)授業料は一週当たり二ペンスから八ペンス程度であること、(6)生徒の在学期間が一般的に短いこと、(7)教室には聖書以外の書物が少ないこと、以上を特徴としていた。これに対して、コモン・デイ・スクールは、(1)読み方以外の書き方、算術、その他の科目も追加料金で教えられていること、(2)生徒の出身階層の中心が「小商店主」からなる学校であること、(3)教師のなかには多くの女性が含まれるが、男女それぞれの教師による男女別学の学校も含まれること、(4)教師については他の職業を兼ねる者が少ないこと、(5)五歳以下の生徒の占める比率がデイム・スクールよりも低いこと、(6)授業料は追加料金の分だけ高くなる傾向にあること、(7)生徒の在学期間もデイム・スクールよりは比較的長かったこと、が特徴であった。

以上に見られる諸特徴は各地の統計協会の報告を総合的に判断した結果得られたものであるが、ここからはあくまでも「教育の効果」を基準に貧しい者たちの学校を分類しようとする姿勢を明瞭に読みとることができる。しかし、これらの諸特徴は一般的な傾向であって、次に掲げるウェストミンスターの統計からもわかるように、厳密な分類の規準とはなりえなかった。デイム・スクールとコモン・デイ・スクールは授業料(表1)、生徒の年齢構成(表2)、教えられる科目(表3)、教師の経験年数(表4)のすべての指標について相互にオーバーラップする部分をかかえており、両者の間に明確な境界線を引くことは困難であった。[6]また、同じ理由からコモン・デイ・スクールは「中等の学校」とも重なっていた。

労働者階級のなかに踵《きびす》を接するかのように棲息するデイム・スクールとコモン・デイ・スクールの区分の難しさに直面した調査員のとまどいは、報告書のいたるところに見られる。例えば、ウェストミンスターの三教区(セント・ジョージ、セント・ジェイムズ、アン・ソーホー、人口一一万八六二一人)に関する調査報告書は、「コモン・デイ・スクールはデイム・スクールの上等の部類とさして変わらない。コモン・デイ・スクールで与えられる教育はおしなべて不完全なものである」と述べていた。[7]また、ロンドンのフィンズバリ地区の調査報告書は、共学のコモン・デイ・スクールについて「これらはデイム・スクールと似ており、唯一の違いはデイム・スクールの授業料が週平均

デイム・スクールとコモン・デイ・スクール，ウェストミンスター(セント・ジョン，セント・マーガレット教区)，1838年

表1　授業料

	£. s. d.	デイム・スクール		コモン・デイ・スクール		中等の学校		上等の学校	
		学校数	生徒数	学校数	生徒数	学校数	生徒数	学校数	生徒数
(1週当たり)	0 0 2	2	10	−	−	−	−	−	−
	0 0 3	6	43	−	−	−	−	−	−
	0 0 4	20	240	1	20	−	−	−	−
	0 0 6	22	249	5	85	−	−	−	−
	0 0 8	10	129	7	145	−	−	−	−
	0 0 9	1	12	1	27	−	−	−	−
	0 0 10	1	30	5	160	−	−	−	−
	0 0 0	−	−	8	151	1	18	−	−
(3カ月当たり)	0 12 0	−	−	3	93	3	74	−	−
	0 13 0	−	−	1	60	−	−	−	−
	0 15 0	1	8	7	139	3	75	−	−
	0 18 0	−	−	−	−	2	92	−	−
	1 1 0	−	−	3	74	10	319	−	−
	1 11 0	−	−	−	−	1	24	−	−
	2 2 0	−		−	−	−	−	4	88
計		63	721	41	954	20	602	4	88
1週平均		5s.4分の3d.		9s.4分の1d.		1s.		−	
3カ月平均		15s.		15s.1$\frac{1}{2}$d.		少年 19s.4d.	少女 19s.4d.	£2.2s.	

(*JSS,* vol.1, 1839, p.206)

表2　生徒の年齢構成

		5歳以下	5〜16	15歳以上	計
(私立)	デイム・スクール	296	425	−	721
	コモン・デイ・スクール	185	766	3	954
	中等の学校	20	559	23	602
	上等の学校	−	88	−	88
(公立)	幼児学校	415	218	−	633
	慈善学校	60	2,009	16	2,085

(*JSS,* vol.1, 1839, p.206)

表3　教えられる科目

	デイム・スクール（63校）	コモン・デイ・スクール（41校）	中等の学校（20校）	上等の学校（4校）	慈善学校（23校）
読　み	63	41	20	4	23
書　き	8	41	20	4	23
算	5	41	20	4	20
縫　物	52	33	13	2	10
編　物	−	−	1	−	−
文　法	13	38	20	4	4
地　理	5	32	20	4	10
歴　史	3	28	20	4	9
古　典	−	1	7	2	9
フランス語	−	4	12	3	1
イタリア語	−	−	2	−	−
幾　何	−	3	6	−	−
測　量	−	4	6	−	2
製　図	−	3	10	2	3
音　楽	−	1	7	2	2
家　事	−	−	−	−	4
道　徳	62	41	17	4	23
宗　教	62	41	17	4	23

（*JSS*, vol.1, 1839, p.206）

表4　教師の経験年数（学校が設立されて何年になるか）

	デイム・スクール	コモン・デイ・スクール	中等の学校	上等の学校	慈善学校
1年未満	18	5	−	−	2
1年〜2年	3	3	−	−	3
2年〜3年	6	1	1	−	1
3年〜4年	6	1	−	−	1
4年〜5年	4	2	2	−	−
5年〜10年	14	5	6	1	3
10年〜20年	7	15	6	2	5
20年以上	5	9	5	1	5
（不明）	−	−	−	−	3
	63	41	20	4	23

（*JSS*, vol.1, 1839, p.207）

五ペンスであったのに対し、コモン・デイ・スクールが平均一一ペンスであったことである」と述べていた。[8] コモン・デイ・スクールよりも下位にある印象を与えたデイム・スクールについても、大方の予想とは異なる報告書がラットランドから寄せられている。いわく、「デイム・スクールの女教師たちはおおかた善良な道徳的性格の持主であり、落着いた、きちんとした生活態度を保っている者たちである。生活状態も清潔で、上品であり、立居振舞いも立派である。生徒たちも一〜二校を除いて、身なりは質素であるが清潔であった。……デイム・スクールのすぐれた事例についていえることはコモン・デイ・スクールにも当てはまる。デイム・スクールも慈善学校と変わらない教育効果をあげているように思われる」と。[9] 労働者階級の学校を概念的に区別することに腐心するだけでなく、個々の学校の実態を「教育効果」を基準に判断した結果、統計協会は教育は教師のおかれた条件、能力次第であるという結論にたどりついた。先のウェストミンスターの三教区に関する報告書は、デイム・スクールとコモン・デイ・スクール、中等の学校の女教師を比較して、次のように結んでいる。

これらの学校では則るべき決まったシステムがないために、子どもたちの教育が十分になされるか否かは彼女ら女教師の能力次第である。有能でかつ活動的な中年の母親のごとき慈愛にみちた、それでいて子どもの扱いになれている教師であれば、また家庭をもたず、教師としての仕事に専念できる者であれば、子どもたちへの教育は行きとどいたものになるだろう。その結果、多くの生徒も集まり、他のどんな学校よりもすばらしい教育が行われよう。反対に女教師が老いており、教職を単なる生活の糧と考えるような場合には、すなわち長く病を患い、自らを支える何の手段もなかったために教師にならざるをえなかったとか、大家族を扶養しなければならないような場合、あるいは教師が学校と同時にケーキ・ショップを営むような場合には、……子どもたちがどんな教育を受けることになるのか、容易に想像がつくだろう。[10]

ここには、デイム・スクールであるがゆえにおしなべて劣悪であるとか、学校の名に値しないものであるといった、後の時代にステロタイプ化する説明は見られなかった。

一八三四年から一八四三年にかけて集中的に行われた統計協会の調査結果はおよそ次のようにまとめることができる。やや敷衍《ふえん》しながら述べてみたい。第一に指摘されるべきは、統計協会が下層階級の学校をデイム・スクールとコモン・デイ・スクールに分けることによって、教育の質、利用者の階層差をリアルに見定めようとしたことである。彼らの詳細な調査によって民衆の教育の実態は一九世紀の他のいかなる報告書よりも正確に把握されたことはいうまでもない。何よりも彼らの教育実態を「教育効果」を基準に分類したことの意義は大きかった。彼らは教室の物理的条件や衛生(換気)を基準に、デイム・スクールとコモン・デイ・スクールを劣悪な、教育の名に値しないものとして一括するような乱暴なことはしなかった。このことは一八五一年以後のデイム・スクールの表象をめぐる劇的な変化を考えるとき、とくに注意を要する。

統計協会のこうした姿勢はデイム・スクールとコモン・デイ・スクールの比較だけでなく、デイム・スクールを相互に比較しようとする態度にも表れていた。ラットランドのデイム・スクールが大都市のデイム・スクールに比べて、はるかに良好な状態にあったことはすでに述べたが、統計協会は大都市のデイム・スクールについても較差のあったことを明らかにしている。たとえば、バーミンガム統計協会は同市の二六七校のデイム・スクールについて、「その物理的条件は想像以上に満足すべき状態にある。地下室を教室とするものはないし、屋根裏部屋や寝室を教室とするものもほんのわずかにすぎない。マンチェスターやリヴァプールのデイム・スクールよりも清潔であるし、照明も行きとどいている」と述べていた。[11] 自らが担当する地域のデイム・スクールがマンチェスターやリヴァプールのそれよりもましであるとする指摘はロンドンのフィンズバリの調査にも見られる。

この地区のデイム・スクールはマンチェスターやリヴァプールの報告にあるデイム・スクールほど貧困でもないし、汚くもない。教育が行われている家屋は周辺の一般家屋とさほど変わらない良好なものである。地下室を教室とするデイム・スクールは一つしかなかった。こうした事実は次のような結論に導く。デイム・スクールには極貧層の子どもは通っていなかったこと、彼らにはその余裕すらなかったということである。これらの極貧地区では慈善学校の果たす役割が大きいかもしれないが、逆に生活状態がすこしはましな地区では慈善学校が近隣のデイム・スクールやコモン・デイ・スクールから生徒を奪うと考えるのは疑問である。……膨大な経費を使ってプライベイト・スクールを慈善学校にとって替えることがよいことなのかどうかは考えてみるに十分値する問題である。[12]

デイム・スクールはラットランドのような農村地域のきわめて良好なものからあらゆる病気の巣窟のごとく描かれたマンチェスターやリヴァプールのデイム・スクールにいたるまで大きな較差が認められた。しかし、デイム・スクールの存在する地区はまだましであり、統計協会はさらに暗澹《あんたん》たる現実をも見逃さなかった。同じくフィンズバリのなかにあっても、もっとも貧困なクラーケンウェルとセント・ジャイルズはまさしくそうした地区であった。「ロンドンのなかで、あるいは世界中でもっとも汚らしい」「ありとあらゆる不快なものに満ちた」これらの地区には、「もっとも貧しい階級の子どもたちを受け入れるいかなる種類のプライベイト・スクールもなかった」[13]。馬の屠殺業者やイタリアからの出稼ぎ青年がたむろする、狭く、暗い路地の一つ一つを訪ね歩いた調査員の目には、デイム・スクールの教師たちも「立派で尊敬に値する」人間と映った。極貧地区に必要な学校こそ慈善学校＝公教育学校であり、膨大な資金を使ってデイム・スクールなどのプライベイト・スクールを慈善学校に替えるのは疑問だとする指摘も説得力をもつ。

第二はデイム・スクールという呼称＝表象にかかわる問題である。すでに述べてきたように、デイム・スクールとコモン・デイ・スクールの厳密な区別はきわめて困難であった。むしろ、P・ガードナーのように、両者を統合して「労働者階級プライベイト・スクール」(working class private school) というほうが理にかなっていた。ガードナーは両者の区別が困難であることを踏まえて、今日、歴史家が正確な表象として使用できるのは「労働者階級プライベイト・スクール」だけであると主張した。[14] この主張は労働者階級にとって、学校の名称や形態はもとより大きな問題ではなく、彼らの生活条件に合う学校を選んでいたという労働者階級の柔軟性＝文化を強調していた。学校を機能そのものによって選ぶ柔軟性は、学術用語によって差異を明確にし秩序だてようとする一九世紀の中産階級知識人の「強迫観念」とは対照的であった。

では、デイム・スクールやコモン・デイ・スクールを利用した当時の人びとははたしてそれらをどのように呼んでいたのだろうか。今日まで残されている労働者階級の自伝は自らの教育体験を回顧して、「デイム・スクール」や「コモン・デイ・スクール」に通っていた経験に触れているが、それらの大半は成人した後の時代の入れ知恵であり、中産階級知識人が生み出した学術的用語を学習した結果であった。デイム・スクールにせよ、コモン・デイ・スクールにせよ、当時の利用者が日常的に使用した言葉ではなかった。彼らが使用した言葉は「週日学校」「日曜学校」「〇〇さんのところ」あるいは単に「学校」というのが普通であった。そのもっとも有力な証拠はおよそ四〇〇〇ページに達する『児童雇用調査委員会報告』の証言記録である。証言は子どもたちの労働条件や職場での暴力とともに必ずといっていいほど識字や学校に行っているかどうかを尋ねていた。地域、業種を問わず頻出するのは、「週日学校に行っている」「夜学に通っている」といった簡単な表現の仕方である。デイム、コモン、あるいはナショナル（国民協会）、ブリティッシュ（内外学校協会）の学校といった、外から与えられるレッテルは彼らには重要ではなかった。多少なりとも意味をもった分類は「週日学校」「日曜学校」「夜間学校」などの、いつ開かれているかを簡潔に示す呼称もしくは表象であり、教師を性別で分ける方法であった。あるいはこれら二つを結びつけて a day school kept by an old woman とか a day school kept by a young woman といった使われ方をするのが一般的であった。また、教師の名前と結びつけられることも多かった。『児童雇用調査委員会報告』によく見られるのは、day school at Mrs. William's, Mr. Payn's Sunday School といった表現である。[15] 彼らは学校を教師の名前で呼ぶことによって、いかなる学術的な分類によるよりも正確に教育の中身を了解することができた。「○○さんのところ」あるいはフル・ネームで呼ばれる学校は、教師の人柄、能力、近隣の人間関係にいたるまで、彼らにとって必要なすべての情報をたちどころに伝えた。いくぶん抽象的な表現を使ったとしても、reading school, writing school, small lace-school, straw plate school, sewing school といった学校の機能に注目する表現か、cottage school, home school, house school といった教室の様態を示す表現にすぎなかった。[16]

学校の開かれる曜日や時間、氏名、性別、機能に着目する利用者自身の分類方法＝呼称はデイム、コモン、プライベイト、パブリックといった学術用語と違って、その都度、使い分けられる便宜性を特徴としていた。彼らの用いた呼称は実用的機能、用途をもとに多様なものを多様なままに識別する手段であり、表象であった。

一九世紀の利用者たる労働者階級がデイム・スクールという言葉を使用しなかったことが明らかになったところで、いま一つ、一九世紀の利用者自身がデイム・スクールという呼称を用いた事例についても触れておかねばならない。デイム・スクールが労働者の学校だけでなく、中・上流階級の学校の呼称であったと指摘したのはD・P・リンスタ＝マッカイである。[17] 彼の指摘を受けるまでもなく、中・上流階級の「デイム・スクール」に関する説明としてよく知られているのは、『フォートナイト・レヴュー』誌に掲載された小説家アーサー・ウォーの「ヴィクトリア朝時代のデイム・スクール」であろう。ウォーが通ったデイム・スクールは七歳から一二歳までの少年を受け入れる典型的な寄宿学校であったが、建物は著名な建築家の手になる「一八世紀建築のすぐれた模範」であり、五つの寄宿舎をもつ立派なものであった。教室は部厚いリノリウムが敷かれており、壁には古代ギリシア・ローマの絵画とクリケットとフットボール・チームの写真が飾ってあった。この学校は「未婚のレイディー」たちによって運営される、いわゆる「プレパラトリー・スクール」と呼ばれる上級学校への進学をめざす予備校であった[18]。この種の「デイム・スクール」を労働者階級のデイム・スクールと区別するために、マンチェスター統計協会は、old primitive dame schoolという表現を用いている。

ウォーのような有名校への準備教育を「デイム・スクール」で受けたと思われる事例は他にもいくつも見出される。『国民人名辞典』(*D.N.B.*)にはこの種の「デイム・スクール」に通った経験をもつ者が数多く登場する。ヘイリー・ベイリー校とイートン校の校長を務めたE・リトルトン師などはその代表的な例である。こうした事例は「デイム」という言葉がもともと身分や地位の高い「レイディー」を示す言葉であったことを示している。「デイム」は古くは女子修道院の院長や副院長、あるいは騎士や準男爵の夫人に対する敬称であったが、その一方でシェイクスピア時代には婦人一般、さらには「身分や地位の低い家庭の婦人」をさす言葉としても使用されるようになったものである。「デイム」が「私的な初等教育学校の女教師(通常は老婦人か寡婦)」の意味で使われるようになったのも一六四九年が最初であった。したがって、「デイム」という言葉が下層階級の女性のしかも教師と結びつけられて一般化するのは一七世紀の後半から一八世紀にかけてであったと推測される。しかし、中・上流階級の子弟を教育する「デイム」を圧倒し、デイム・スクールといえば直ちに貧民の学校の教師というイメージを定着させたのは統計協会に集う中産階級知識人であり、公教育の推進者たちであった。前者がデイム・スクールを教育の範疇《はんちゅう》のなかでとらえようとし、後者がデイム・スクールを教育の範疇から排除しようとしたところに大きな違いはあったが。この点については改めて詳述することになろう。

第三に強調されるべきことは統計協会が踏査した統計数値そのものの価値についてである。諸統計は一八三〇年代から四〇年代の諸地域の教育の実態、初等教育の担い手が誰であったかを明らかにした。これを週日学校に限って明らかにしたのが表5である。[19]

この表からはまず何よりもプライベイト・スクールが初等教育のなかで大きな役割を果たしていたことが指摘される。バーミンガムの七二%からラットランドの四五・七%まで幅があるが、プライベイト・スクールは週日学校に通う生徒の過半数を受け入れていた。また、デイム・スクールとコモン・デイ・スクールを合わせた「労働者階級プライベイト・スクール」の全生徒数に占める割合は、バーミンガム―五六・五%、ソルフォード―五五・八%、ラットランド―四一・一%、ロンドンのフィンズバリ―三三・六%、ウェストミンスター(セント・ジョン、セント・マーガレット教区)―三三・〇%、リヴァプール―三二・二%、ウェストミンスター(セント・ジョージ、セント・ジェイムズ、アン・ソーホー)―二五・一%であった。一方、慈善学校の名称で一括された公教育学校では、もっとも高い割合を示したのがラットランドの五四・三%で、もっとも低かったのはバーミンガムの二八・一%であった。これらの数値はそれぞれの地域の事情もあり一概に比較することはできないが、「労働者階級プライベイト・スクール」と国教会、非国教会の傘下にあった公教育学校とがほぼ拮抗《きっこう》していたことを示している。一八三〇年代から四〇年代にかけての時代は国家が補助金によって公教育学校の建設を本格的に支援する時代にあたっており、初等教育のプライベイト・セクターとパブリック・セクターとが数字のうえからも競合する時代に入ったことを物語っていた。

表5　統計協会の調査にみる各地の週日学校，その構成

マンチェスター(1834)

		学校数	教師数	生徒数			生徒比(%)
				少年	少女	計	
(私立)デイム・スクール		230	234	1,939	2,783	4,722	25.3
コモン・デイ・スクール	(男子校)	116	134	3,737	1,363	5,100	36.4
	(女子校)	63	76	310	1,380	1,690	
上等の学校	(男子校)	36	65	1,228	170	1,398	15.7
	(女子校)	78	123	127	1,409	1,536	
	私立計	523	632	7,341	7,105	14,446	(81.8)
(公立)幼児学校		5	8	345	304	649	3.5
慈善学校		21	37	2,541	1,025	3,566	19.1
	公立計	26	45	2,886	1,329	3,215	(18.2)
週日学校総計		549	677	10,227	8,424	18,661	100

(*Manchester Statistical Society, Report,* 1834, p.31)

ソルフォード(1835)

		学校数	教師数	少年	少女	計	生徒比(%)
(私立)デイム・スクール		65	66	563	980	1,543	25.6
コモン・デイ・スクール	(男子校)	27	34	1,153	313	1,466	30.2
	(女子校)	15	20	62	286	348	
上等の学校	(男子校)	9	19	335	76	411	14.7
	(女子校)	20	37	47	424	471	
	私立計	136	176	2,160	2,079	4,239	(70.5)
(公立)幼児学校		3	5	170	203	374	6.2
慈善学校		13	23	715	688	1,403	23.3
	公立計	16	28	885	891	1,777	(29.5)
週日学校総計		152	204	3,045	2,970	6,015	100

(*Manchester Statistical Society, Report,* 1835, p.31)

リヴァプール(1836)

		学校数	教師数	少年	少女	計	生徒比(%)
(私立)デイム・スクール		244	250	2,168	3,072	5,240	18.1
コモン・デイ・スクール	(男子校)	95	113	2,842	1,002	3,844	14.2
	(女子校)	99	129	579	1,673	2,252	
上等の学校	(男子校)	53	115	1,887	292	2,179	14.1
	(女子校)	90	167	224	1,677	1,901	
	私立計	581	774	7,700	7,716	15,416	(53.3)
(公立)幼児学校		17	23	1,118	1,087	2,205	7.6
慈善学校		50	107	6,582	4,713	11,295	39.1
	公立計	67	130	7,700	5,800	13,500	(46.7)
週日学校総計		648	905	15,400	13,516	28,916	100

(*Manchester Statistical Society, Report,* 1836, Appendix1)

ウェストミンスター(セント・ジョン，セント・マーガレット教区，1838)

(私立)デイム・スクール	63	68	296	425	721	14.2
コモン・デイ・スクール (男子校)	8	9	303	−	303	18.8
(女子校)	1	1	−	16	16	
(共学校)	32	39	182	453	635	
中等の学校 (男子校)	7	12	330	1	331	11.9
(女子校)	13	19	18	253	271	
上等の学校 (男子校)	2	2	72	−	72	1.7
(女子校)	2	4	1	15	16	
私立計	128	154	1,210	1,165	2,365	(46.6)
(公立)幼児学校	6	10	353	280	633	12.5
慈善学校	23	29	1,303	772	2,075	40.9
公立計	29	39	656	1,052	2,708	(53.4)
週日学校総計	157	193	2,866	2,217	5,073	100

(*JSS,* vol.1, 1839, p.204)

ウェストミンスター(セント・ジョージ，セント・ジェイムズ，アン・ソーホー，1838)

(私立)デイム・スクール	46	47	380	379	759	9.8
コモン・デイ・スクール (男子校)	6	6	486	699	1,185	15.3
(女子校)	20	29				
(共学校)	29	39				
中等の学校 (男子校)	19	30	882	789	1,671	21.5
(女子校)	36	61				
上等の学校 (男子校)	5	17	381	377	758	9.8
(女子校)	13	39				
私立計	174	268	2,129	2,244	4,373	(56.4)
(公立)幼児学校	6	10	580	400	980	10.1
慈善学校	18	21	1,481	921	2,402	31.0
公立計	24	31	2,061	1,321	3,382	(43.6)
週日学校総計	198	299	4,190	3,565	7,755	100

(*JSS,* vol.1, 1839, p.459)

ラットランド(1839)

(私立)デイム・スクール	50	50	277	401	678	22.9
コモン・デイ・スクール (男子校)	8	9	186	46	232	18.2
(女子校)	17	19	86	222	308	
上等の学校 (男子校)	6	6	81	−	81	4.6
(女子校)	3	5	41	51	55	
私立計	84	89	634	720	1,354	(45.7)
慈善学校および公立学校	49	57	941	669	1,610	54.3
週日学校総計	133	146	1,575	1,389	2,964	100

(*JSS,* vol.2, 1839, p.307)

バーミンガム(1840)

(私立)幼児学校		3	4	29	39	68	0.5
デイム・スクール		267	269	1,829	2,071	3,900	26.9
コモン・デイ・スクール	(男子校)	54	63	1,354	373	1,727	29.6
	(女子校)	123	142	653	1,900	2,553	
上等の学校	(男子校)	25	45	792	17	809	15.0
	(女子校)	72	139	197	1,160	1,357	
	私立計	544	662	4,854	5,560	10,414	(70.5)
(公立)幼児学校		7	12	442	293	735	6.2
慈善学校		26	48	2,100	1,231	3,331	23.3
	公立計	33	60	2,542	1,524	4,066	(29.5)
週日学校総計		577	722	7,396	7,084	14,480	100

(*JSS*, vol.3, 1840, p.39)

フィンズバリ(1843)

(私立)デイム・スクール		180	185	1,088	1,605	2,693	14.8
コモン・デイ・スクール	(男子校)	30	31				
	(女子校)	34	40	1,656	1,760	3,416	18.8
	(共学校)	73	98				
中等の学校	(男子校)	15	19				
	(女子校)	44	77	884	1,223	2,107	11.6
	(共学校)	16	22				
上等の学校	(男子校)	11	36				
	(女子校)	14	33	755	549	1,304	7.2
	(共学校)	8	16				
	私立計	425	557	4,383	5,137	9,520	(52.4)
(公立)幼児学校		15	26	862	1,431	2,293	12.6
慈善学校		60	73	4,123	2,236	6,359	35.0
	公立計	75	99	4,985	3,667	8,652	(47.6)
週日学校総計		500	656	9,368	8,804	18,172	100

(*JSS*, vol.1, 1839, p.459)

※ ソルフォード，リヴァプール，ラットランド，バーミンガムの中等の学校は上等の学校のなかに含まれる。

2 公教育の発展、デイム・スクールの蔑称化

労働者階級の子どもたちが通う学校をどのように分類し、いかなる学術用語を当てはめるかという問題に劇的な変化をもたらしたのは一八五一年の教育国勢調査である。人口調査と同時に実施された同調査は統計協会が腐心したデイム／コモンの区別をやめ、それらを一括して「下等な学校」(inferior school)に分類したからである。全国各地の調査を統括して、ホラス・マンがとりまとめた『報告書』はプライベイト・スクールをカリキュラムに基づいて三つの等級に分類した。すなわち、(1)「上等の学校——古典を教える学校、寄宿制の学校、女子校など」(四九五六校)、(2)「中等の学校——商業学校など、算術、国文法、地理を教える学校」(七〇九五校)、(3)「下等の学校——主としてデイム・スクール、読み書きを教えるが後者は常に教えられるとは限らない」(一万三八七九校)、の順であった。[20] このうち上位の二グループは統計協会の呼称と変わるところはなかった。もっとも大きな変化はコモン・デイ・スクールという呼称が姿を消したことである。すでに見たように、コモン・デイ・スクールはデイム・スクールと相互に重なる部分が大きかったとはいえ、デイム・スクールより相対的に良好な学校群であった。コモン・デイ・スクールをあえてデイム・スクールのなかに取り込み、デイム・スクールによって代表させる、この強引な下方修正ともいうべき呼称・分類の変更は「労働者階級プライベイト・スクール」全体を価値のない文字通り、下等、劣等な学校に貶《おとし》めることを意味した。

「労働者階級プライベイト・スクール」の上位部分を切り捨てて下位部分をもってその全体を代表させてしまう、このようなトリックはなぜ生じたのだろうか。考えられる一つの条件はガードナーも指摘するように、デイム・スクールとコモン・デイ・スクールの分類が以前にもまして困難になってきたことである。[21] デイム・スクールが書き

方、さらには他の科目をも教えるようになり、コモン・デイ・スクールの領域に接近してきたことが原因と考えられる。一八五〇年代以降、勅任視学官や政府当局者によって繰り返される「デイム・スクール」＝「労働者階級プライベイト・スクール」に対する攻撃、蔑称化《べっしょう》は、デイム・スクールの改善・上昇を否定したところに問題の重大さが隠されていた。デイム・スクールがコモン・デイ・スクールに上昇する現実をあたかもコモン・デイ・スクールがデイム・スクールに融解したごとく解釈することは明らかにイデオロギー的なものであり、そのイデオロギー性はもう一つの条件である公教育の伸展に支えられていた。軍隊的規律と道徳教育を基本に下層階級の教化をはかるモニトリアル・システムは、多様なものを多様なままに受け容れる柔軟性をもち、教育をきわめて実利的な機能においてとらえる「労働者階級プライベイト・スクール」の利用者とは相容れないものがあった。しかも、これらの「労働者階級プライベイト・スクール」が量的に見ても公教育部門と拮抗していたとなればなおさらであった。教育における国家的な公共性＝同化と差別の論理が公教育の前進とともに勢いを増す時代であったからこそ、強引な呼称の変更＝蔑称化も起こりえた。このイデオロギー操作の影響がいかに大きかったかはその後の「労働者階級プライベイト・スクール」＝蔑称化したデイム・スクールに対する執拗な非難だけでなく、現代の教育史家一般がデイム・スクールにいだいている否定的なイメージのなかにも見ることができた。[22] デイム・スクールを「労働者階級文化」のなかに位置づけようとしたガードナーを除いて、大半の教育史家にとって、デイム・スクールは意味のある存在ではなくなった。一度、教育的価値のない劣悪なものとされたデイム・スクールに対する非難がその強調点を劣悪な物理的環境（換気、衛生）に移していくのも当然の成行きであった。

一八五〇年代以降、蔑称化するデイム・スクールとともに、視学官らが頻繁に使用したもう一つの表象は「プライベイト・アドヴェンチャー・スクール」(private adventure school) である。しかし、これもまたデイム・スクールと同様、軽蔑的意味に用いられた。デイム・スクールと異なるのは「アドヴェンチャー・スクール」が教師の動機に人びとの関心を惹きつけたことである。この呼称は学校の成功が教師個人の努力、裁量次第であるという意味では積極的なものであるように思われるが、同時に不純な動機をもって教師になった者たちと彼らに騙《だま》されている無知蒙昧《もうまい》な民衆を非難する論理に容易に転化した。生活の糧を得るためにだけであるとか、失業によってやむなく教師になったとか、あるいは副業として教師をつづけるとかいった動機は、あるべき教師像からの逸脱にほかならなかった。もちろん、教師となる動機の不純さを非難する論調は一八五〇年代に突然、始まったわけではなく、先に見た統計協会の報告書にも随処に見られた。ウェストミンスターのセント・ジョンおよびセント・マーガレット教区に関する報告は、同地区の六八人のデイム・スクール教師について、「女教師の大半は教えることをプロフェッションとは考えておらず、副業程度にしか見ていない」「そのうち三〇人は裁縫業に従事しているし、店をきりもりしている者もいた」と述べている。[23] また、バーミンガムに関する報告のなかには、何故、教師をつづけるのかとの質問に対して「できれば学校など開きたくないのだけれども、ましなお金が得られる他の仕事ができないのさ」と答えた教師もいた。[24]

こうして、デイム・スクールと「プライベイト・アドヴェンチャー・スクール」はほぼ同義語となり、ともに蔑称と化した。政府、枢密院教育委員会、視学官が一体となって展開した非難の行きつく先がどのようなものであったのかは次の一文に明らかである。一八七〇年の基礎教育法制定の翌年に出された視学官J・ボウステッドの報告は「プライベイト・アドヴェンチャー・スクール」について次のように述べていた。

われわれはこれら数多くの学校を、とくにブリストルの学校を訪ねたが、満足のいくまともなものは二、三校にすぎなかった。残りの大半の学校は無知、無能な教師の監督下にあるという前に、施設自体がおよそ教育目的に全くそぐわないものであった。教場(部屋)は一般に天井が低く、換気が悪いうえに、大変せまくるしく、通ってくる生徒のほんのわずかな数の生徒を収容できるにすぎなかった。教場の多くは家族の者たちが共有する居間であり、机もなければ、書き方を教えるために必要とされる用具もなかった。……私が訪ねたある学校では天井が低く、帽子をとってもまっすぐ立っていられないほどであった。……部屋の空気は耐えがたいほどよどんでおり、子どもたちがどうして病気にならないのか不思議なくらいであった。先の法律〔一八七〇年の基礎教育法〕がもしこの種の学校を地上から消滅させてしまわないのであれば、法律は何の利益ももたらさなかったことになるであろう。[25]〔傍点――筆者〕

この引用文の傍点を付した行《くだり》は一八七〇年の基礎教育法の本質をついている。同法が任意団体の努力によってもなお十分な教育を受けられないでいる空白地域に「良好な学校」＝公教育学校を普及させることを目的としていたことについてはつとに知られているが、もう一つの本質的な側面は「労働者階級プライベイト・スクール」＝デイム・スクールの排除にあった。[26]デイム・スクールに対する非難が排除にまでたどりつく背景には公教育の発展があった。デイム・スクールの最終的な局面については後段で改めて触れることにして、ここでは、民衆教育のもう一つの主役である公教育の展開を概観しておこう。以下、とくに断らないかぎり、デイム・スクールを「労働者階級プライベイト・スクール」（デイム・スクールおよびコモン・デイ・スクール）の意味で使用する。

国家が初等教育に本腰を入れるようになった重要な契機が、一八三三年の国庫助成制度の導入であったことについては、すでによく知られている。学校建設資金の二分の一を国家が補助するこの制度は、公教育の推進母体として大きな役割を果たしていた国教会系の国民協会と非国教会系の内外学校協会の活動に一段とはずみをつけることになった。国庫助成金の窓口団体となったこの二つの任意団体は傘下の地方組織、教会・礼拝所を使って全国各地に学校を普及するとともに、宗派の影響力をも温存させることになる。これら週日学校の発展に一八世紀の七〇年代以降、急激に発展してきた日曜学校が加わるとき、初等公教育はかつての慈善学校に代表される家父長主義的な「施し」でなくなり、社会全体を包み込む一つの制度として、その統合機能が問われることとなる。限られた資金と教育されねばならない膨大な数の子どもたちに対して、国民協会と内外学校協会は年長の生徒を教師の代役に立てて、一度に大量の子どもたちを教育するモニトリアル・システムをもって応えた。公教育は国庫助成と新しい教授法であるモニトリアル・システムを車の両輪として、以後、急速な発展をとげた。一八三三年の国庫助成の開始から地方税による学校の建設、宗派主義的教育からの自由(良心条項)を保証した基礎教育法にいたるイギリス教育史は、国家が宗派を中心とする民間の教育努力=ボランタリズムを利用しつつ、同時に偏狭な宗派主義を押しのけ、初等教育を国家の影響下に移し替えていく重要な時期に当たっていた。

国家が教育への介入を強めたのは何よりも労働者階級を総体として教育する必要が生じたからである。工業化と都市化の進行が生み出した「怠惰で」「不道徳で」「不節制で」「犯罪に走りやすい」「動物的で」「無秩序な」おびただしい数の労働者の出現は、イギリス社会がそれまで一度も経験したことのない新しい脅威であった。貧困と犯罪を重ね合わせて考える当時の為政者にとって、初等教育への介入、投資は社会の防衛に欠かせないものとなった。国家の介入は「何よりも無知が社会の財産、諸権利を侵害する」からにほかならなかった。[27] また、救貧行政に七〇〇万ポンド(一八三二年)、監獄の維持費に二〇〇万ポンド(一八四七年)を必要とするようになった当時の状況を考えると、教育への国庫助成はわずかな額で効果の期待される合理的な社会投資でもあった。[28]

「危険な階級」を前にしたとき、国家のとるべき方向は自ずと明らかである。生活・行動様式自体が反抗的と映る労働者文化の再生産の根をいかに断ち切るかが国家の課題となった。身体の規律化、教理問答の反復など、あらゆる手段を通じてなされる恭順な態度の育成、教導こそは初等公教育に課せられた歴史的な使命であった。公教育の推進者たちは「初等公教育の主目標は宗教的な観点からする貧民の道徳的改善である[29]」と繰り返し述べていた。

この「主目標」を忠実に実行したのがモニトリアル・システムである。

では、一九世紀半ばまでに初等教育、なかでも初等公教育はどの程度、普及したのだろうか。まずは一八五一年の「教育国勢調査」の結果から見ていこう。一八〇一年より一〇年ごとに実施されてきた国勢調査のなかでも、一八五一年の国勢調査は二つの点でとくに注目された。一つはこの年にイギリスの都市人口がはじめて農村人口を凌駕したことであり、もう一つは国民の信仰の実態が礼拝者数から宗派ごとに明らかにされたことである。これら二つのセンサスについては折にふれて言及され、よく知られてもいる。けれども、同じ年にこれらの調査と併行して実施された教育センサスについては、基礎的な統計であるにもかかわらず、報告書が議会文書の人口調査報告の一部に組み込まれたことも手伝って、教育史研究者の間ですらその存在が十分に認識されてきたとはいえなかった。

教育センサスによると、一八五一年当時の公・私立を含む週日制の初等学校は全国で四万六〇四二校（公教育学校一万五五一八校、私立三万五二四校）を数えた。このうちの約七％に当たる三三六三校は一八〇〇年以前に設立されたものであり、残りはすべて一八〇一年以降に設立されたものであった。とりわけ、一八四一年から五一年にかけての一〇年間の増加はめざましく、一八五一年当時に存在した学校総数の約半分を占めていた。学校数の増加にともなって、生徒数も一八一八年の六七万人、一八三三年の一二八万人から一八五一年の二一四万人（公教育学校生徒―四二万人、私立学校生徒―一七二万人）へと急激に増加した。[30] もちろん、これらの数値はすでに繰り返し指摘されてきたように、必ずしも正確なものではなかった。一八一八年の議会による調査[31]は教区ごとの公教育学校調査であり、私立学校を欠くという重大な欠陥をもっていたし、学校ごとの初の全国調査である一八三三年の調査[32]も報告書自体が認めたように約一〇％ほどの過小評価がみられた。比較的信頼度の高い一八五一年の教育センサスですら、第四章で見るように不正確さを免れえなかった。しかし、こうした統計上の不備を考慮したとしても、国庫助成以降の初等教育、わけても公教育学校の拡充は政府にとって「大きな成果であり、十分に満足すべきもの」だったに違いない[33]。これらの週日学校の発展に加えて、公教育の重要な一翼を担った日曜学校も一八一八年の五四六三校、生徒数四七万七二二五人から一八五一年の一万六八二八校、生徒数一五四万八八九〇人へと飛躍的に増加した。

その結果、一八五一年には表6が示すように、週日学校に限ってみても、三歳から一五歳までのイングランド及びウェールズの子どもの人口（約四九〇万人）に占める公・私立学校の生徒数＝就学率は平均四二％（男子四五％、女子三八％）に達した[34]。年齢別では男子女子ともに七歳児の就学率がそれぞれ六四％と五一％でもっとも高く、一〇歳を超えるにつれ急激に低下した。これは大部分の労働者家族の場合、男女ともに一〇歳を境に必要な教育を終え、一人前の働き手として正規に就労するか、そのように期待されるようになることを示していた。もちろん、表6が示すように、実際に賃金契約を結んで直ちに正規の労働者となる者は少なく、大部分は種々雑多な補助労働や季節労働、家事労働に従事したものと思われる。「在宅」と「就労」の中間に位置する表6の「記載なし」に該当する子どもたちは、年端《としは》もいかない幼児を別にして、ただ無為に時間を費やしていたわけではない。彼らが何らかの労働に従事していたことは容易に想像のつくことである。

同時に、「記載なし」に該当する子どもたちは過去に一度も学校に行った経験がなかったかというと必ずしもそうではない。一八五一年の教育センサスは同年三月三〇日の時点における在籍者数、カリキュラム、授業料などを学校ごとに調査したものであり、調査時点では在籍しないが過去に在籍した経験をもつ子どもたちを含んではいなかった。たとえ一時的にせよ、過去に学校に籍をおいたことのある子どもの数を加えた場合には、就学率は高くなったであろう。さらに、日曜学校や夜学にのみ通う子どもを加えた場合には、就学率はもっと高くなることが予想される。たとえば、一八三八年にマンチェスター郊外のペンドゥルトンで実施された調査では、日曜学校や夜学も含めると、「学校へ行った経験をもたない子どもは二一〜三％にすぎなかった」といわれている[35]。

就学率をめぐるこうした事情は短期間の就学だけでなく、およそ在学期間そのものが定まらない、当時の初等教

年齢	女子						
	児童数				同比率（%）		
	生徒	雇用されている者	記載なし	合計	生徒	雇用されている者	記載なし
3	50,621	…	177,478	228,849	22	…	78
4	86,661	…	135,962	223,409	39	…	61
5	89,544	780	127,153	218,433	41	…	59
6	101,099	1,213	110,341	213,877	47	…	53
7	107,216	2,570	98,646	209,704	51	1	48
8	102,488	5,400	96,543	205,870	50	2	48
9	101,235	9,674	88,224	202,344	50	5	45
10	89,401	14,787	89,995	198,324	45	7	48
11	75,298	21,110	95,342	195,320	39	11	50
12	65,547	35,586	88,420	192,523	34	19	47
13	43,050	52,066	92,661	190,103	23	28	49
14	28,160	74,869	83,070	187,725	15	40	45
3〜15	940,320	218,055	1,283,840	2,442,215	38	9	53

育がかかえていた深刻な問題点を浮き彫りにしていた。短期の就学や不定期出席は先に述べた子どもたちの補助労働や家事労働に起因するものであり、病気、失業、移動に左右されやすい親たちの生活を反映していた。何らかの労働に従事する子どもと学校に通う生徒の間の境界はたえずあいまいであり、両者を峻別することは困難であるばかりか、当時の初等教育の実態を見失うことにもなりかねなかった。公、私の区別、学校の制度といった現代の基準で一九世紀の初等教育を理解することは危険であった。学校の機能（実利）を基本に柔軟に対応しようとした労働者階級の教育文化は公立、私立を問わず、一九世紀の初等教育に大きな影響を与えていたというべきだろう。

短期間の就学、不定期出席、不就学といったきわめて困難な教育事情は子どもの稼ぎをあてにする親たちの経済的貧困に原因があったかのような印象を与える。しかし、貧困は就学の障害であったが、それが原因のすべてではなかった。教育センサスの『報告書』が労働者の年間アルコール消費量を引き合いに出して強調しているよ

表6　1851年の年齢別就学数・率（イングランドおよびウェールズの週日学校）

年齢	男子						
	児童数				同比率（%）		
	生徒	雇用されている者	記載なし	合計	生徒	雇用されている者	記載なし
3	49,168	…	179,681	228,849	21	…	79
4	92,167	…	131,242	223,409	41	…	59
5	111,220	425	106,770	218,433	51	…	49
6	123,030	1,030	89,817	213,877	57	…	43
7	134,492	2,128	73,084	209,704	64	1	35
8	125,919	7,032	72,919	205,870	61	3	36
9	122,085	14,287	65,972	202,344	60	7	33
10	110,126	27,508	60,690	198,324	55	14	31
11	89,918	43,173	62,229	195,320	46	22	32
12	71,639	69,275	51,609	192,523	37	36	27
13	47,116	88,485	54,502	190,103	25	46	29
14	29,639	128,431	29,655	187,725	16	68	16
3〜15	1,106,528	381,774	978,179	2,466,481	45	16	39

（1851 Education Census, *Report*, p.40）

うに、「週当たりわずか一ペニー〜二ペンスの授業料〔公教育学校〕が払えないはずはなかった」ということもできた。不十分な教育事情の原因は別のところに、すなわち「生活の糧に直接、結びつく仕事を学ばせることを重視し、精神的・道徳的訓練を価値あるものとはみなさない」労働者の姿勢に求められた。[36]『報告書』の強調点は後者の「精神的・道徳的訓練」の軽視にあったが、ここで重要なのはむしろ前者の労働者が子どもに「仕事を学ばせることを重視している」事実である。彼らは子どもの労働から得られる家計補助収入だけでなく、一定の年齢に達した子どもにその年齢にふさわしい仕事への「導入」を果たさなければならないと考えていた。例えば、『児童雇用調査委員会報告』（一八四二、四三年）のなかには、炭鉱労働者に関する次のような証言も見られる。「無償教育の約束も、一〇歳を超えると、子どもたちを学校へやる誘因とはならない。親たちは子どもが失業するよりは教育を受けさせないでおくほうがましだと考えるだろう。彼らは子どもが一〇歳を超えれば、学校に行くよりはもっとよい働き手になることができると考えている。もし、一〇歳あるいは一二歳を過ぎて子どもを仕事に送り込もうものなら、決して立派な坑夫にすることなどできないのだ」と。[37] ここには、親たちが子どもに何を期待していたのかが明瞭に示されている。児童労働にも就労するにふさわしい時期があり、親たちが労働者のライフ・サイクルについて独自の観念をいだいていたことを窺わせる。

だが、こうした事例も労働者が教育に全く無頓着であったことを示すものではない。枢密院教育委員会の事務局長であり、公教育のもっとも熱心な推進者であったケイ＝シャトルワースが述べているように、「下層階級の者たちは3Rを教育の最終目標としており、人格の陶冶、道徳教育、その他の価値あるあらゆる教育目標を完全に無視するか忘れている」というのが事実に近いであろう。[38]「下層階級」が真に必要と認識していたのは「役に立つ」読み・書き・算術であり、その限りでは彼らは子どもの教育に熱心であった。同じく炭鉱労働者に関する証言のなかには、八人の子どもを全員、学校に通わせるために、「酒も飲まず、チーズも食べず、ほんのわずかしか肉を摂《と》らないで」家計を切り詰めるメソディストの家族も登場する。[39] 反対に、彼らは上から強要される「人格の陶冶、道徳教育」については、その必要性を未だ十分には認めていなかったし、意識的に拒否することもあった。もちろん、こうした説明については一定の留保も必要である。労働者が子どもの教育であれ、すべての者が3Rの修得のみでこと足りると考えていたわけではない。労働者階級の自伝に関するD・ヴィンセントの研究が明らかにしているように、一度3Rを修得した者たちのなかには、自らが「有用」と考える知識の獲得に向かって努力する者たちもいた。[40] 人びとを3Rの修得から読書へと向かわせた誘因と環境については改めて第二章で触れることになろう。

公・私立を含めた初等教育の発展が確認されたところで、次にそのなかでも公教育がどこまで伸展したのか、同じく一八五一年の教育センサスから概観しておこう。週日学校の約三分の一、生徒数の三分の二を占めるようになった公教育学校は、学校の設立主体や運営の主たる財源の性格から四つのグループに分類された。

表7　イングランドおよびウェールズの週日制公教育学校(1851)

	学校数	生徒数	生徒比率(%)
(Ⅰ) 主として，国および地方の税によって支えられる学校	610	48,826	2.7
(Ⅱ) 主として，基金によって支えられる学校	3,125	206,279	11.6
(Ⅲ) 主として，宗教組織によって支えられる学校	10,595	1,408,851	79.5
(Ⅳ) その他の公教育学校	1,081	109,214	6.2
総　　計	15,411	1,773,170	100

→(Ⅲ)の内容(1851)

		学校数	生徒数
A[1]	国教会（国民協会）	3,720	464,975
	国教会（主教座管轄）	4,851	336,532
	非国教会	1,510	163,385
B[2]	内外学校協会(BFSS)	851	82,597

1)　A…Denominational (宗教主義，特定の教義に基づく教育)
2)　B…Non-denominational (非宗教主義，特定の宗派に基づかない宗教教育)
(Education Census〔1851〕, *Appendix to Report, Table B*, p.cxxiii)

表7の(Ⅰ)は「主として公的な税金によって設立され、維持される学校」である。[41] このなかには陸軍駐屯地内の学校、海軍基地の学校、ワークハウス・スクール、監獄学校などが含まれるが、その中心はワークハウス・スクールであり、五二三校が約三三〇〇〇人の生徒を収容していた。(Ⅱ)のグループは「主として恒久的な基金(endowment)によって設立された」学校であり、グラマー・スクールとその他の基金立学校からなっていた。(Ⅲ)のグループは「主として宗教団体によって設立され維持されている学校」である。いうまでもなく、公教育の中心的な担い手であった国民協会と内外学校協会の学校はこのなかに分類される。(Ⅳ)は「以上のいずれにも属さない学校」であるが、このなかには工場主や炭鉱主によって運営される工場学校や鉱山学校、孤児、視覚障害者、「ろう唖者」のための学校、ボロ服学校(ragged school)などが含まれていた。とはいえ、こうした分類は必ずしも厳密なものではなかった。例えば、(Ⅱ)は主として基金によって賄《まかな》われる学校であるが(Ⅲ)の特徴である個人の寄付(subscription)を排除するものではなかったし、逆に(Ⅲ)のグループのなかにも(Ⅱ)の特徴である基金を重要な財源とする学

校がかなりの数に上った。この四分類はそれぞれに複数の財源からなる収入源のうち、文字通り「主たるもの」を基準にした分類である。(Ⅰ)から(Ⅳ)のグループの学校が比重はともかく複数の財源から資金を得ていた事実は公教育の中心であった(Ⅲ)のグループに明らかである。(Ⅲ)のグループに属する一万五九五校の一八五一年度の総収入七六万二一八ポンドの内訳は寄付金三七万六三四〇ポンド(四九・五%)、恒久的な基金二万五七七九ポンド(三・四%)、政府補助金四万二〇六四ポンド(五・五%)、授業料二五万九一三五ポンド(三四・一%)、その他五万六九〇〇ポンド(七・五%)であった[42]。ここに示される数値は公教育学校と国家との関係についてきわめて重要な示唆を与える。確かに、学校建設資金に対する国庫助成は一八三三年の年額二万ポンドから七万五〇〇〇ポンド(一八四五年)、一五万ポンド(一八五一年)、二六万ポンド(一八五二年)へと上昇するが、一八四七年(教具への国庫助成開始)以前にあっては、これらの補助金は純然たる建物建設に必要な、それも経費の二分の一のみを補助するものであり、机、椅子、その他の教具、燃料、借地料、教師の給与など、日常の学校運営に必要な通常経費を含んではいなかった。七六万ポンドにおよぶ年間総収入の九割以上が民間の資金によって賄われており、一九世紀の自由主義国家は教育においても基本的にはレッセ＝フェールを貫いた。

しかし、こうしたきわめて不十分な国庫助成にもかかわらず、公教育学校の増加にはめざましいものがあった。イギリス的意味での公教育の中核を担った(Ⅲ)のグループは一八五一年までに公教育学校総数(Ⅰ)〜(Ⅳ)の六九%、生徒総数の七四%、教師見習生(pupil teachers)を含む教師全体の七七%を占めるにいたった。しかも、これら宗教団体に支えられた学校の実に三分の二は一八三〇年代と四〇年代の二〇年間に設立された[43]。その結果、公教育学校生徒と私立学校生徒の比率は一八三三年の一〇〇対七四から一八五一年の一〇〇対三四へと変化した[44]。この背後にモニトリアル・システムの普及があったことはいうまでもない。週日学校生徒のおよそ三分の二を公教育学校の生徒が占めるにいたったことは、政府、枢密院教育委員会、国民協会、内外学校協会など公教育の推進者を励まし、自信を与えた。ホラス・マンが「労働者階級プライベイト・スクール」をおしなべて「劣悪」「下等な」なデイム・スクールとして一括しえたのもこうした背景によるところが大きかった。彼は『報告書』のなかで「優れた私立学校や公教育学校が設立されることによって、小さな劣悪な学校は減少するであろう」[45]との楽観的な見通しを述べた。しかし、それはデイム・スクールに対する以前にもまして激しさを増す非難の序奏でしかなかった。デイム・スクールは簡単には「減少」しなかった。

3 デイム・スクールとは何であったのか

公教育の発展に後押しされて勢いを増したデイム・スクールに対する非難は、かつての統計協会のそれとは明らかに違っていた。公教育の発展に自信をもった視学官はデイム・スクールの劣悪な物理的環境、教師の不純な動機に非難の力点をおくようになる。教育センサスの一〇年後に出されたニューカースル委員会の『報告書』は、一九世紀を通じて民衆教育のもっとも詳細な公式調査であるとともに、デイム・スクールに対する非難の集大成ともいえる報告書となった。サザクを中心とするロンドン南部地域の調査を担当したW・G・ホジスンはデイム・スクールの劣悪な物理的環境について次のように報告している。

何らかの生業が一時的にであれうまくいかなくなると、学校を開設することが手近にあって、いつも当てにされる。元手はほとんど必要なく、窓に貼り紙をする以外の費用はかからなかった。居間、台所、一人用の寝室で十分であり、床が椅子の替わりをし、机も必要なかった。狭い部屋は詰め込まれた生徒たちのものすごい混雑で熱を帯び、暖房費を節約していた。汚れた空気がしばらくの間、子どもたちを落ち着かないものにしたが、すぐに子どもたちを麻痺させた。[46]

あるいは、ブリストルとプリマスの調査を担当したP・カミンは「部屋の狭さはしばしば教師の半円にも立っていられないほどである。私は子どもたちが巣のなかの雛《ひな》のようにぎっしりと詰め込まれ、犬小屋のように互いに折り重なっているところを見たことがある」と報告している。[47] 換気の悪い部屋は「窓を開けずに一〇分もいたら病気になってしまう」ほどであり、それが原因で教師を辞めざるをえなかった者たちもいた。ウェールズ地方の調査を担当したJ・ジェンキンスはデイム・スクールを「病気の巣」といってはばからなかった。[48] 汚れた空気に対する神経質なまでの反応はあらゆる病気の原因を瘴気《しょうき》（ミアズマ）に求めようとする時代の恐怖心[49]と相まって、デイム・スクールに対する非難を高めていった。こうした非難はきまって「天井の高い、換気の行きとどいた」公教育学校を引き合いに出してデイム・スクールの劣位を印象づけた。それどころか、教室の衛生環境は劣悪なデイム・スクールを特定し、他の良好な私立学校から区別する、より積極的な役割をも果たしえた。その証拠に、ニューカースル委員会の『報告書』は「学校が完全に換気の行きとどいたものであり、排水がなされ、生徒一人当たり最低八フィート四方の床面積をもち、なおかつ視学官の査察を受け入れる」ことを条件に、私立学校への国庫助成を提言していた。[50] この提言は公衆衛生に関する一連の法案が通過した時代の空気とも馴染んだ。

デイム・スクールの劣悪な物理的環境条件に対する非難が公衆衛生の浸透に後押しされていたとすれば、デイム・スクールの教師たちの不純な動機に対する非難はプロフェショナリゼーションを一つの拠り所としていた。教師の養成制度についても、一八四〇年前後に多くの師範学校（Training College, Normal School）が設立され、一八四六年には師範学校に学生を送り込む教師見習生制度（pupil teacher system）と教師の給料への国庫助成が開始された。ついで一八四八年には教師資格試験制度が発足した。公教育学校教師を有資格者に替えていくことは教師の社会的地位の低さ、めぐまれない経済的条件から容易なことではなかったけれども、資格の有無は教師を選別する強力な基準となった。教師のプロフェショナル化をめざすニューカースル委員会も資格の有無を大事な調査項目の一つに加えていた。プロフェショナル化の趨勢《すうせい》が明確になればなるほど、その対極にあるデイム・スクール教師に対する非難も勢いを増した。サザクの調査を担当したホジスンは確信に満ちた調子で次のように述べている。

あまりにも年老いているとか、貧しいとか、無教養であるとか、体が弱いとか、病気がちであるとか、それらのいずれかの理由で自分が学校を開設する資格がないとみなしたり、他の者たちからもそのようにみなされることはない。それどころか、どんな職業であれ、すくなくとも教師になる前の職業としては、およそ学校経営に適さないものなどなかった。行き場のない家内奉公人、解雇された酒場の女給、玩具や飴《あめ》の行商人、食べ物屋、洗濯屋、木賃《きちん》宿の主、簡単服や既製服のお針子、婦人帽の製造業者、重度の肺結核患者、ほとんど寝たきりの身障者、アル中の疑いのある者、院外救貧を受ける貧民、七〇、八〇歳を超える婦人、きちんと綴ることのできない者(残念ながら大半の婦人がそうである)、全く計算できない者、こうした者たちが教師のなかにいる。しかも、遠くはなれた田舎ではなく、世界の首都たるロンドンにいるのだ。[51]

この記述はデイム・スクールの教師たちがいかに安直に教師になっていたかを意識的に強調したものであり、非難の執拗さでも群を抜いていた。

こうした記述のあとにどんな言葉がつづくことになるか、推して知るべしである。「片手に鍋を持ってアルファベットを教えていた」とか、「大工仕事の合間に教えていた」とか、「仔《こ》猫がおもな教材である〔遊んでいた〕」といった記述がつづく。読み方が教えられるのはまだましな方で、なかには「裁縫と編物に大部分の時間が費やされる」ものもあった。[52] 裁縫、刺繍、編物は主として女生徒が家事能力の一部として修得すべき伝統的技芸であったが、同時に教師たちの不安定な収入の足しにもなった。子どもたちの作品を売り、上前をはねる教師たちもいたのである。炭鉱労働運動の指導者で後に庶民院議員にもなったT・バート(Thomas Burt,1837-1922)は『自伝』のなかで、自らが世話になったそうした教師のひとりについて次のように語っている。「キャンプ・ベルさんは大変しっかりした、慎ましい人だった。……彼女のご機嫌をとる確実な方法は学校の行き帰りに鳥の羽を拾い集めて持っていくことだった。集められた羽は結局のところは売られるか、枕やベッドを作るのに使われたと思う[53]」と。

繰り返される非難は次第にステロタイプを生み出していった。全国一〇地域の調査報告を概括して、ニューカースル委員会は「これらの学校〔デイム・スクール〕の一般的特徴は国中どこでも同じである。すなわち、婦人が教師であり、しかも彼女たちは一般に年老いている」と述べ、さらには「寡婦が多い」とつけ加えた。[54]「寡婦」「未婚」「高齢」「無資格」の女性が教育の名に値しない教育を行っているというのが、彼らが努めて描き出そうとするデイム・スクール教師の姿になった。

ニューカースル委員会は、彼らが描き上げてきたデイム・スクールの「実情」を踏まえて、教師資格試験制度を私立学校に導入するよう提言した。すなわち「三年間、継続して初等学校を維持し、かつその間、彼らをよく知る聖職者もしくは治安判事から道徳的資質を保証されたすべての者」に資格試験を課し、教師として認定しようというものである。[55] この提言のなかで注目されるのは「三年間、継続して初等学校を維持する」という条件である。これには「思いつきで設立されたり、中断させられたりする」、「マッシュルームのごとき」デイム・スクールは明らかに当てはまらなかった。デイム・スクール教師の大半は資格試験によって淘汰される以前に、受験資格によって排除されたからである。資格試験制度の「効果」は、彼らが強調するように、一部の有力な私立学校教師の「地位を高め、教師という職業に永続性とリスペクタビリティを与え、世間に印象づける」ことにあった。[56] 失業、不慮の事故、連れ合いの死去、病気などによって偶然にも教師となり、しかも次々に教師が交替していく――共同体の教育機能としては持続する――デイム・スクールの教師と公教育の推進者たちが構想するプロフェショナルとしての教職とはとうてい相容れなかった。

ニューカースル委員会の主要な目的はクリミア戦争後の財政難を背景に、いかにして「健全で安上がりな初等教育を国民の全階層に与えるか」を調査、検討することにあった。そのためには公教育への補助金を施設の環境基準、教師の資格の有無、子どもたちの出席状況、読み書き能力などの条件を厳密に査定し、効果的に支出することが是非とも必要であった。これらのことはすでに多くの概説書が指摘する通りである。しかし、忘れてならないのは、委員会のきわめて合理的、自由主義といわれる諸提言も、下層民衆の労働・生活条件に柔軟に対応してきたデイム・スクールを教育の範疇から除外することを前提としていたことである。

しかし、各地の調査報告書のすべてが、ステロタイプ化した非難を鵜呑みにして、デイム・スクールの調査をおざなりにしたわけではなかった。調査を担当した副委員(assistant commissioners)のなかには、デイム・スクールの内部に立ち入って調査する者もいた。ロンドンの三教区(セント・パンクラス、セント・ジョージ東部、セント・チェルシー)を担当したJ・ウィルキンスンもそのひとりである。彼はデイム・スクールを調査するにあたって、『人名住所録』、救貧税徴収官の「学校リスト」、公教育学校の教師たちが生徒から集めた情報、伝道団体の情報を利用するだけでなく、各地区の事情に通じた「物知り」にデイム・スクール一校ごとに小額の「報奨金」を与えてその発見に努めた。[57] 詳細を期したウィルキンスンの調査が注目されるのは、先の教育センサスとは違って、デイム・スクールを含むすべての私立学校を授業料とカリキュラムによって分類したことである。この分類の仕方そのものはかつての統計協会の調査を彷彿《ほうふつ》させるが、この時代にはすでに珍しいものになっていた。週当たり一ギニー以上の授業料を徴収する私立学校を「上等」、六ペンスから一ギニーを「中等」、六ペンス以下を「デイム・スクール」として分類した結果、「デイム・スクール」は同地域の私立学校の三二%に達した（表8）。六ペンス以下を「デイム・スクール」とする基準はおよそ二〇年前に統計協会が行ったデイム／コモンの分類のデイム・スクールに相当する基準であり、コモン・デイ・スクールを「中等」に分類したものとみて差支えなかった。

ウィルキンスンの調査を興味深いものにしたのはこうして得られたデイム・スクールをさらにカリキュラムによって分類したことである。ウィルキンスンは書き方が教えられているか否かを基準に六ペンス以下のデイム・スクールを二種類に分類することを試みた。その結果、宗教、読み方、裁縫のみを教えるデイム・スクールはデイム・スクール全体の四五%、同生徒の三九%を占めることが判明した。この調査報告は「読み書きを教えるが、後者は必ずしも教えられるとは限らない」として「労働者階級プライベイト・スクール」をデイム・スクールに一括した一八五一年以来の基準のあいまいさ、ある種の虚構を暴露することになった。劣悪であるはずのデイム・スクールの過半数五五%が書き方を教えており、場合によっては書き方以外にも、より高度な算術、国文法、地理といった科目を教えていた可能性を否定できないからである。デイム・スクールがおしなべてお粗末であることにはならなかった。二〇年前に同じような調査を行った統計協会がもしその場に居合わせていたとしたら、彼らはデイム・スクールが上昇し、コモン・デイ・スクールに接近してきているといったに違いない。

デイム・スクールのうち，宗教教育，読み方，裁縫のみを教えるもの	
学校数	生徒数
40 (11)	588 (6)
31 (35)	597 (26)
9 (10)	150 (7)
80 (45)	1,335 (39)

以上の諸事実は公教育学校の実態と重ね合わせられるとき、さらに重大な意味を帯びてくる。デイム・スクールよりも「知的にも道徳的にも優れている」[58]とされた公教育学校の実態がいわれるほどのものではなかったからである。同じくウィルキンスンが調査したセント・ジョージ東部教区の公教育学校のカリキュラム調査、表9が示している

表8　ロンドン三教区のプライベート・スクール(1835)

教区	学校				生徒			
	学校数	上等の学校	中等の学校	デイム・スクール	生徒数	上等の学校	中等の学校	デイム・スクール
セント・パンクラス	367	101 (27)	160 (44)	106 (29)	9,107	3,465 (38)	3,736 (41)	1,908 (21)
セント・ジョージ東部	88	9 (10)	31 (35)	48 (55)	2,302	281 (12)	936 (41)	1,085 (47)
セント・チェルシー	91	27 (30)	41 (45)	23 (25)	2,224	854 (38)	951 (43)	419 (19)
合計	546	137 (25)	235 (43)	177 (32)	13,633	4,600 (44)	5,623 (25)	3,410 (25)

(　) 内は%
(*Wilkinson's Report, Newcastle Commission,* vol.3, p.344)

ように、多くの学校が読み方以外にも書き方、算術を教えていたが、同時にそれらを教えていない学校が約三割にも達していた。書き方、算術を教えていない、これらの公教育学校については「劣悪きわまりない」デイム・スクールとカリキュラム上、何ら変わるところはなかった。[59]また、たとえ多くの科目を教える公教育学校であっても、表10が示すように、当時の就学期間の「嘆かわしい」状態からみて、まともに修得された保証はない。[60]デイム・スクールのお粗末な教育に対する批判はそのまま公教育学校にも当てはまった。デイム・スクールと変わるところのない劣悪な公教育学校がかなりの数に上ったという事実は、それだけに一層、デイム・スクールと公教育学校の差異を物理的な環境基準とプロフェショナリズムにおいて強調し、前者を劣位に置かなければならなかった公教育推進者たちの事情を物語っていた。

冷静な目でデイム・スクールを見ることができたウィルキンスンは、デイム・スクールが公教育学校に生徒を奪われて立ち行かなくなった事例とともに、その逆の事例についても紹介している。

私はセント・ジョージ東部教区のもっとも惨めな街の片隅に、一介の海軍下士官の寡婦が経営する学校を見つけた。彼女は六歳から一二歳までの男女三五人の子どもを完全な統制下に置いてお

表9　セント・ジョージ東部教区，公教育学校（24校，3,533人）のカリキュラム調査

性別 / 科目	男子	女子
宗教教育	97	94
読み	93	82
書き	74	73
算	71	63
裁縫	71	
その他の職業教育	3	8
地理	41	32
国文法	15	10
国史	13	5
⋮	⋮	⋮
（以下略）	（略）	（略）

（*Wilkinson's Report, Newcastle Commission,* vol.3, p.335）

表10　セント・ジョージ東部教区，公教育学校生徒の就学期間

性別 / 期間	男子	女子
1年未満	29	13
1〜2年	16	8
2〜3年	8	5
3〜4年	4	2
4〜5年	2	2
5〜6年	2	1
6〜7年	1	1
7〜8年	0.2	0.2
⋮	⋮	⋮
（以下略）	（略）	（略）

（*Wilkinson's Report, Newcastle Commission,* vol.3, p.335）

り、子どもたちの読み書き計算能力はすべて、視学官の監督下にある通常の公教育学校を上回っていた。彼女は結婚するまでは小さな店の手伝いをしており、三〇歳を過ぎて夫が死亡し、はじめて教育に手をそめたという[61]。

デイム・スクールの世界に分け入り、冷静な眼で実態を観察する副委員のなかからは、当然のことながら、なぜデイム・スクールが牢固として存続しつづけるのか、その理由を尋ねる者も出てきた。一八五一年の教育センサスの時点では、すでに紹介したように、政府は「優れた私立学校や公教育学校が設立されることによって、小さな劣った学校は減少するだろう」との楽観的な見通しに立っていた。ところが、一八五八年から開始されたニューカースル委員会の調査では、デイム・スクールは必ずしもはっきりした形で大きく減少することはなく、地域によっては漸増傾向を示した。ロンドンの一部、ブラックフォードとロッチデール、スタッフォードシア、ブリストルとプリマスの四調査地域では、私立学校生徒の全就学生徒数に占める比率は一八五一年から一八六一年にかけて、わずかながら増加していた[62]。こうした現象は中産階級のための私立学校の増加を考慮に入れなければならないが、

私立学校のなかでももっとも大きな比重を占めるデイム・スクールに大きな変化がなかったこと、すくなくとも大幅な減少がなかったことを前提としてはじめて説明のつく事柄である。

ガードナーの研究したブリストルの例では、デイム・スクールは一八五一年から六一年、および七一年から七五年にかけて明らかに増加する傾向を示していた[63]。第四章で詳しく扱う、筆者自身が調査したニューカースルの場合にもデイム・スクールは公教育の発展とともに増加していた。かつてのコモン・デイ・スクールをデイム・スクールに一括した公式統計の処理の仕方がデイム・スクールを増加させたとみることもできるが、いずれにせよ、デイム・スクールが依然として公教育のオルターナティヴとして存続しつづけたことは確かである。ニューカースル委員会が以前のどの公式報告書にもまして、デイム・スクールに言及せざるをえなかったのもそのためであった。ブリストルとプリマスの調査を担当したP・カミンもそのひとりである。カミンは「公教育学校があるにもかかわらず、デイム・スクールに子どもを通わせる親たちの動機」に関する証言を掲載している。デヴォンポートの牧師補であったG・W・プロクターなる人物から得た親たちの証言は次のとおりである。

(1) デイム・スクールのほうが公立学校より家に近い。

(2) どのような時刻に子どもを預けようと、おばさんたちは一言も文句をいわないし、不規則な出席、あるいは頭髪の巻き紙、派手な服装、首飾りなどについてもとりたてて注意しない。

(3) 洗濯日であるとか、臨時雇いの雑用に出かけるときにも、おばさんたちは子どもを朝の八時、ときには七時にでも預かってくれる。追加料金と子どもの食べ物を工面すれば、夜の七時、八時まで面倒をみてくれる。

(4) おばさんたちは毎週月曜日に授業料の前納を要求しないどころか、三週間、四週間、あるいはそれ以上、支払いを待ってくれる。彼女らはそうすることで親の気持ちをつかむものと考えている。

(5) 親のなかには、子どもたちを母親らしい世話のもとに置きたいと思っている者たちがいる。

(6) 親のなかには、二〇人あるいは三〇人を超えない規模の学校を選ぶ者たちがいる。彼らはそのほうが子どもたちひとりひとりに手が届き、病気にも感染しにくいといっている。

(7) ある親たちは子どもが学校にいる間、むしろ遊ばないよう願っている。とくに運動場へ連れ出されるべきではないと考えている。

(8) 親のなかには、子どもが訓練されること、肉体的に訓練されることに反対する者たちがいる。彼らはそうすることが子どもの食べ過ぎのもととなり、あまりに成長を早め、食糧と衣服にかかる経費を大変大きなものにするといっている。

(9) 公立学校では、読み、書き、裁縫に十分な時間がさかれていない。

(10) ある親たちは、公立学校があまりにも多くのことを教え込もうとしているし、精神的な訓練を要求しすぎる、と考えている。

(11) 教師に対して何をすべきか、あるいは何をしないでおくべきかを指示できるところでは、親たちはむしろ進んで週二ペンス、三ペンスを支払おうと考えている。

(12) 親のなかには、自分たちの子どもの教育に誰からも援助を受けたくないと考える者たちもいる。

(13) 親たちは政府の査察〔視学官〕を理解していない。彼らは、政治指導者、非国教会牧師とその組織に動かされ、政府の査察をいずれいろいろな仕方で教育の自由に干渉することになるものとみなしている。

(14) 親たちは、助教生があまりにも思い上がっており、あまりにも多くの責任を負わされすぎていると考えている。また、公立学校の幼児を教育する女教師は子どもに冷たく、あまりにもかけ離れた存在である、と考えている。64

(1)から(14)の項目は人びとが主体的にデイム・スクールを選びとった理由と公教育に対する反発、忌避《きひ》とからなっているが、そのいずれの面からもデイム・スクールがなぜ、存続しつづけるのかをきわめて具体的に説明している。「教師に対して何をすべきか、あるいは何をしないでおくべきかを〔親が〕指示できる」という言葉がすべてを象徴しているように、公教育とデイム・スクールの溝は深く、ほとんど異文化に近いものがあった。働く者たちの生活条件に柔軟に対応したデイム・スクールは彼らの生活文化、行動様式そのものであった。この資料を一つの手がかりに、他の資料ともつき合わせながら、デイム・スクールとは結局、いかなるものであったのか、なぜ、存続したかを、以下四点にまとめて整理してみよう。

自尊心・独立心

断片的なものも含めて数多いこの種の資料のなかで、同じくカミンが伝える次の文章ほど、デイム・スクールを選びとった者たちの自尊心、独立心を明快に語っているものはないであろう。すこし長くなるが引用してみよう。

私は私立学校を捨てて公教育学校を選ぶつもりのない者たちが大勢いることを知った。働く者たちのなかには、彼らが通常、慈善学校〔公教育学校〕と呼ぶ学校を利用することに強い反感をもっている者たちが多い。彼らが恩情と考えるものに身を寄せることについては、彼らのプライドが許さないのだ。さらに、私立学校に通っている子どもはよりましな子どもたちであり、親たちもそのために私立学校を選んでいるように思われる。こうした感情はとりわけ借地農に強い。彼らは適正な費用で教区学校で得られるのと同等の教育を子どもに受けさせることの難しさを認める一方、自分の子どもを農場労働者の子どもと交わらせることになる教区学校にやることに憤りにも似た感情をもっている。こうした感情は借地農だけのものではなかった。あるとき、私がこの問題について、ブリストルのさまざまな労働者と話をしていたときのことだが、そこに、たまたま公教育学校の教師が加わった。この男は自分の息子を私立学校にやっているとのことだった。私は彼になぜ、私立学校を選んだのか、その理由を尋ねてみた。彼の説明がひとしきり終ったところで、部屋の反対側に座っていた、息子を公教育学校に通わせている大工が意気込んでこういい出した。「旦那、私の意見ですがね。公教育学校より私立学校を選ぶ連中の本当の理由はプライドですよ。他に理由はありませんよ」と。私はこの大工のいっていることはまちがいなく真実だと思った。この国には一種のカースト的な感情があり、社会の末端まで行きわたっているのだ。公教育学校に対する偏見が放棄されてなくなるような兆候はないと心得ておくべきであるが、と同時にデヴォンポートの労働者から聞いた話だが、公教育学校の男子生徒の〔学業の〕進捗ぶりを聞いて、息子たちを私立学校から引き上げて公教育学校に移した者たちのいることも知っておくべきだろう。[65]〔傍点――筆者〕

カミンのこの文章からは、貧しくとも独立して生計を営み、教育に意を注ぐ「働く者たち」の気持ちが多少なりとも伝わってくる。彼らにとって「慈善学校」「教区学校」の名で呼ばれる公教育学校に子どもを通わせることは救貧法の世話になること、施しを受けることに等しく、自尊心を耐えがたいまでに傷つけることだった。かつて、新救貧法下に装いを新たにしたワーク・ハウスが「イギリスのバスチーユ」として北部の労働者、職人から敵視されたことが想い起こされる。彼らの自尊心、独立心が一九世紀の社会運動を貫くキー・タームであったことは、R・マックウィリアムの最新の研究が示すとおりである。[66]文中のカミンと大工の会話はことの本質をいかんなく示していた。と同時に、この自尊心、独立心は、引用文の最後にもあるように、まともな教育が受けられるのであれば、学校の形態、パブリックであるかプライベイトであるかを問わない柔軟性ともなりえた。彼らの自尊心・独立心と学校を機能、実用性において捉えようとする発想は矛盾しなかった。公教育が時を経るとともに、社会防衛的ないし治安維持的な性格から、公民のための「公教育」へと質的な転換をとげ、労働者や職人のプライドが「市民的価値観」や「公民意識」のなかに融解していくとき、公教育は異文化ではなくなるのだろう。

ニューカースル委員会の各地の報告書には、この他にもデイム・スクールに子どもを通わせた親たちの自尊心、独立心に触れたものがいくつか散見される。先に紹介したウィルキンスンの報告のなかにも、二ペンスの授業料をとる公教育学校から四ペンスのデイム・スクールに子どもを転校させた事例について、親たちが「高い授業料のほうが良い教育を受けられると考えていた」という記述が見出される。授業料の差が必ずしも学校選択の確かな基準となりえなかったことは、一八世紀以来の慈善学校が無償から有償に変わっていったことにも現れていた。この点については改めて第四章で触れることになろう。

公教育学校の規律、道徳的訓練に対する反発・忌避

働く者たちの自尊心、独立心を大いに傷つけた理由は公教育学校の教育方法＝モニトリアル・システムそのものにあった。同時代人が「道徳的機械装置」[67]と呼んだこのシステムが工場制の分業システムにも似た機械的な学習方法と軍隊的規律を特徴としていたことはよく知られている。教卓に向かって秩序正しく平行に並べられた机の一列ごとに配置される助教生（モニター）の姿は、工場の職長に似ていた。生徒との人間的接触を拒否し、教師を「無言の傍観者(silent bystander)」、監督者」とすることを理想に掲げるこのシステムは、「獣性をもつ不道徳な小動物」の徹底した訓練、教導に威力を発揮した。身体の規律化はモニトリアル・システムの考案者の一人であるJ・ランカスターの推奨する「懲罰」にいかんなく示される。規律に違反した子どもたちに科せられる罰は苦《にが》みのあるカモミ

ール・ティーを口に含ませて眠気をさまさせる、たわいのないものから、犯した違反を書き込んだおよそ三キログラムの丸太を首にかけさせる「首枷《くびかせ》」(wooden shackles)や「吊籠《つりかご》」(the basket)と称される見せしめにいたるまで多様であった。「吊籠」はおもに「賢い、能力のある少年」に科せられる罰であるが、文字通り天井から吊られた籠に子どもを入れて鳥のごとく鳴(泣)かせ、皆の笑いものにするという残酷なものであった。「家から枕を持ち出してきて教室で寝るような、怠惰な子どもたち」に対しては、「乳母車」に乗せる恥辱が加えられた。ランカスターは「乳母車」を子どもに見せるだけで「大きな教室はたちどころに秩序をとりもどす」と述べている[68]。

きちんとした身なり、服装、髪の手入れ、手洗いの励行、時間厳守、徹底した競争、厳しい出欠の点検、正しい言葉遣いなど、日々繰り返される身体の規律化は礼拝への出席強要、教理問答の反復と一体となって進行した。身体の必要以上の規律化、過度な精神的・道徳的訓練に対しては、「短い髪型(規則)に敵意を示す少女たち」のように、子どもらしい反発も見られたが、それは問題の核心ではなかった。厳しい規則が親たちの生活そのものを規制し、圧迫したことがことの本質であった。仕事にいそしむ彼らにとって、真に必要とされる学校は親の仕事の都合や子どもの補助労働、家事労働が必要な場合に、いつでも子どもを教室から連れ出すことのできる学校であった。あるいは逆に必要なだけ長く子どもを預かってくれる学校であった。季節労働や移動をともなう仕事に従事する親たちにとって、厳しい出欠の点検は生活を脅かす問題であり、彼らは「あらかじめ、学校の規則を破ってよいかどうかを考慮して学校を選択した」のである。

また、規則を遵守することが経費のかさむものであったことも見過ごせなかった。衛生に気を配り、身だしなみを整えるには服の替え、靴下の替え、石鹸が必要であり、湯を使うには燃料も必要であった。イプスウィッチの公教育学校の例では、靴の替えがないことが子どもたちの欠席の重要な原因であった[69]。ここにも、公教育学校よりも高いデイム・スクールの授業料を相対化せずにはおかない事情があった。モニトリアル・システムに象徴される公教育のあり方は依然として異文化に近いものがあり、馴染むにはなお相当の時間を要した。

実利的な教育要求、柔軟な対応

すでに折に触れて述べてきたように、働く者たちは子どもの教育に無関心では決してなかった。むしろ、彼らは「子どもの人生にとって役に立つであろう特定の知識」である3Rの修得には積極的であった。[70]もともと読むことに力点をおいてきた彼らが書くことと算術の修得を目標にするにいたったこと自体、大きな変化であり、進歩であった。読み書きを一体のものとして考える識字環境の変化については第二章以下で改めて検討することになろう。彼らにとって、3Rが修得されるのであれば学校の形態など問題とはならなかった。しばしば、学校経営者や教師の属する宗派すら学校選択の障害とはならなかった。カミンも認めるように、「教師、国教会聖職者、非国教会牧師、伝道に携わる者たちが口をそろえていうことには、貧しい者たちは宗派の違いではなく、3Rが十分に教えられるか否かを注意深く見て学校を選んでいた」のである。[71]

世俗化は確実に進行していた。シャトルワースが「下層階級の者たちは3Rを教育の最終目標としており、人格の陶冶、道徳的教育、その他あらゆる価値ある教育目標を完全に無視するか、忘れている」と述べたのも十分うなずける。できるだけ短期間に必要な知識を子どもに身につけさせようとした彼らの態度は、変化の激しい労働、不安定な生活条件によるものである。上からの過度な精神的、道徳的訓練につきあっている余裕はなかった。彼らが精神的、道徳的訓練の価値、規範を自らのものとして内在化させていくには、ここでもなお相当の時間を要した。

共同体の一員としての教師

したがって、実利的な教育要求を満たす者であれば、教師は誰でもよかった。デイム・スクールの教師は「労働者と同じ程度の収入を得る」仲間の一員であり、彼らの外側、あるいは上に立って教え導く存在ではなかった。「仲間のため」とか「顔馴染み」「同情」を理由に子どもをデイム・スクールに預けた親たちの心理がそうした事情を物語っている。[72] ブリストルの例では、親と仲間である教師とが居酒屋に集まり、諸般の事情（失業、不況）を考慮して授業料を決定し、教師がその場の酒代を徴収したばかりの授業料のなかから支払ったという例さえ見られる。[73] カミンの掲載した証言にもあったように、親たちの授業料の支払いを我慢づよく待つことは珍しいことではなく、授業料が物で支払われた可能性も大きい。こうした事情は、当然のことながら、教師たちの収入を不安定なものにし、廃業あるいは「部屋代も払えず夜逃げする」教師を出すことになった。夜逃げした教師の後を追って家賃その他、借金の催促にやってくる訪問者に対して、近隣の者たちはきまって口を固く閉ざした。[74] 教師は彼らの仲間であったし、夜逃げした教師の後を仲間の誰かが継がなければならなかったからである。教師の仕事を支えたのは国家の資格制度に後押しされた権威ではなく、仲間内の評判であった。教師は仲間の信頼に応えなければならなかった。そのなかには手紙の代読や代筆、ときには炭鉱地帯に見られるように、親たちと一緒にストライキに参加することも含まれていた。[75] 彼らが個性豊かな教師として立ち現れるとすれば、それは地域社会の住民の経験の一部としてである。

デイム・スクールの教師たちは、つまるところ街区や農村共同体の相互扶助の観念とそれを支えるソシアビリテの存在する世界においてのみ存続しえた。何らかの理由で働くことができなくなった者や連れ合いを亡くして寡婦（夫）になった者、生活困窮者に、共同体として生活を援助する場合、教師にすることが手近な手段であった。デイム・スクールの教師に寡婦、未婚の高齢女性が多いのも、彼女らが相互扶助を必要とする典型的な人びとであったからにほかならない。さらに、彼女らには子どもの教育にふさわしい「女性特有の資質」が加わった。「母親らしく」「優しく」子どもに接することができる彼女らは、産育を女性のホーム・ワークの一部と考える伝統的な観念にも支えられていた。こうした伝統的な観念に真っ向から挑戦したのは読み方はともかく、書き方や算術は厳格で組織だった、男の指導によって効果を上げると主張するモニトリアル・システムに都合のよい論法だった。

4 終焉に向かって

執拗なまでに存続しつづけたデイム・スクールも一八七〇、八〇年代に入り、ようやく最終的な局面を迎える。この時期は一連の議会制定法によって国民的な教育制度の枠組みがまがりなりにも整えられ、デイム・スクールが最後の閃光を放って次第に衰退に向かう時期に当っている。依然として上昇をつづける人口が国民協会や内外学校協会など、任意団体の努力を飲み込んでしまう現実に対して、国家は任意団体の力のおよばない、公教育の空白を埋めるべく一八七〇年に基礎教育法を制定した。この法律はパリ万博で示されたイギリス工業製品の劣勢、普遍的な国民教育制度を根幹とするドイツの軍事的成功、六七年の選挙法改正によって明らかとなった無教養な選挙民の脅威を前にして、国家が示した一つの決意であった。全国を数千の学校区(school districts)に分け、公選制の学務委員会を通じて「良好な学校」の普及をはかるこの計画は大きな成果を収めたが、五歳から一五歳までの子どもに就学を強制する地域ごとの実施細則を学務委員会の裁量に委ねたために、普遍的な国民教育制度の理想にはほど遠いものがあった。

こうした不備を正すべく制定された一八七六年のサンドン法(Lord Sandon's Act)は、一〇歳以下の児童労働を全面的に禁止するとともに、学務委員会が未だ成立していない地域に就学督促委員会(School Attendance Committee)を設置し、就学強制のための細則を定める権限を与えた。さらに一八八〇年のマンデラ法(Mandella's Act)は、すべての学務委員会と就学督促委員会に就学強制のための細則の施行を義務づけ、未就学児童の親に五シリングの罰金を科した。

一連の立法措置が「良好な学校」＝公教育学校の普及を通じて、その対極にあるデイム・スクールの駆逐を目的としていたことについては、すでに紹介したJ・ボウステッドの証言のとおりである。彼は「プライベイト・アドヴェンチャー・スクール」すなわちデイム・スクールを「地上から消滅させてしまわないのであれば、法律〔基礎教育法〕は何の利益ももたらさなかったことになる」と述べていた。この種の発言は彼ひとりに限られたものではなかった。一八七〇年代以降の視学官報告は多かれ少なかれ、この問題に触れざるをえなかった。一八七二年にバークシアの査察を行ったC・D・ダポートは「基礎教育法がプライベイト・アドヴェンチャー・スクールを閉鎖することになると信ずる。これらの誤った、保育所にすぎない上べだけの学校を強制的に閉鎖するためには、権威と責任をもった学務委員会がバークシア全域に設立されることが肝要である」と述べていた。[76] また、ウスターシアのブロムズグローヴ地区を査察したM・J・バリントン＝ウォードは一八八六年に、就学強制について次のような提案を行っている。

私は就学強制が労働者階級の子どもたちが通っているすべての学校に適用されるべきだと願っている。私は当局〔学務委員会、就学督促委員会〕の賛同の下に、当該地区の約一五〇校におよぶプライベイト・アドヴェンチャー・スクールについて、その存続を認めるべきかどうかあるいはそれらの学校に子どもを通わせている親を告発できるかどうか、調査するよう提案した。[77]

一連の立法措置の目的についてこれ以上、屋上屋を架す必要はないであろう。デイム・スクールはもはや学校ではなくなっていた。「本来の意味での学校ではない」（C・D・ダポート、一八七二年）、「全く価値のない」（H・F・オークリィ、一八七三年）、「決定的な汚点」（M・J・バリントン゠ウォード、一八八二年）にすぎないデイム・スクールを駆逐することは「公共の善」にかなっていた。

しかし、諸立法の意をくんだ視学官の報告にもかかわらず、デイム・スクールはすぐには減少しなかった。視学官の報告のなかにはデイム・スクールの減少に言及したものもあったが、それ以上に増加傾向を危惧《きぐ》するものが多かった。その理由は明らかである。デイム・スクールが就学強制の罰則の適用を逃れる、いわば「隠れミノ」になったからである。学務委員会や就学督促委員会が就学強制に熱心であればあるほど、その傾向は顕著に現れた。例えば、ウォーリックシアを担当した視学官のJ・D・B・フェイバーは一八八一年に、「デイム・スクールの存在は法に違反する者たちの避難所を提供し、子どもや親を堕落させるだけでなく、視学官の査察を受ける学校（公教育学校）の深刻な障害となっている」と報告していた。[78] 同じ年に、キングズ・リン地区を担当したH・スミス師は、「これらのいわゆる学校と称するものは怠惰で価値のない者たちが就学督促委員会の訴追を免れる手っ取り早い逃げ道になっている。治安判事の前で審問される親たちは子どもがMrs. AとかMrs. Bの学校に行っているというだけでよかった」と述べている。[79]「就学強制が適切に施行されているところではどこでも同じことだが、ヘレフォードシアのデイム・スクールは減少するどころか増加している」と指摘したのは同じく視学官のE・W・コルト゠ウィリアムズである。[80]

就学強制に熱心であればあれほど、職務に忠実たろうとすればするほど、視学官は厄介な現実に直面した。法律の施行を妨げる原因がどこにあるのか考えざるをえなかった。彼らは、次第にその矛先を治安判事に向けるようになる。デイム・スクールを「決定的な汚点」であるといったバリントン゠ウォードは法律の不備も含めて次のように述べている。

就学強制に関する訴状が提出されても、残念なことに、治安判事は地方当局者〔学務委員会、就学督促委員会〕の助けにはならない。彼らは効果のない罰金を科そうとする地方当局者を横暴で、官僚的な者たちとみなして、親や雇主の味方をすることが多い。学務委員会の事務当局者の話では、ある特定の治安判事が問題を担当するときには、有罪の判決を得ることがほとんど不可能だという。また別の事例では、科せられた罰金があまりにも小額であったため、親と雇主は法律を無視するほうが利益になることを知っていた。有罪の判決が出たら数シリングの罰金を払い、あとは好きなようにすることができた。違反者はしばらくの間、再び訴追されることはないと踏んでいるのだ。万が一、再び裁判所に呼び出されたとしても、罰金は前と同じで、軽いことを知っているのだ。こうして、欲深い親たちと無節操な雇主によって正義は踏みにじられ、子どもたちは不法に就労させられ、教育を受ける生得《せいとく》の権利は奪われていく。[81]

いうまでもなく治安判事は地方社会の名望家である。彼らはわずかばかりの罰金を科して不人気になるよりは訴状そのものを却下する道を選んだ。治安判事の消極的な姿勢は違反者を告発する地方当局者の態度をも消極的にせざるをえなかった。告発が有罪の判決を得られず失敗に終ったとき、地方当局者の威信、影響力の低下は目に見えていた。バリントン＝ウォードはこうしたことが「デイム・スクールの告発を消極的なものにしている」と述べている。明らかな不就学者とデイム・スクールを隠れミノにする者たちを同時に告発しなければならない地方当局者の困難は想像に難《かた》くない。地方当局者のなかには、治安判事を批難する以前に、はじめから告発に消極的な者たちもいた。ハートフォードシアの就学督促委員会はその典型であろう。

就学督促委員は疑いもなく大変デリケートな職務である。またもっとも嫌な仕事の一つである。彼らはおもに借地農から構成されており、顔には出さないけれども、少年たちが農作業に雇われていることや少女たちが家事を手伝っていることに明らかな共感を示している。議会の法律や施行細則、就学強制権があるにもかかわらず、彼らは、他の大勢の者たち〔住民〕も同じ意見だと思うが、少年たちが耕すことを学ぶために雇われ、少女たちが羊の世話をし、母親の家事を助け、床を磨くことのほうがめったに使うことのない言葉の断片を学んだり、将来、訪れることのない地球儀の場所を覚えるより役立つと考えている。[82]

この報告書を作成したE・W・コルト＝ウィリアムズは、「同州のほんの一〜二のデイム・スクールの事例でも治安判事の前に提出されようものなら、他のすべてのデイム・スクールも廃止されることになる」と確信していた人物である。その彼の前で繰り広げられていた現実は告発に全く消極的な就学督促委員会であった。厳格であるはずの法律と全く消極的な執行者との間に立つ彼になしえることは限られていただろう。

公教育学校への就学を強制することが法律本来の目的であったとすると、そのもっとも簡単な方法は視学官のスミス師が提案したように、「誰であれライセンスなしに初等学校を開設できないよう規定した議会法を制定する」ことであった。[83]教育庁から発行される「ライセンス」によって、治安判事は法廷に引き出された親の子どもが認可校の生徒であるかどうかを調べるだけで機械的に判決を下すことができた。しかし、この種の提案は一度も実現することはなかった。同じく視学官のバリントン＝ウォードが認めるように、「どんな教育が行われようと、誰でも学校を設立できた」のであり、[84]この自由を否定することはボランタリズムに依拠してきた公教育そのものを否定することにほかならず、ひいては自由主義国家の拠って立つ原理、原則を破壊することだった。帝国の経営においてすら徹底した緊縮財政を貫いた一九世紀国家が教育を丸抱えすることは不可能であり、[85]今日にいたるまで、一度たりとも学校を所有したことも教師を直接雇用したこともないのがイギリスである。[86]国家が苦慮したのはたらいの水

(デイム・スクール)といっしょに赤児(公教育学校と良好な私立学校)を流さないように配慮することだけだった。結局、デイム・スクールは強権によって排除されることはなく、人びとの選択によって淘汰されていった。近世に始まったデイム・スクールの長い物語も、強制就学に対する抵抗がピークに達する一八八〇年代半ばを境に終焉に向かう。

おわりに

イギリスの公教育は何もない更地《さらち》に水が浸透していくように、無知蒙昧な民衆のなかに広がっていったわけではなかった。公教育のシステムは民衆の生活文化に根ざしたデイム・スクールのごとき共同体のあるいは家族の教育機能を解体することによって成立をみた。近世の昔よりデイム・スクールに親しんできた民衆にとって公教育は異質なものであり、ときとして異文化に等しかった。社会防衛的な発想に貫かれた、過度な精神的・道徳的訓練、身体の規律化は公教育がその初期に見せたまごうかたなき姿であり、この点をしっかり見据えることなくして、公教育の発展を語ることはできなかった。一九世紀の公教育発達史は、ある意味で、この民衆の違和感、異物感に示される意識の落差、隔たりを埋めていった歴史と見ることもできる。隔たりを埋め、公教育をすべての人びとに受け入れられる普遍的なものにしようとする者たちにとって、デイム・スクールは自らの負の側面をたえず映し出す姿見のような存在であった。大陸諸国の教育制度や思想だけが自らの歪みを映し出す鏡ではなかった。デイム・スクールを非難し、駆逐することは自らの不十分さを認め、改善することにほかならなかった。

しかし、公教育が幾多の制度改革を経て真に国民的な教育制度としての普遍性を獲得していくためには、学校をとりまく社会からの強力な援軍が必要であった。暴力的で素朴なレヴェルの子どもの社会化が世俗的な知識や科学を動員するより高次の社会化にとって替えられ、懲治《ちょうち》的な規律化が規範の内面化に席を譲ったのは社会そのものの変化によるところが大きかった。かつて、G・H・N・ラウンズが指摘したように、「公教育システムが数知れない新しい形態の文化的、科学的、身体活動の源泉[87]」になるには、「子ども期」が法制的、医学的、心理学的、政治的、社会的に、きわめて大規模に制度化される「静かな革命」が必要であった。[88]デイム・スクールの衰退は公教育との競合よりもはるかに大きな変化、「学校化社会」への変化と重なる。

1 三好信浩『イギリス公教育の歴史的構造』亜紀書房、一九六八年、序章「イギリス公教育の概念」を参照。
2 三好、前掲書、一一頁。
3 Report on the State of Education in Birmingham, *Journal of the Statistical Society of London*〔以下、*J.S.S. of London*と略記〕, vol.3, 1840, p.25.
4 Second Report of a Committee of the Statistical Society of London appointed to enquire into the State of Education in Westminster, *J.S.S. of London*, vol.1, 1839, pp.195-199.
5 P.W. Gardner, *The Lost Elementary Schools of Victorian England*, 1984, p.15.
6 Second Report of a Committee of the Statistical Society of London appointed to enquire into the State of Education in Westminster, *J.S.S. of London*, vol.1, 1839, p.452.
7 Third Report of a Committee of the Statistical Society of London appointed to enquire into the State of Education in Westminster, *J.S.S. of London*, vol.1, 1839, p.452.
8 Report of the Education Committee of the Statistical Society of London on the Borough of Finsbury, *J.S.S. of London*, vol.6, 1843, p.30.
9 Report of a Committee of the Manchester Statistical Society on the State of Education in the County of Rutland in the year 1838, *J.S.S. of London*, vol.2, 1839, p.305.
10 Third Report of a Committee of the Statistical Society of London appointed to enquire into the State of Education in

Westminster, *J.S.S. of London*, vol.1, 1839, p.456.

11 Report of the State of Education in Birmingham, by the Birmingham Statistical Society for the Improvement of Education, *J.S.S. of London*, vol.3, 1840, p.30.

12 Report of the Education Committee of the Statistical Society of London on the Borough of Finsbury, *J.S.S. of London*, vol.6, 1843, p.31.

13 *Ibid.*, p.29.

14 Gardner, *op.cit.*, p.38.

15 *Children's Employment Commission, Reports from Commissioners* 〔以下*C.E.C.* と略〕, 〔431〕Appendix to the Second Report of the Commissioners (Trades and Manufactures) , Pt.1, vol.XIV, 1843, c51, No.193;Do., a49, No.286. この他にも次のような表現が見られる。'to school at Mr. Wilks's' (c18, No.65.) , 'attend Mr. Longman's Sunday School at Nash Mill' (a39, No.65.), 'has been at Mr. Andrew's Sunday School' (f158, No.435.) , 'goes to Mr. Grinlow' (f156, No.436.), 'went to Mr. Raysbec's day school' (f155, No.429.) , 'attend Mr. Harsis's evening school' (f149, No.408.), 'a day school kept by an old women' (f18, No.213), 'went to Mr. Newbold's, Mrs. Henderson's and Miss. Wyatt Sarah' (f41, No.155.) .

16 たとえば、*C.E.C.*, 〔431〕, vol.XIV, 1843, a49, No.284, a53, No.305.

17 D.P. Leinster-Mackay, 'Dame Schools: A Need for Review', *British Journal of Educational Studies,* vol.XXIV, no.1, 1976, pp.33-48.

18 A. Waugh, 'A Victorian Dame School', *Fortnight Review,* June 1930, pp.45-47.

19 *Report of a Committee of the Manchester Statistical Society on the State of Education in the Borough of Salford in 1835,* 1836, p.31; *Report of a Committee of the Manchester Statistical Society on the State of Education in the Borough of Liverpool in 1835-1836,* 1836, Appendix (1) ; *J.S.S. of London*, vol.1, 1839, p.204, p.459;*J.S.S. of London*, vol.2, 1839, p.75, p.307; *J.S.S. of London*, vol.3, 1840, p.39; *J.S.S. of London*, vol.4, 1840, p.256; *J.S.S. of London*, vol.6, 1843, p.35.

20 Education Census〔1851〕, *Report* (*Parliamentary Papers, Population,* vol.11, Irish University Press), p.45.

21 Gardner, *op.cti.*, p.33.

22 B. Simon, *Studies in the History of Education 1780-1879,* 1960, p.114.

23 *J.S.S. of London*, vol.1, 1839, p.196.

24 *J.S.S. of London*, vol.3, 1840, p.30.

25 General Report, for the Year 1871, by Her Majesty's Inspector, J. Bowstead, Esq., on the Schools inspected by him in the County of Gloucester, in *Reports of the Committee of Council on Education*〔以下、*C.C.E.* と略〕, 1871, pp.47- 48.

26 大田直子「イギリス一八七〇年基礎教育法再考」『東京大学教育行政学研究紀要』第七号、一九八八年。

27 Education Census〔1851〕, *Report*, p.95.

28 M. Sanderson, *Education, Economic Change and Society in England 1780-1870,* 1987, pp.16-17.

29 *Reports of Commissioners Appointed to Inquire into the State of Popular Education in England*〔以下、*Newcastle Commission* と略〕, 1861, vol.1, pp.33-34.

30 Education Census〔1851〕, *Report*, pp.26-32.

31 *Report of the Select Committee on the Education of the Lower Orders,* 1818.

32 *Report of the Select Committee on the State of Education,* 1834.

33 Education Census〔1851〕, *Report*, p.32.

34 *Ibid.*, p.40.

35 Report of a Committee of the Manchester Statistical Society, on the State of Education in the Township of Pendleton, 1838, *J.S.S. of London*, vol.2, 1839, p.74.

36 Education Census〔1851〕, *Report*, p.51.

37 *C.E.C.*, 1842, p.568.

38 *Report from the Select Committee on the Education of the Poorer Classes in England and Wales,* 1838, p.19.

39 *C.E.C.*, 1842, p.591.

40 D. Vincent, *Bread, Knowledge and Freedom,* 1981（川北稔・松浦京子訳『パンと知識と解放と』岩波書店、一九九一年）。

41 Education Census〔1851〕, *Report*, p.108.

42 *Ibid.*, p.63.

43 *Ibid.*, p.62.

44 *Ibid.*, p.56.
45 *Ibid.*, p.57.
46 *Newcastle Commission*, vol.3, 1861, p.482.
47 *Newcastle Commission*, vol.2, 1861. p.84.
48 *Ibid.*, p.529.
49 見市雅俊『コレラの世界史』晶文社、一九九四年、参照。
50 *Newcastle Commission*, vol.1, 1861, p.96.
51 *Ibid.*, pp.483-484.
52 *Ibid.*, p.29, p.92.
53 T. Burt, *An Autobiography*, 1924, pp.31-32.
54 *Newcastle Commission*, vol.1, 1861, p.28, p.142
55 *Ibid.*, pp.96-97.
56 *Ibid.*, p.96.
57 *Newcastle Commission*, vol.3, 1861, p.325.
58 *Newcastle Commission*, vol.1, 1861, p.31.
59 *Newcastle Commission*, vol.3, 1861, p.344.
60 *Ibid.*, p.335.
61 *Ibid.*, pp.394-395.
62 *Ibid.*, p.95.
63 Gardner, *op.cit.*, p.72.
64 *Newcastle Commission*, vol.3, 1861, pp.144-145.
65 *Ibid.*, p.23.
66 R. McWilliam, *Popular Politics in Nineteenth-Century England*, 1998.
67 E. Mackenzie, *A Descriptive and Historical Account of the Town and Country of Newcastle Upon Tyne*, 1827, p.454.

68 J. Lancaster, *The British System of Education*, 1810, pp.29-36.
69 *Newcastle Commission*, vol.3, 1861, p.237.
70 *Newcastle Commission*,vol.1, 1861, p.34.
71 *Ibid.*, p.39.
72 *Newcastle Commission*, vol.3, 1861, p.524.
73 Gardner, *op.cit.*, pp.94-95.
74 *Newcastle Commission*, vol.3, 1861, p.482.
75 *C.E.C.*, 1842, p.588.
76 H.M.I.（Her Majesty's Inspector）, C.D. DuPort, *C.C.E.*, 1872, p.74.
77 H.M.I., M.J. Barrington-Ward, *C.C.E.*, 1881-1882, p.196.
78 H.M.I., J.D.B. Faber, *C.C.E.*, 1881-1882, p.212.
79 H.M.I., H. Smith, *C.C.E.*, 1881-1882, p.435.
80 H.M.I., E.W. Colt-William, *C.C.E.*,1881-1882, p.467.
81 H.M.I., Barrington-Ward, *op.cit.*, p.195.
82 H.M.I., Barrington-Ward, *op.cit.*, p.465.
83 H.M.I., Smith, *op.cit.*, p.435.
84 H.M.I., Barrington-Ward, *op.cit.*, p.195.
85 T.H. Parsons, *The British Imperial Century, 1851-1914*, 1999, pp.29-30.
86 R. Aldrich, *Education for the Nation*, 1996, p.91.
87 G.A.N. Lowndes, *The Silent Social Revolution*, 1969（2nd.ed.）, p.183.
88 H. Hendrick, *Children, Childhood and English Society 1880-1990*, 1997, pp.9-15.

第二章　リテラシィから学校化社会へ

国家・社会・教育

はじめに

デイム・スクールという姿見に映し出された公教育の「姿態」がいかに醜い、歪んだものだったとしても、そこに多くの子どもたちが学び、人生の大事なひと時を過ごしたことに変わりはない。制度や教育方法とそれらに対する人びとの態度、利用の仕方とは別の問題であった。どのような環境にあろうとも人は努力し、生きていかなければならなかった。「ミクロストリア」(微視の歴史学)と呼ばれる歴史学の一つの態度からすれば、制度や規範システムそのものにそれほど意味があるわけではない。[1] いかに堅固な規範システムの下にあろうと、人びとはその間隙をぬって創造的に生きていく。このことは一九世紀の初等教育史を考える場合にも重要な意味を帯びてくる。あらゆる機会をとらえて学ぼうとする者、独習する者、自ら学校を創《つく》ろうとする者たちの多様な経験は、公・私を問わず、学校の制度や形態には収まりきらない、広い裾野をもっていた。前章でとりあげることのできなかった一つの問題は、初等教育の主たる目標であったリテラシィの修得をより広い社会環境のなかで考察することだった。デイム・

スクールも公教育学校も自ら学ぼうとする人びとと彼らをとりまく識字環境の変化をぬきにしては語りえなかったはずである。

前章が果たしえなかったもう一つの課題は識字環境の変化とも密接に関係する、公共政策あるいは教育に対する国家のスタンスである。リテラシィの修得が学校のみによって語りえないのと同様に、一九世紀の初等教育は公共政策や国家の役割さらには国家と社会との関係を視野のなかに収めない限り、十分に納得のいく説明は得られそうにない。とりわけ、変則的な形をとったイギリスの国民教育制度は国家自体をも相対化せずにはおかない「公共社会」のあり方に大きく規定されていた。デイム・スクールがなぜ強権をもって排除されなかったかという問題は、初等教育と国家および国家と社会の関係という、二つの次元にまたがる大きな問題に逢着する。まずはこの二世紀間に教育がたどりついた地点を確認することから始めよう。

第一に、この二世紀間のうちに、教育は何よりもリテラシィ＝読み書き能力の修得を基本に普及し、国民の義務として定着した。国によって差はあれ、「文盲」の一掃が国民国家の共通の目標として追求された。その結果、人間の歴史とともに古い身体技法に支えられた「声の文化」は次第に後景に退いた。そればかりか、今や、われわれは電子メディア（コンピュータ・リテラシィ）が人間の知識や知覚に予想もつかない変化を与えそうな地点に到達しつつある。

第二に、国民教育は国民国家、国民経済とともに三位一体のごとく展開してきたといわれる。公教育制度は国家・社会の近代化、豊かな工業化社会を生み出すのに必要不可欠なシステムであった。近代の諸国家はこのシステムを「学歴社会」に象徴される統合＝選別制度として実現した。しかも、この三位一体は、いずれか一つが支障をきたしたり、変更を余儀なくされるとき、他も安泰ではすまされない関係にあった。[2]

第三に、教育の果たした役割からすれば、この二世紀間は高度な「学校化社会」を実現していった時代として特徴づけられる。学校教育の普及は「文盲」の一掃に始まり、やがては人びとの思考の形態や行動様式を支配するようになり、社会を「学校化」したといわれる逆説的な地点にまで突き進んだ。教育機能は学校に独占され、価値の制度化が精緻《せいち》に仕組まれるようになった。その結果、学ぶという本来、自律的な行為は教授されることと混同され、人間の「心理的不能化」が危惧《きぐ》されるまでになった。[3]

本章の表題は、学校教育の原点ともいうべきリテラシィの修得から近・現代史を鳥瞰して得られる普遍的な特徴を端的に示している。しかし、リテラシィの修得をめざした社会から「学校化社会」への変化がはっきりとした輪郭を現すのは、先進国にあっては一九世紀末から二〇世紀の初頭にかけてである。しかもこの変化の道筋は社会ごとに違っており、一様ではなかった。ここでとりあげるのは、国家主権を一六世紀に確立し、いち早く工業化社会を迎えたイギリス(イングランド)の一九世紀社会である。ただし、一九世紀イギリスの初等教育が典型的な近代化をとげたとか、上記の三位一体が順調に推移した姿を描こうというのではない。一九世紀イギリスの初等教育は制度の発達からみれば、他のヨーロッパ諸国の後塵を拝する、明らかに遅れた状態にあった。イギリスの初等教育が世紀転換期に実現したのは、中央集権的な体制ではなく、国と「地方教育当局」とが手をたずさえる「パートナーシップ」と呼ばれる独特のものであった。[4] 教育と経済とのかかわりについても、教育が十分に普及しない時代に「世界の工場」となり、教育が十分な展開をみた時代に経済が相対的に衰退するという逆説的な関係を示した。こうした教育の変則的な展開については、これまでにもさまざまな説明がなされてきた。キリスト教知識普及協会以来、社会のなかに深く根づいた宗派の主導するボランタリズム、教育の階級的構造(複線型分節化)[5]、科学技術教育を阻害する教養主義の影響などから、国民教育制度の立ち遅れを説明する議論はその代表的なものであろう。しかし、これらの諸要因は多かれ少なかれ他のヨーロッパ諸国にも見られたことであり、イギリスに特殊なことではなかった。そのことは教育の主導権をめぐって教会と共和主義者が激しい対立を繰り返したフランス、[6] 強固な教養主義がエリートの世界を支配した一九世紀のドイツの例を見れば明らかだろう。

そこで以下の諸節では、この教育をめぐる変則的な諸関係を教育制度や階級構造ではなく、別の観点から再検討してみたい。すなわち学ぼうとする人びとの私的動機、それと深く結びついているイギリス社会の自律的な作動の仕方、あるいはそうした社会のあり方を戦略としてとり込んだ一九世紀の自由主義国家から学校化社会にいたる道筋を論じてみたい。最初に工業化との因果関係から関心を集めながら本質的な結論に到達することなく、議論が宙吊りのままになっている、リテラシィから見ていこう。[7]

1 リテラシィの急激な上昇とその私的誘因

一七世紀の「教育革命」[8]以来、ゆっくりと上昇傾向をたどった婚姻時の自署能力は、一九世紀の半ばを境に、それまでの歩みを一挙に速め、二〇世紀の初頭にはほぼ「文盲」を一掃するにいたった(図1、図2)。自署率の急激な上昇について、これまで受け入れられてきた通念の一つは、一九世紀イギリスの商・工業発展が読み書きできる働き手を以前よりも多く必要としたというものである。働く者の側からすれば、よりましな収入が期待できる職業に就くために文字の修得に努めたということになる。しかし、この自明とも思われてきた通念にも近年、根本的な疑問が投げかけられるようになった。計量分析の手法を駆使してリテラシィ急上昇の原因を探ったD・F・ミッチの研究もその一つである。[9]彼はリテラシィの必要度からイングランドとウェールズの職業を四つに分類し、総労働人口に占めるそれぞれの比率の時間的変化を追求した(表1)。この方法は、国勢調査に登場するすべての職種を網羅している点では納得のゆくものであったが、分類の基準となるリテラシィの必要度については厳密さを要求する

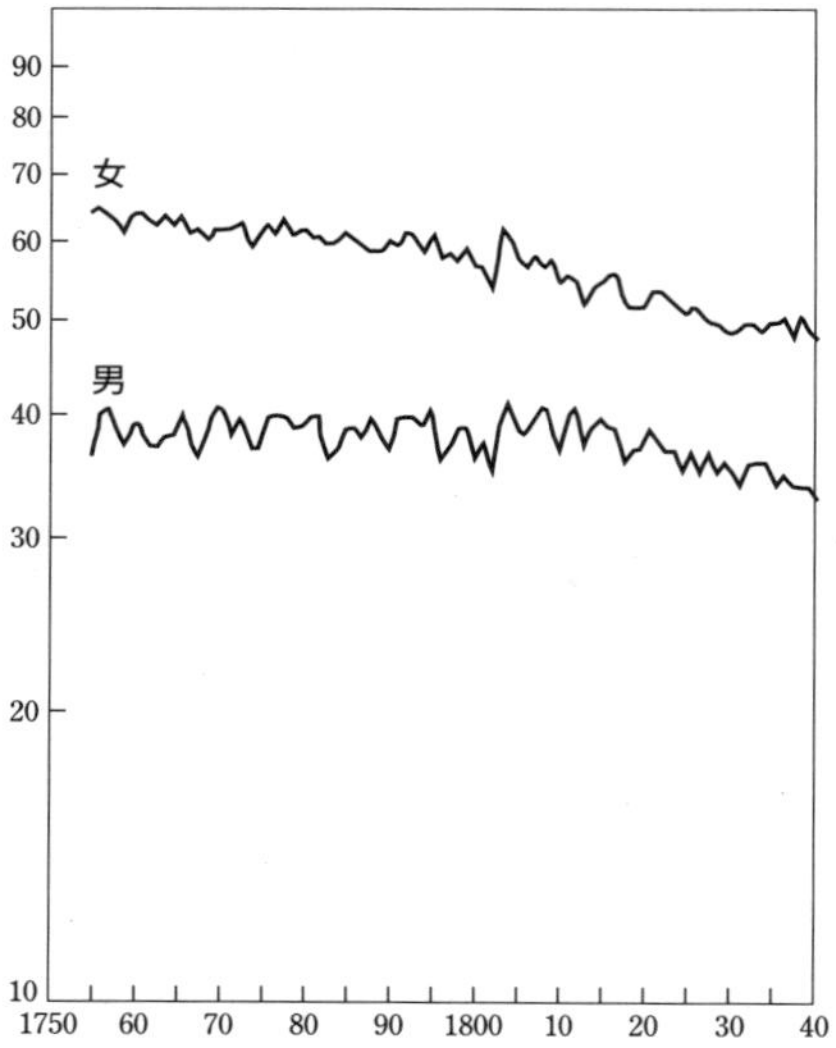

図1　文盲率の推移（イングランド，1750～1840）
資料：イングランド274教区簿

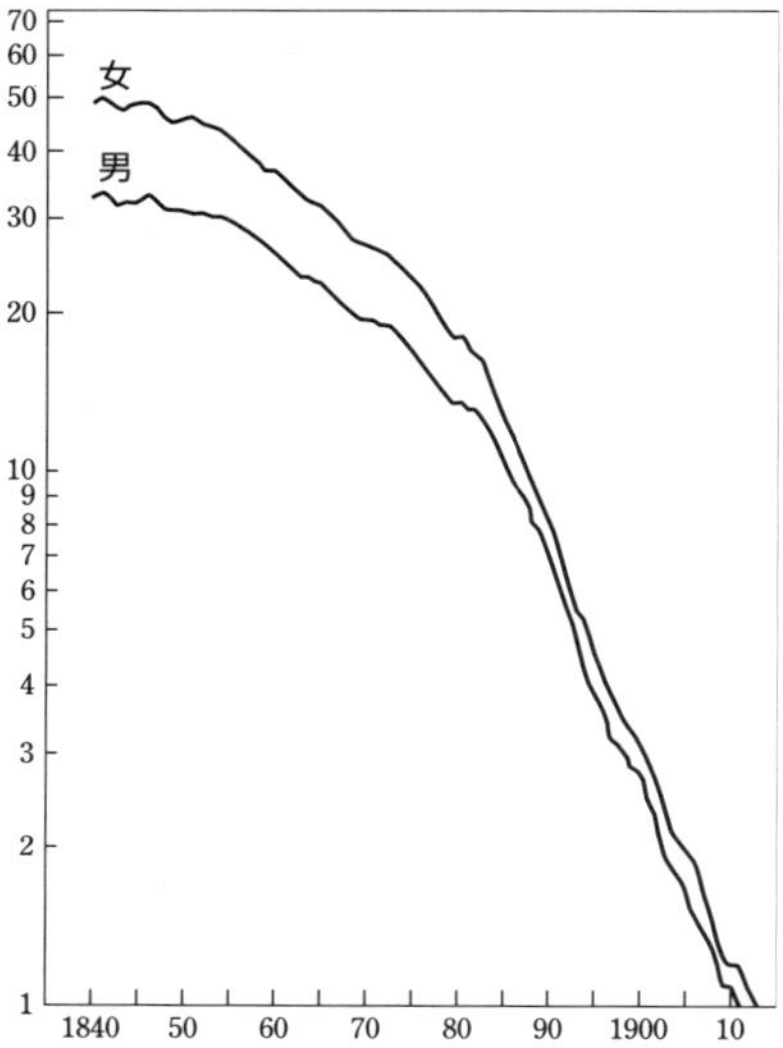

図2　文盲率の推移（イングランド・ウェールズ，1840～1910）
資料：イングランド・ウェールズ，戸籍本署年次報告

（R.S. Schofield, 'Dimension of Illiteracy, 1750-1850', 1973, p.442, p.445）（図2も同じ）

表1　リテラシィの必要度から見たヴィクトリア期イングランド・ウェールズの労働人口構成（%）**とその推移**

		1841	1851	1871	1891
Ⅰリテラシィが必要とされる職業に従事する者	（男）	4.9	5.6	7.9	11.1
	（女）	2.2	3.0	3.7	5.6
Ⅱリテラシィがおそらく有用とされる職業に従事する者	（男）	22.5	22.8	25.3	26.1
	（女）	5.6	5.6	7.0	9.8
Ⅲリテラシィがことによると有用である職業に従事する者	（男）	25.7	24.2	24.5	25.9
	（女）	67.9	57.9	61.8	59.0
Ⅳリテラシィがほとんど必要とされない職業に従事する者	（男）	46.9	47.0	42.3	37.0
	（女）	24.7	33.4	27.6	25.0

（D.F. Mitch, *The Rise of Popular Literacy in Victorian England*, 1992, p.15）

ことはむずかしく、各グループの境界はあいまいにならざるをえなかった[10]。また、同じ職種内の識字能力の個人差も捨象されていた。

しかし、恣意《しい》性を完全には排除しきれない方法論上の制約があるとはいえ、表1は重要なことを示唆《しさ》している。わけても注目されるのは、もっとも大きな割合を占める第Ⅳグループの動向である。「リテラシィがほとんど必要とされない」農業労働者、建設労働者、炭鉱夫、漁師など、主として肉体労働者からなる第Ⅳグループは、一八四一年から九一年の半世紀間に男、女あわせても約一〇%しか減少しなかった。世紀末になっても、男性総労働人口の三分の一、女性の四分の一は依然としてリテラシィを必要としない職業に従事していた。これは文盲率の急激な減少=リテラシィの急激な上昇を示す図2と明らかに矛盾している。婚姻登録簿の自署能力でみる限り、イングランドとウェールズのリテラシィは一八四一年から一九〇〇年にかけて、男が四〇%、女が五〇%上昇しており、すでに一八八一年の時点で文盲率は男一三・五%、女一七・七%まで減少していたからである。ちなみに、図2のグラフは戸籍本署の年次報告に基づく精密度の高いものであり、未婚者や代理署名から生ずる誤差をも勘案した、今日もっとも信頼できるグラフであることもつけ加えておこう[11]。

図2と表1の齟齬《そご》はある意味では当然のことであった。婚姻登録簿に自分の氏名を自署できるということと、仕事のうえで必要とされる読み書き能力との間には差があったからである。リテラシィを必要としない第Ⅳグループのなかにも、自分の名前程度のことであれば十分に対応できる能力をもつ者が多数いたと考えられる。したがって仕事上の必要度(degree)という文字通り中身に幅のあるリテラシィのカテゴリーを使ったミッチの研究からすれば、農業部門の比重が低下し、交通・サーヴィス部門の重要性が増す一九世紀の経済構造の変化もリテラシィの上昇とは直結しなかったことになる。自署能力という意味でのリテラシィと、仕事のうえで役に立ち、地位や経済条件の改善につながるという意味でのリテラシィとを使い分けなければならない事情そのものが問題の複雑さを物語って

いた。もはや、婚姻登録上の自署能力に関する研究だけでは本質的なことを語りえない段階に一九世紀社会そのものが到達しつつあったといえよう。この章ではとくに断らない限り、リテラシィを自署能力ではなく、仕事など社会生活に必要とされる読み書き能力とする。

職業構成に見られる経済変化がリテラシィ向上の決定的な要因とはならなかったとすると、われわれは、当然、他の要因にも目を向けなければならない。学校の普及、就学強制、児童労働の規制といった公的な政策要因については後ほど検討することにして、いましばらくリテラシィ修得の私的動機・誘因について考えてみよう。職業構成の変化も裏を返せば人びとの職業選択という私的動機によるものであることについてはすでに述べた。では、それ以外にどんな要因がリテラシィ向上の私的誘因となったのだろうか。

人はなぜ文字を修得しようとしたのか、と問うにも等しい曖昧模糊とした私的誘因のなかで、比較的把握しやすい領域として浮かび上がってくるのは、新聞、書物、パンフレット、手紙といったメディアの普及である。人びとは印刷物の氾濫する社会状況のなかで、いわば「生活装置」としても識字の必要性を実感したといわれる。もちろん彼らは一九世紀に入って突然、「文字世界」に遭遇したわけではない。口承文化の世界と文字文化の世界とは相互に交渉しあってきており、リテラシィが少数の者を通じて民衆文化のなかにすでに組み込まれていたことは、近年の民衆文化論が繰り返し強調してきたところである。ただ一九世紀の識字環境がそれ以前の時代と大きく異なるのは、印刷物の洪水のような氾濫が「大衆読者層」を生み出すまでにいたったことであろう。かつてT・カーライルが「書物が裕福な者たちのためだけでなく、すべての者たちのために書かれるようになった」[12]と評した社会現象であり、R・D・オルティックやR・K・ウェッブらが追究したテーマである[13]。この現象は政治、経済、宗教、技術の諸要因がからむ複雑な現象であったが、わけても印刷物そのものの低廉化が決定的な役割を果たした。

一八三六年に印紙税が四ペンスから一ペニーに引き下げられ、ついで一八五五年に廃止されると、新聞の値段も一挙に下がった。一八三〇年に一部七ペンスした『ロンドン・タイムズ』も一八七〇年までには三ペンスまで下がった。印紙税の廃止と印刷技術の革新は書物にも影響をおよぼし、一八二八年に一冊平均一六シリングであった本の値段は一八五三年には八シリングにまで下落した。それでもなお高すぎる読者には、一ペニー紙、片面刷りの印刷物、週刊小説新聞、日曜新聞など、さらに廉価な読み物がセンセーショナルな犯罪記事や労働の苦しみを軽減してくれそうなフィクションを提供した[14]。かつて、聖書かチャップブック(民衆本)があればましなほうであった労働者階級の家庭のなかにも、さまざまな印刷物が持ち込まれるようになった。彼らは自らの楽しみのために活字を目で追うようになったのである。メディアの普及はおのずと家庭の識字環境を変え、リテラシィは親から子へ継承される文化資本となった。

楽しみながら活字に親しむようになった労働者は、自ら筆をとって手紙をしたためる人びとでもあった。イギリスの一九世紀社会はこの点でもきわめて印象深い変化を経験した。一八四〇年に始まった一ペニー郵便は、一人当たりの年間平均利用数を一八三九年の四通から一八八一年の四〇〇通にまで増加させた。商業用の通信の増加を考慮したとしても驚異的である。郵便の利用がどの程度リテラシィの上昇に寄与したかを測定することはできないが、「この地域にすむ一八歳から四〇歳までの住民の大半は読む力と計算能力を失ってしまっているが、郵便の安さがあらゆる人びとに書くことを学び、その技術を維持したいと思わせている[15]」(一八六一年)という、ある田舎の聖職者の議会証言もあながち不当な評価とはいえまい。都市化の進展、帝国の拡大にともない、人びとは離れて暮らす家族や友人・知人に手紙を書く機会を多くしたに違いない。

「大衆読者層」の成立が生活水準の上昇とも相まって、子どもの教育に期待をかける家族戦略の変化と結びつくとき、リテラシィはいっそう安定した向上の方向をたどる。リテラシィという文化資本をもった家庭に育った子どもたちは、それをもたない家庭の子どもたちよりも、文字世界、すなわちより広い世界への参入がスムーズであった。ミッチは読み書きできる両親をもつ子どものほうが「文盲」の親をもつ子どもよりも二〇％ほど識字率が高いことを突きとめている。[16]

大人たちをとりまく識字環境の変化は子どもたちのそれをも大きく変えた。識字という文化は学校の教科書を通じて伝えられるだけでなく、職人の技芸が「見よう見まね」で習得されていったように、伝統的な色彩を強く帯びていた。われわれは自ら学ぶというとき、ともすれば机に向かって書物やテキストの字面《じづら》を追うことを想像しがちであるが、これはすでに初歩的な読み書き能力の修得が前提となっている。今ここで問題にしようとすることは、それよりももっと端初的なリテラシィの修得である。例えば、ここに、一九世紀も押しつまった一八八〇年代のある女性の体験を取り出してみよう。

ヴィクトリア期の貧しい、牧歌的なオックスフォードシアの片田舎の風情を描いて、今日でも多くの読者を得ているフローラ・トムスン（Flora Thompson, 1878-1947）の自伝的小説『ラーク・ライズからキャンドルフォードへ』（*Lark Rise to Candleford*, 1930）のなかには、主人公のローラ（フローラ・トムスン）がいかに文字に接し、自らのものにしていったかが語られていた。ローラが学齢期に近づいたとき、父親は初歩的な読み書きを教えようとしたが、仕事の都合でまもなく他所へ行かねばならなくなった。ローラの学習はアルファベットから一音節単語に行きかけたばかりで中断してしまった。残されたローラは忙しく立ち働く母親にうるさくまとわりつき、「お母さん、ハ・ウ・スというのはどういう綴り」とか「ウ・オー・クは」、「これなに」などとやつぎばやに質問を浴びせたが、母親を苛立《いらだ》たせるばかりだった。そこで彼女はしかたなく、しゃがみこんで、「ヘブライ語で印刷されていたほうがまだましなくらいのページをじっと見つめ、あたかも集中力でそれらの意味を絞り出すかのように、眉をひそめて疑視する」ほかなかった。ところがどうしたことか、二週間もして、それまで全く意味をなさなかった「ヘブライ語」のごとき字面が突然、意味を帯びてきた。小説のなかで、「私、いま読んでいる。読んでいる」、「お母さん、エドマンド〔弟〕、私読めた」という行《くだり》は著者自らが体験した感動を伝えていた。[17]

感動的な体験を経たローラはその後、手あたりしだいに本を読むようになった。母親の聖書、『天路歴程』『グリム童話集』『ガリヴァー旅行記』などを次々に読破するようになった。就学前に本が読めるようになったローラのことを聞きつけた村びとたちは一様に驚くとともに、出し抜かれたやっかみも手伝って、ローラの両親を非難しにかかった。「自分で子どもを教えるなんて余計なお世話だ。教えるところは学校なんだから、旦那にそんなことをさせておいて、学校の先生が知ったらきっと誤解されるよ」というわけである。「子どもを教えるところは学校なんだから」という村びとたちの反応は一考に値する。一八八〇年代といえば、国家による就学強制が実を結びはじめた時代であり、家族や共同体が担った教育機能が学校教育に独占されていく最終段階である。教育することが自らの文化の問題ではなくなり、公的な制度によった「教授されること」を意味するようになったからである。オックスフォードの片田舎にも「学校化社会」は着実に浸透していた。

ローラの体験が民衆文化として存在した識字文化の終りを象徴していたとするならば、次に紹介するロバート・ロバーツ(Robert Roberts,1834-85)の事例は、民衆の識字文化がまだ力強く息づいていた一八三〇年代のものである。北ウェールズの借地農の子どもとして生を受けたロバートはのちに言語学者として知られるようになる人物である。彼はほとんど独学で古典、諸外国語を修得する一方、ケルト語研究に研鑽《けんさん》をつみ、『ウェールズ・英語辞典』を完成させている。彼の『自伝』は彼個人の体験だけでなく、彼をとりまく村の識字文化のあり様を伝えている点でも大変に興味深い。『自伝』の語るところによれば、ロバートは椅子に座っても足が床にとどかなかった三歳のとき、祖父からアルファベットの手ほどきを受けたとされる。教材に使われたのはファミリー・バイブルの各章の扉を飾る大文字であった。手ほどきを受けて間もないある日の突然の出来事を、彼は次のように述懐している。[18]

私がいつものように座って、祖父が置き忘れていった大きな本〔聖書〕を許可なくいじっているのを見とがめられたある日のことである。そのとき、私は母に向かって「お母さん、ぼく読めるよ」と生意気にも答えたことを思い出す。私が口ごもることなく、『ヨハネによる福音書』の第一章を読んだときの家族の驚きようは大変なもので、以来、私は神童と思われるようになった。

ロバートの話は語学に秀でた「神童」にふさわしい神秘的な出来事として読むこともできるが、肝心なことはなぜ「神童」になれたのかについて、彼自身が大事な示唆を与えていることである。

文学的な見方からすれば、農家には見るべきものなど多くはなかった。木版画で飾られた二、三の大版の片面刷《ブロードサイド》の印刷物はあったが、明らかにおぞましいものだった。しかし、われわれの見るところ、称賛できるような種類の絵入りのものもいくつかあり、白い壁のあちらこちらに貼られていた。その一つは一八三九年の大嵐についての悲しげな調子の短い歌であり、耳ざわりな韻文ではあったが、船や家屋が被《こうむ》った被害を詳しく説明していた。本文の上には帆走する明るい黄色の船と、それと重ね刷りされた緑色のメナイ橋〔アングルシー島とウェールズ本土を結ぶ〕の木版画が描かれていた。……三番目のものはニューポートで起きたチャーティストたちの暴動を扱った俗謡《バラッド》であったが、街頭ではなく、森のなかでの小競合《こぜりあ》いを描いたすばらしい挿絵が添えられていた。事実からいくらかかけはなれた描き方ではあったが、そんなことが問題にならないほど挿絵は効果的なものであった。

つまり、ロバートは学校もなければ教会さえない村のなかでも、文字という未知の世界に接する機会が日常生活のなかにあったことを強調したいのである。正確な意味を読みとることはできなかったとしても、子どもたちは文字というものが何らかの事象を説明する手段であることぐらいは素朴に感じとっていたであろう。ブロードサイドやその他の出版物は子どもたちが文字に関心を向ける一つの文化的与件として存在していた。いかに言語能力に優れたロバートといえども、何もないところでは能力の発揮しようがなかった。壁に貼られた絵入りのブロードサイドを囲んで話をする大人たちに混じって、子どもたちもあれこれ想像力を働かせたに違いない。絵解きや口承の世界と文字世界とは峻別されるものではなく、常に混じりあい、ロバートのような両世界をたちどころに結びつけることのできる人間を待ち受けていたというべきであろう。そもそもロバートがはっきりと意味をなす最初の文字を発見したのは、家族の出生、死亡、結婚が書き添えてあるホーム・バイブルに自分の名前らしきものを確認したときであった。

ロバートの『自伝』について、さらに興味深いのは彼の個人的な体験が村びとのそれとも重なっていたことである。すでに述べたように、ロバートの村には学校もなければ教会や礼拝堂もなかった。そこで、ロバートの父親は自分の家を開放し、村びとのために礼拝を兼ねた日曜学校を開くことにしたのである。彼は村びとのなかから敬虔そうな人物に讃美歌と簡単なお祈りの指導を頼んだ。型通りの礼拝が終ったところで、村びとは子どもも含めて数クラスに分けられ、台所、居間、寝室は教室に早変わりした。ロバートは母親たちの傍らに座って、祖父からアルファベットの手ほどきを受ける同世代の子どもたちとは別格の扱いをうけた。彼はひとりだけ大人たちの通称「教師クラス」と呼ばれるグループへの参加を許された。

ロバートの家は礼拝の前に繰り広げられる村びとたちのゴシップの場であり、礼拝堂であり、学校でもあった。誰に強制されるわけでもなく、村びとたちは自ら学ぼうとした。そして人びとの緊密な人間関係は、彼らがいざ文字を知ろうとするとき、われわれが想像する以上に大きな力となりうる一つの文化的基盤となった。近代の学校制度はまったくの空白状況のなかに胚胎《はいたい》するものではなかった。

民衆の自伝は彼らの多様な学習体験を伝える貴重な資料であるが、ある日突然、読めるようになった経験を語る者は意外に多い。ここにもうひとり、「ほとんど誰からも教えられることなく、読むことを学んだ」と称する人物がいる。

一生涯を通じて自らを「独学の人間」と呼んだチャーティスト運動の指導者、トマス・クーパー（Thomas Cooper,1805-92）である。彼の『自伝』(*The Life of Thomas Cooper*,1872)を一読して驚かされるのは、彼が読んだ書物の題名を実に正確に記憶（録）していることである。また、あらゆる機会、人間関係を利用して学ぼうとした旺盛《おうせい》な学習意欲にも感心させられる。少年時代のわずかな時期を除いて、真に学ぶ機会を彼に与えたのは、父親亡き後、染物屋の仕事を継いだ母親とともに転々とした移動先での人間関係であった。父親に買ってもらった『イソップ寓話集』を繰り返し読み、暗唱するまでになったクーパー少年は、聖書、チャップブックを経て、九歳のころにはいつしか『天路歴程』に耽溺《たんでき》するまでになっていた。彼に読書の機会を与えたのは、友人、チャップマン、貸本屋、科学の巡回講義、プリミティヴ・メソディストの集会、商人の個人蔵書、「相互向上協会」など、多岐にわたった。[19] 学ぼうとする民衆にとって学ぶ機会はいくらでもあった。問題は最近の読書の社会史が唱えているように、どのような読まれ方をしたかにあるのだが。

印刷物の低廉化と大量流通、手紙の驚異的な増加、生活水準の上昇と家族戦略、子どもをとりまく識字環境の変化といった現象は、相互に関連しあいながら人びとを文字世界に誘う強力な識字環境となり、リテラシィは生活に必要な「装置」と意識されるようになった。いずれの要素も単独ではリテラシィ向上の決定的な要因とすることはできないが、これらの現象が「基礎教育法」の成立（一八七〇年）、就学強制（一八八一年）の四半世紀前に起こっていたことは特筆に値する。リテラシィに対する下からの要求、私的誘因を踏まえることによって、次に見る国家の公共政策の効果もより正確に理解できよう。

2 自由主義国家の教育

一八三三年に始まる学校建設費に対する国庫助成によって、イギリスの民衆教育は大きく進展する。しかし、ここでも問題は単純ではなかった。学校の急速な普及とリテラシィの上昇とを結びつける、これまた自明とも思われてきた通念にも、以下に見るようないくつかの陥穽《かんせい》が待ち受けていた。

学校の拡充とリテラシィ向上の間には、子どもの就学率、出席率、就学期間、教師の能力と教授方法といった具体的な問題のほかに、イギリスの場合には、そもそも国家が教育にどこまで責任を負おうとしたのかという根本的な疑問が横たわっていた。確かに、五〜一〇歳児の就学率(国勢調査による)は一八七一年に男子七二%、女子六三%まで上昇する。けれども、これらの成果は、国庫助成の窓口団体として公教育政策を推進した国教会系の国民協会と非国教会系の内外学校協会によってのみ達成されたものではなかった。前章でも確認したように、一八七〇年代まで確かな比重をもって民衆の教育に貢献したのは、いわゆる労働者階級プライベイト・スクール=デイム・スクールであった。

公教育学校のリテラシィ向上に果たした役割は、さらに次のような事情によっても相対化される。政府の公教育政策の前に立ちはだかった大きな障害の一つは児童労働であった。フルタイムで働く正規の児童労働者は一八五一年の時点で、九歳以下の少年二%(一八七一年—〇・八五%)、同少女一・四%(一八七一年—〇・七四%)と低かったが、児童労働の主力である一〇〜一四歳児になると、同一年齢層に占める比率は一挙に高くなり、三六・六%(一八七一年―三一%、一九〇一年―二三%)、同少女二〇%(一八七一年―二〇%、一九〇一年―一二%)にも達した。フルタイムで働く九歳以下の児童労働者の数値が低いのは、肉体的・精神的未熟さからくる生産性の低さによるものであって、必ずしも工場法の成果とはいえなかった。

一〇~一四歳児の就労は覚えたばかりの文字や知識を忘れさせてしまう点で深刻な教育問題であったが、初等教育の中心部分を構成する五~九歳児も困難な問題をかかえていた。学校に通うことによって失われる「機会費用」が大きかったのもこの年齢層である。正規の労働者でもなければ学校にも在籍していない、時々学校に行き、あるいは仕事にも従事する、いわゆる「パート・タイマー」は、一八五一年の時点で少年三七%(一八七一年―二七%)、同少女四三%(一八七一年―三六%)を占めていた。公教育政策の難しさもここにあった。

児童労働を考える場合には、一九世紀後半の経済構造の変化、技術革新の影響を勘案しなければならないが、これらも児童労働の減少とは単純には結びつかなかった。よく知られているように、一九世紀の後半にイギリスの経済構造は、労働力の構成からみても、児童労働をもっとも必要とする農業部門と繊維部門の比重が低下し、鉱工業や輸送などの部門がその分、重要性を増した。また、各部門の機械化が進み、技術革新が児童労働の必要性を減じたともいわれている。その典型は麦わら帽子製造(ベッドフォードシア)やレース産業であろう。しかし、その一方で、経済構造の転換や技術革新が逆に児童労働の機会を高める場合もあった。輸送部門や鉱工業部門自体が児童労働を必要としただけでなく、もとより児童労働が大きな役割を果たしていた農業部門や繊維部門においても、技術革新が労働過程の細分化をもたらし、逆に児童の雇用を促進する場合もあったからである。[20]

就学を妨げる児童労働に対して政府はもちろん腕をこまねいていたわけではない。一八四四年の工場法は、繊維工場での八歳以下の労働を禁止したが、一八六〇年代になって鉱山業や農業に適用が拡大され、一八七六年には全産業部門で一〇歳以下の児童の雇用を禁ずる法律が議会を通過した。これらと並行して一八七〇年には、「基礎教育法」が五歳から一三歳までの子どもたちに就学を強制する道を拓《ひら》いた。不就学児童の親たちを訴追するかどうかはしばらくの間、学務委員会の裁量に委ねられたが、一八八一年までにはすべての学務委員会とそれが結成されなかった地域に設けられた就学督促委員会に訴追が義務づけられた。就学強制の実施は一律に就学期間を定めなかった法律の不備、子どもの稼ぎをあてにする親たちの抵抗、督促委員会の人員と能力の不足、司法当局のためらいなど、多くの困難に直面した。しかし、就学強制は子どもの教育に消極的な親たちに「違法」のレッテルを貼り、彼らの恐怖心や羞恥《しゅうち》心をかきたてたことには違いなかった。

強制就学の顕著な効果は児童労働の主力である一〇～一四歳児の就労率の低下に現れた。彼らの就労率は一八五一年から一九〇一年の半世紀間に少年三六・六%から二二%へ（少女は一九・九%から一二%へ）と下降したが、この減少分のおよそ三分の二は一八七一年から一八八一年の一〇年間に達成されたものである。公教育政策のリテラシィ向上に与えた効果が確かな手ごたえでもって確認できるとすれば、おそらくは就学強制が幼少期の短期就学で修得したことを忘れてしまっているこの年齢層に再学習の機会を与えたことだろう。しかし、その確かさは社会のなかで最後まで残った、教育に消極的な者たちに対する、いわばだめ押し的な効果であったことを忘れてはならない。国家による就学強制は、すでにリテラシィがかなりの程度上昇し、その必要性についての国民的な認識が広がったこの時期になってようやく実施可能だったのであり、その逆ではなかった[21]。

国家が資金を投入し中央集権的な機構のもとに教育を統制することは一九世紀国民国家の目標であり、プロイセンをはじめ多くの大陸諸国が国民的教育制度を整えていったことはよく知られている。プロイセンの場合には、すでに一七六三年の「地方学事通則」によって義務教育規定が定められ、カリキュラム、授業料、学校の監督など、多岐にわたる国家の教育統制が明確に方向づけられた。さらに、フンボルトの教育改革をとおして、初等教育から中等教育まで中央集権的な教育体制を整えたプロイセンは、一八二六年には義務教育年限を八年間に延長していた。

師範学校についても、各行政区ごとに設置され、国費で賄《まかな》われることになった。教育をめぐって国家と教会とが長く、厳しい主導権争いをつづけたフランスにあっても、国民的な教育制度の発達はイングランドよりも早かった。初等教育に関する包括的な規定をもつ一八三三年のギゾー法は、原則としてすべてのコミューンに初等学校の設置を義務づけ、そのための財政措置を指示していた。フランスの初等公教育は第三共和政に向かって、普遍的な国民教育の形を整えていった。[22] これら大陸諸国に比べて、イギリス(イングランド)の教育は著しい制度的な立ち遅れを示した。国民国家の形成のされ方から、ヨーロッパ先進諸国の教育を比較検討したA・グリーンは、「子どもの就学・学校の認可・教師の資格付与に関する法制的な枠組」「教師養成と試験制度」「国庫助成の水準と統制」「学校査察」「カリキュラム統制」「中央教育行政機構」のいずれの点においても、イギリスが大陸の競争相手から大きく立ち遅れたことを強調する。中等教育にいたってはプロイセン、フランスよりも一〇〇年遅れをとった。[23]

しかし、こうした立ち遅れを指摘する傾向はいまに始まったことではなく、実は一九世紀以来、幾度となく叫ばれつづけてきたことだった。「イングランドはヨーロッパのなかではもっとも教育が遅れた国である」[24](一八二〇年)と述べたのは、一九世紀前半の諸改革にホイッグの指導者として大きな足跡を残したH・ブルームである。また、枢密院教育委員会の初代事務局長として公教育制度の確立に尽力したケイ＝シャトルワースも、自国の民衆教育が「ロシア、トルコ、南イタリア、ポルトガル、スペインを除く他のヨーロッパのどの国よりも遅れをとっている」と嘆いた。シャトルワースのこの言葉はイングランドの社会、教育状態をヨーロッパ各国のそれと比較した、彼の大著を締めくくる最後の文章である。[25] イギリス民衆の教育状況は文明国の例外であり、「教育を導き、統制する中央権力を欠いた公教育の任意主義的システムはうまく機能していないばかりか、その働きたるやどんな道化師ですらこれ以上、下手くそには演じられないような代物である」[26](一八三七年)と喝破したのは、教育の世俗化を主張したことで知られる中央教育協会であった。これら一連の言説は、彼らが先進と考えるヨーロッパやスコットランドの教育の実態を正確に把握していたというより、「改革」の必要性を際立たせる、ホイッグや急進派のレトリックであった。例えば、彼らがことあるごとに称賛したスコットランドの教区学校制度も、当のスコットランドでは、地域の多様性に都市化、工業化、移民の流入といった新しい条件が加わり、すでに「神話」と化していた。[27] イギリスが初等教育から中等教育までの全課程を一つの行政機構のもとにまがりなりにも統括したのは一九〇二年の教育法であったが、法案提出者のA・J・バルフォア自身が、それでもなお「イギリスは教育においてライバルであるどの大陸諸国よりも遅れている」と議会で発言していた。[28]

もちろんイギリスにおいても、立法処置によって普遍的で国民的な教育制度を推進しようとする動きがなかったわけでは決してない。教育史の概説書を繙《ひもと》けば直ちにわかるように、そうした試みはむしろ廃案の山を築いたとさえいえる。すでに一八〇七年に、ワイトブレッドが教区学校法案を提出して廃案になっているし、同様の法案は一八二〇年にH・ブルームによっても提案された。ブルームの提案は「学校の建設費を製造業者に負担させ、その維持費を地方税によって賄う」というものであったが、教師の任免など、大幅な権限を国教会に与える内容であったために、非国教徒の反発をまねき廃案となった。[29] 一八三〇年代には、プロイセンの経験やフランスのギゾー法を意識した包括的な国民教育計画が法案としてA・ローバックから提出された。ローバック法案は六歳から一〇歳までの子どもたちが義務教育として出席する教区学校の設立、学区ごとに設置される学校委員会、新設の文部大臣が直轄する師範学校の設立など、画期的な内容をもつものであったが、実現にはいたらなかった。[30] 同法案の審議過程で生み出された唯一の成果は、学校建設資金の半分を国庫から助成する制度であった。しかし、これとても国民協会と内外学校協会を窓口団体とする間接的な援助であったばかりか、建設後の運営資金の大部分は依然として民間の資金に頼らざるをえなかったことはすでに述べたとおりである。

中央の教育行政機構は枢密院教育委員会(一八三九年)をもって本格的に始動するけれども、その機構自体が議会に責任を負わない変則的なものであるうえに、国庫補助金の配分、管理に権限が限定されていた。初代の事務局長となったシャトルワースは新たに任命された勅任視学官を通じて教育への国家介入をはかろうとするが、宗派の抵抗は大きかった。視学官の任命は国教会の事前の承認を必要としたし、彼らの学校に対する査察も、「学校の教育内容、運営の仕方に干渉してはならず」、いかなる「示唆」「助言」も求められない限り与えるべきではない、というのが建前であった。[31] 枢密院教育委員会が発する「議事録」「規則」「通信」「書簡」のたぐいについても、法的拘束力があるわけではなく、効力は行政指導のあり方にかかっていた。その好例は、教育委員会の発足と同時に「議事録」の形で出されたいわゆる「国立師範学校」案の挫折である。特定の宗派の教義によらない、普遍的な宗教教育（聖書のみ）を基礎に師範学校のモデルをつくろうとしたシャトルワースの意図は宗派対立のあおりを受けて頓挫してしまった。[32] その結果、初等教育の要である教員養成は高等教育機関が教員養成に関与する一九世紀の末まで、各宗派の影響下におかれただけでなく、モニトリアル・システムの影響を長くとどめることになった。[33]

では、なぜイギリスは普遍的で国民的な教育制度の確立において立ち遅れたのだろうか。従来この点については国民協会、内外学校協会に代表される宗派の主導するボランタリズムと、教育への国家介入をはかる勢力との対抗、前者の執拗な影響力から説明されることが多かった。「イギリスの教育の顕著な特質」をボランタリズムに求める見解は今なお広く受け入れられている教育史の通説といってよい。こうした見解は、宗派主義的なボランタリズムに対して中産階級の普遍的で国民的な教育制度を「進歩」として対置するという意味では典型的なホイッグ史観である。これらの伝統的な解釈については多くの点で再検討が必要であるが、ここでは通説の対抗軸をなすボランタリズムと国家介入のそれぞれについて問題点を指摘しておきたい。

ボランタリズムについての従来の理解の仕方は、国民協会や内外学校協会といった代表的な任意団体の活動に限定されることが多く、かつその影響も教育制度の立ち遅れと結びつけられて否定的に評価される傾向が強かった。

しかし、教育を一つの「消費財」とする立場からすると、肝心なことは教育制度のいかんにかかわりなく「どれだけ多くの子どもたちがどんな条件で教育されたか」であった。十分な制度的発展をみなかったからといって教育機会の利用＝「消費」が進まなかったとするのは単なる「憶測」にすぎないという批判も成り立つ。[34] 一九世紀イギリスの民衆教育は、すでに述べたように広大な私的セクターをかかえており、その利用の仕方も多様であった。国民総生産に占める教育費の比重は決して小さくなかったとする見解も提出されている。このような意味で、ボランタリズムは国民協会や内外学校協会などの中間団体に収束する狭隘《きょうあい》なものではなく、さらに社会の裾野に向かって開かれていくイギリス社会に独特な作動の仕方と深くかかわっていたように思われる。A・グリーンも主張するように問題を直ちに階級構造や団体に還元するのではなく、社会の底辺にまで広く浸透した個人主義を措定《そてい》するのも一つの考え方だろう。[35] また、ボランタリズムは教育にのみ特殊なあり方ではなく、無数の個人や団体の織りなす複雑な利害関係のなかで相互の交渉と利害の調整を半ば自律的に繰り返すことによって制度的な「自己増殖」をとげていくイギリス社会そのものの特徴であった。「自己増殖」という表現を用いたのは福祉国家の社会史を研究するP・セーンであるが、[36] 同じことをグリーンは教育について「システムなき拡張」と呼んだ。[37] 一九世紀半ば以後、明瞭な姿を現す「最小限国家」は、こうした社会の作動の仕方を戦略として自らに取り込む国家であった。

長きにわたる対仏戦争の結果、財政的破綻をきたし、威信と正当性をいちじるしく低下させた「財政軍事国家」は一八四〇年代の所得税の再導入を足がかりに、特定の階級利害に偏らない納税者に信用される国家＝「最小限国家」への脱皮をはかった。諸利害の中立的な調停者として、自らを演出した「最小限国家」は歳出の削減によって納税者国民の支援を得るべく、市民生活のさまざまなサーヴィスを地方自治体や民間諸団体に委ねる高度な戦略を採用しうる強力な国家でもあった。このように主張するのはM・ドーントンである。[38] 国民的な教育制度の立ち遅れという現象も国家介入とレッセ＝フェールの関係といった狭い政策論的枠組で捉えられる現象ではなく、まさしく一九世紀半ばに生じた国家の特徴もしくは戦略の変化を反映することがらであった。

ボランタリズムの対極に位置づけられてきた国家の介入・干渉についてはどうであろうか。教育への国家介入を熱心に説いたのはベンサム主義者に代表される急進的な中産階級であったけれども、仮に彼らが政治のヘゲモニーを掌握していたとしても、彼らはプロイセン型の国家主義的な教育制度を導入することにはならなかっただろう。彼らが主張した「ナショナル・エデュケーション」は「ステイト・エデュケーション」とは似て非なるものであった。一見すると区別しにくい二つの言葉も彼らの頭のなかでは峻別《しゅんべつ》されていた。

かつてアダム・スミスは国家介入の許容される、したがって自由放任の適用外とすべき分野として労働貧民の教育をあげた。すくなくとも、日本ではこれまでそのように理解されてきた[39]。分業の進展による労働者のはなはだしい「無知」「遅鈍」「畸型化」を危惧したスミスは、『国富論』のなかで「教区または地区ごとに一つの小さな学校を設立し」、「国家は読み書きと算術を世間一般が修得するよう奨励または強要することができる」と述べた、と考えられてきた。この引用文に見るかぎり、民衆教育に国家が介入すべきだとするスミスの主張は明快であるように思われる。しかし、問題の「国家は……強要することができる」の文章は、ロンドン大学教授E・キャナンが一九五〇年に『国富論』の初版と第五版とを校合した際に、原文の各パラグラフのはじめに新たにつけ加えた「摘要」にすぎなかった(キャナン版『国富論』[40])。現代の学者によってつけ足された「摘要」という一つの解釈があたかもスミスの本意であるかのように日本で流布した結果、民衆教育に対する国家干渉が自由放任主義の「例外」として定着してしまったのだろう。皮肉なことに、国家に対して市民社会の自律性を強調する研究者のなかに浸透した。『国富論』の原文に見るかぎり、「教区」または「地区」に学校を設立する主体は「公共社会」(the public)であり、国家ではなかった[41]。スミスの「公共社会」は「公共の利益」という言葉とともに、国家よりも広い意味に使われていた。

J・S・ミルは『自由論』のなかではっきりと、「国家（State）は全国民に対して教育を強制すべき義務をもっている」と述べたけれども、その真意は国家が自らの手で教育を与えることではなかった。ミルはいう。

もし政府があらゆる児童のためによい教育を要請することを決意するならば、政府は自らそのような教育を授けることの煩雑さを免れることができるであろう。政府は親たちの欲する場所と方法で教育を授けることを親たちに一任し、政府自身は貧困な児童の授業料の納付を補助し、学費の支弁者をもたない児童の学費全額を支弁することができるであろう。国家教育に対して、十分な理由をもって主張される反対論は国家による教育の強制に対してはあてはまらないが、国家自らの手による教育指導に対しては正にそのとおりである。両者は全然別のことがらである。国民の教育の全部または大部分が国家の手に委ねられることを非難する点で私は何ぴとにも譲らないものである。[42]

この文章の意味するところは明白であろう。国家が負うべき義務は自らの手で教育を「授けること」(*providing*)ではなく、社会一般に対してそれぞれの仕方で教育せよと「要請する」(*request*)ことであった。ミルはこの二つの言葉をイタリックにして両者の違いを強調していた。「国家自らの手による教育」は別の箇所でも述べているように、「国民を鋳型に入れ……精神に対する専制政治を行う」ことであり、時の支配者に「隷属する」ことを意味した。「国家が創設しまたは統制する教育」は、もしそれが存在するとしても「競争しあう多数の実験のなかの一つ」「模範」の域を出るものではなかった。つまるところ、教育への国家介入は自ら教育する意志と資力を欠く者たちに対する社会防衛的なものであり、社会の諸個人と任意団体のもつ力を最大限に発揮させるうえで必要最小限度の制度的枠組を整備することにほかならなかった。最小限の国家干渉によって工業化をいち早く達成したイギリス資本主義は、高い技術や科学の組織的な動員を必要としなかったばかりでなく、国家主義的な教育体制を梃子《てこ》に国民を新たに統合する必要もなかった。L・コリーが主張するように、イギリスの国民的なアイデンティティ（ブリティッシュネス）は、プロテスタンティズム、対仏戦争、商業利益、国家に奉仕するエリート、世界帝国、ヴィクトリアニズムなど、もっと大きな枠組によって維持されていた。[43] これらの歴史的遺産を継承しつつ財政と軍事の要を押さえた強力な「最小限国家」は、教育をはじめとする民生の諸領域を人びとの裁量に委ねることで社会とのバランスをとった。一九世紀を通じてもっとも包括的な国民教育計画を議会に提出したローバックですら、教育内容の決定を選挙で選ばれる「学校委員会」の裁量に委ねていたし、「イギリスのような自由を誇る国では教育は国家の統制から自由でなければならない」として、ローバック法案を潰《つぶ》したのは後の首相R・ピールであった。[44] 就学強制への途《みち》を拓いた一八七〇年の「基礎教育法」についても同様のことが指摘できた。法案を提出したW・E・フォスターは、国家干渉の増大、補助金の増額によるよりは、教育を地方の裁量と努力に委ねるべきだと考えていたし、それは首相であったグラッドストーンの信念でもあった。[45]

二律背反ではなくて同根の異花ともいうべきボランタリズムと国家の介入の関係はむろん、教育だけにとどまることがらではなかった。地方行政、所得税の査定、警察、救貧、公衆衛生などに関する諸政策等についてみても、人びとの生活に直接影響を与える末端の現場では常に任意団体や個人の自由裁量にまかされる余地を多く残していた。確かに一九世紀は改革の時代であり、国民生活を規制するさまざまな立法処置がとられ、膨大な数の官吏が雇われた。世紀末ともなれば、帝国主義競争と労働者階級の力の増大を背景に、古典的な自由主義に対する見直しの必要が叫ばれ、個人の自由よりは責任、社会的平等が強調されるようになったことも事実である。しかし、それでもなお「自治的」で「自動調整的」なイギリス社会の特徴は、P・セーンがいうようにレヴェルを変えて福祉国家のなかに生きつづけた。[46] デイム・スクールがなぜ強権でもって排除されなかったかも以上のことから説明できた。

3 学校化社会に向かって——結びにかえて

なかば自律的な「自己増殖」をとげたイギリスの教育制度にあっても、近代社会を維持していくのに必要とされる知識、価値規範、行動様式を子どもたちに刷り込んでいかねばならないことに変わりはなかった。国家干渉の強弱にかかわりなく、社会化の要請は文字通り社会的レヴェルの相互交渉を通じて教育の中身と方法を標準化していった。たとえばわれわれは、その顕著な事例を近代公教育の原則の一つとされる教育内容の世俗化に見ることができる。

一八世紀以来、民衆の教育といえば直ちに宗教・道徳教育を意味した教育事情に大きな転機が訪れるのは、労働者の運動が高揚し、社会が騒然としてくる一八三〇年代から四〇年代の半ばにかけてである。国民協会や内外学校協会は新たな対応をせまられた。聖書の片言《へんげん》を丸暗記させる教育がかえって労働者の宗教離れを助長しているのではないか、あるいは世俗的な知識なくして聖書の十分な理解はありえない、といった不安や反省の弁が聖職者、勅任視学官、現場の教師からも聞かれるようになった[47]。

世俗的な教育への転換に際して、大きな影響を与えたのはアイルランドでの経験である。聖書をいかに教えるかではなく、聖書を読み書きに利用すること自体にカトリックの抵抗が強かったアイルランドでは、教育内容は一足飛びに世俗化に向かった。世俗的な知識によるアイルランド農民の生活改善が植民地支配の安定に不可欠であるという事情も世俗化を後押しした。世紀半ばまでに四一種類を数えた世俗的な内容の教科書は、勤勉、節約、正直といった美徳とともに、階級構造、政府の機能、貧困の原因、私有財産の役割、需要と供給などイングランドの教育改革者たちがその必要性を強調してやまなかった中産階級の政治経済学を称揚した。イングランドの教育諸団体が教育の世俗化を公式に表明するまでの期間、彼らが利用したのは大量かつ廉価に販売されたアイルランドの教科書類であった。イングランドの初等公教育はアイルランドの教科書を利用しながら次第に世俗的教育へ移行し、一八四〇年代から五〇年代半ばにかけて自らが編纂する世俗的な内容の教科書を公式に採用するにいたった[48]。しかも大変興味深いことに、出来上がった教科書はどの団体のものも中産階級の政治経済学をわかりやすく通俗化したほぼ同じ内容のものだった。その種本《たねほん》は有用知識普及協会が発行した『ペニー・マガジン』であった。政府が一八六二年の改正教育令によって世俗的な教育の原則を打ち出す以前に、諸団体が自らの判断によって標準的な世俗教育を実現していたのである[49]。

教育内容の世俗的標準化は、子どもたちの社会化を国民国家にふさわしい形で推し進めるための大事な前提であった。しかし学校で刷り込まれる価値、知識、行動様式が社会を「学校化」するといわれるまでには、なおいくつかの条件が必要であった。第一は国民の圧倒的多数が学校で学んだ経験をもつようになることである。イギリスの場合、この過程はすでに述べたように、家族や職場、共同体との深いつながりをもつデイム・スクールを公教育学校が駆逐していく過程でもあった。そして、この過程は公教育学校に籍をおく子どもたち（五〜九歳）の就学率と平均出席率が、ともに八〇％台に達する一八九〇年代にほぼ完了したとみてよい。

第二の条件は就学期間が長期化し、スクーリングが人生のなかで重要な位置を占めることである。この過程は公教育学校生徒の平均在学年数が一八七〇年の二・五五年から七・〇五年に達する一八九七年ころまでにほぼ目標に到達した。世紀の初めには、働く子どもたちの姿はごくありふれた光景であったが、世紀末には珍しいだけでなく違法となった。と同時に子ども期は法制的、医学的、心理学的、政治的、社会的にかつてない規模で制度化された。また、子どもに関するあらゆる科学が動員され、彼らを規制していった[50]。

第三は、家族を中心に地域社会が担ってきた食事や健康、医療、余暇、将来の進路選択など、子どもたちの生活、生き方を学校が指導、組織化していく過程である。この過程は学校の機能が肥大化し、社会統制の手段として本格的に作動していく社会の学校化そのものと重なる。長期化する在学期間、学校での拘束時間は、早くも一八八〇年代には一つの社会問題として人びとに意識されるようになった。学習の過重負担が子どもたちの肉体的・精神的発達を阻害しているといった声が聞かれる一方、社会的平等を求める団体主義や児童福祉論者からは貧しい労働者階級の子弟に満足な学習を保証する最善の策として、彼らの栄養状態の改善が主張された。学校給食運動はこうして始まり、一九〇六年には国庫助成による学校給食が実現した。また、子どもたちの身体の鍛錬・規律化も、改めてその必要性が強調されるようになった。労役所の子どもたちから始められた軍事教練は一八七〇年代には年間四〇時間を基準とする国庫助成の対象課目となったが定着せず、代わって一八九〇年代に入ると体育が公教育学校に正課としてとりいれられるようになった。[51]

子どもたちの身体への配慮は、一九〇七年の身体測定の実施を経て一九二一年には学校での一定の治療行為が法律で義務づけられるようになった。やがてその延長線上にスクール・カウンセラーが登場してくる。彼らは親とホームドクターが果たしていた役割のみならず、人生の指針を与える牧師の役割をも引き受けた。学校の果たす役割は放課後の過ごし方にもおよび、学校がスポーツ、音楽活動、野外活動を組織する重要な拠点となったことはいうまでもない。[52]

こうして制度史から見てきわめて変則的な展開をとげたとされるイギリスの初等教育も、近代社会の維持に必要な子どもたちの社会化を立派に果たし、学校化社会という普遍的な状況にたどりついた。かつてない規模で子ども期が制度化されるなかで、子どもたちは社会の共通の見方、感じ方、規範を身につけ国民化していった。もとよりこうした過程は国家の政策による上からの社会統制という一方向的なものではなく、受け手との双方向的なものであった。社会化は受け手のなかに内面化され、自らの生活規範として自覚化されなければ制度化されることはむずかしく、イギリスはまさに社会の自律的で自己増殖的な作動原理を媒介にして、普遍的な教育目標を達成したように思われる。I・イリッチの歴史的な分析を欠く脱学校論に直ちに与《くみ》することはできないとしても、脱学校論の一つの源流がイギリスの教育社会学にあったことは十分に理解できる。

1 北原敦「日常的実践の歴史学へ」『思想』八四八号、一九九五年。
2 滝川一廣「脱学校の子ども」『こどもと教育の社会学』(岩波講座現代社会学12) 岩波書店、一九九六年。
3 I・イリッチ、東洋・小澤周三訳『脱学校の社会』東京創元社、一九七七年。
4 大田直子『イギリス教育行政制度成立史――パートナーシップ原理の誕生』東京大学出版会、一九九二年。
5 D・K・ミュラー、F・リンガー、B・サイモン編、望田幸男監訳『現代教育システムの形成』晃洋書房、一九八九年。
6 谷川稔『十字架と三色旗』山川出版社、一九九七年。
7 工業化との関連でリテラシィを論じた邦文文献は、酒田昭廣「識字率と産業革命」『社会経済史学』四四巻、一号、一九八三年、同「イギリス近代における識字率」『大阪大学経済学』三三巻、三・四号、一九八四年を参照。
8 L. Stone, 'The Educational Revolution in England, 1560-1640', *Past & Present*, no.28, 1964, pp.41-80.(佐田玄治訳『エリートの攻防』御茶の水書房、一九八五年、一〜六八頁)。
9 D.F. Mitch, *The Rise of Popular Literacy in Victorian England*, 1992.
10 分類の基礎になっている研究はケンブリッジ歴史人口学グループ、W. A. Armstrong, 'The Use of Information about Occupations', in E.A. Wrigley (ed.), *Nineteenth Century Society*, 1972, pp.191-310.
11 R.S. Schofield, 'Dimensions of Illiteracy, 1750-1850', *Explorations in Economic History*, vol.10, no.4, 1973.
12 Alexander Carlyle (ed.), *New Letters of Carlyle*, I, 1909, p.212.
13 R.D. Altick, *The English Common Reader, A Social History of the Mass Reading Public 1800-1900*, 1957; R.K. Webb, *The British Working Class Reader 1790-1848*, 1962.
14 Mitch, *op.cit.*, pp.47-52; Altick, *op.cit.*, chapter12, 13.
15 *Newcastle Commission*, vol.3, 1861, p.116.

16 Mitch, *op.cit.*, p.101.

17 F. Thompson, *Lark Rise to Candleford* (first pub., 1939) , Penguin Books, 1973, pp.42-44.

18 以下、二つの引用文は J. Burnett (ed.), *Destiny Obscure, Autobiograhies of Childhood, Education and Family from the 1820s to the 1920s,* 1982, pp.182-186 による。

19 T. Cooper, *The Life of Thomas Cooper,* (first pub., 1872) , Victorian Library edition, 1971, pp.1-76.

20 Mitch, *op.cit.*, pp.155-174.

21 *Ibid.*, p.195.

22 ペーター・ルントグレーン、望田幸男監訳『ドイツ学校社会史概観』晃洋書房、一九九五年、第二章、第三章、同「義務教育体制」『資本主義は人をどう変えてきたか』（歴史学研究会講座世界史４）東京大学出版会、一九九五年、長尾十三二『西洋教育史』東京大学出版会、一九七八年。

23 A. Green, *Education and State Formation,* 1990, pp.208-209.

24 H. Brougham, Speech on Education Bill, House of Commons, 28th June, 1820, *Hansard,* col.51.

25 J. Kay (Shuttleworth) , *The Social Condition and Education of the People in England and Europe by Joseph Kay,* vol.2, 1850, p.538.

26 Central Society of Education, *First Publication Papers,* 1837, p.62.

27 R.D. Anderson, *Education and the Scotish People 1750-1918,* 1995, p.62.

28 J.A. Balfour, Speech on 1902 Education Bill, House of Commons （J. Stuart Maclure, *Educational Documents, England and Wales, 1816 to the Present Day,* 1986, p.152.） .

29 F. Smith, *A History of English Elementary Education 1760-1902,* 1931, p.114.

30 *Ibid.*, pp.138-139. 松井一麿「ローバック教育議案の研究」『教育制度研究』第五号、一九七一年、一～一六頁。

31 Instructions to Inspections of Schools, 15th July, 1840, *Minutes of the Committee of Councilon on Education,* 1839-40, pp.22-23.

32 Smith, *op.cit.,* pp.173-176; K. J.W. Selleck, *James Kay-Shuttleworth,* 1994, pp.147-149.

33 J. Collins, The Training of Elementary School Teachers in England and Wales, 1840-1890, (Ph.D. Thesis, London Univ.), 1985, p.33.

34 E.G. West, *Education and the Industrial Revolution*, 1975, p.6.

35 Green, *op.cit.*, p.237.

36 P. Thane, 'Government and Society in England and Wales, 1750-1914', in F.M.L. Thompson (ed.), *The Cambridge Social History of Britain 1750-1950*, vol.3, 1990, p.14. なおＰ・セーンの研究については、高田実「イギリス福祉国家史研究の新しい視点」『西洋史学論集』三五号、一九九七年、七五〜八六頁、およびパット・セーン、深澤和子・深澤敦監訳『イギリス福祉国家の社会史』ミネルヴァ書房、二〇〇〇年を参照。

37 Green, *op.cit.*, p.244.

38 M. Daunton, Delegation and Decentralization: the British State and Civil Society in the Nineteenth Century (unpublished paper), 1997, pp.1-22.

39 例えば、岡田与好『自由経済の思想』東京大学出版会、一九七九年、一一六〜一一九頁、一四二頁。

40 「摘要」の原文は次のようになっている。'The state can encourage or insist on the general acquirement of reading, writing and arithmetic, by establishing parish schools', in *An Inquiry into the Nature and Causes of the Wealth of Nations by Adam Smith, Edited, With An Introduction, Notes, Marginal Summary and An Enlarged Index, by Edwin Cannan*, vol.2, 1904, p.270.（アダム・スミス、大内兵衛・松川七郎訳『諸国民の富』Ⅱ、岩波書店、一九六九年、一一二九頁）。

41 Adam Smith, *An Inquiry into the Nature and Causes of the Wealth of Nations*, (fourth edition), 1826, p.736.

42 J.S. Mill, *On Liberty*, 1863, pp.204-205.（塩尻公明・木村健康訳『自由論』岩波文庫、一九七一年、二二一〜二二二頁）。

43 Ｌ・コリー、川本真浩・水野祥子訳「「イギリス的なるもの」と「非イギリス的なるもの」――ひとつの議論」『思想』八八四号、一九九八年、同、川北稔監訳『イギリス国民の誕生』名古屋大学出版会、二〇〇〇年。

44 R. Peel, Speech on National Education, House of Commons, 30th July, 1833, *Hansard*, col.173.

45 Green, *op.cit.*, pp.302-304.

46 Thane, *op.cit.*, p.33, p.56.

47 J.M. Goldstrom, 'The Content of Education and the Socialization of the Working-Class Child 1830-1860', in P. McCann (ed.), *Popular Education in the Nineteenth Century*, 1977, pp.100-102; P.Gordon and D. Lawton, *Curriculum Change in the Nineteenth and Twentieth Centuries*, 1978, pp.47-61.

48 J.M. Goldstrom, *The Social Content of Education 1808-1870*, 1972, pp.52-90.

49 *Ibid.*, pp.91-120.

50 H. Hendrick, *Children, Childhood and English Society 1880-1990*, 1997, pp.9-15.

51 J.S. Hurt, 'Drill, Desciplìne and the Elementary Ethos', in P. McCann (ed.), *op.cit.*, pp.167-191.

52 D. Wardle, *The Rise of the Schooled Society*, 1974, pp.21-26.

第三章

デイム・スクールとイギリス民衆文化論

読むことと書くことの間

はじめに

近世の初頭から民衆に利用されつづけてきたデイム・スクールがなぜ、公教育と競合しながら一九世紀の奥深くまで存続しえたのか。その理由を識字率の向上を支えた私的誘因とともに、一九世紀イギリス自由主義国家の独特のあり方および国家と社会の関係から検討した。[1] デイム・スクールはどの点から見ても劣悪なものであり、政府の公教育拡充政策の前に立ちはだかる邪魔な存在であったにもかかわらず、強権をもって排除されることはなかった。任意主義的で自動調整的な作動原理を埋め込まれたイギリスの一九世紀社会は政府の教育に対する、強権的な介入を容易には許さなかったし、国家自体も最小限の介入によって最大の効果を引き出す「最小限国家」として、そうした原理を是認する高度にして強力な戦略をとった。そのため、デイム・スクールはいわば、民衆自身による選択という意味での自然淘汰に委ねられることになった。

しかし、こうした説明は長い歴史をもつデイム・スクールの一時期、それもデイム・スクールが公教育と競合しながら衰退に向かう時代の姿を映し出していたにすぎなかった。どこまでその起源をたどりうるのか、正確を期すことはできないが、デイム・スクールはすくなくともテューダー絶対主義の時代に知られるようになり、財政軍事国家の時代として特徴づけられる「長い一八世紀」には、都市、農村をとわず、いたるところで民衆に利用されるようになった学校である。[2] デイム・スクールは一九世紀の「最小限国家」だけでなく、それ以前の別の国家形態のもとでも許容される条件を見出してきた。[3] デイム・スクールで使用されたテキストは「敬虔」「従順」などの徳目を強調するかぎり、家父長的な地主支配体制のもとでも十分に許容された。また、そうした教育内容は一八世紀に勢いをます「モラル・リフォーム」運動とも合致した。[4] デイム・スクールについてはその簇生《そうせい》から衰退までの全期間を見通す説明が必要であった。

けれども、こうした説明によってもなお、デイム・スクールの長期にわたる存続の説明としては十分ではない。デイム・スクールの執拗なまでの連続性を説明するためには、支配体制の許容いかんにかかわりなく、それらを利用しつづけた民衆の側からの説明が必要であろう。デイム・スクール研究に先鞭《せんべん》をつけたJ・H・ヒギンスンが指摘したように、デイム・スクールは簡単な藁《わら》細工や裁縫を教える、家政の延長線上に位置する「社会制度」の一部でもあった。[5] 都市化の著しい一九世紀にあっても、P・ガードナーが指摘するように、デイム・スクールは「労働者階級独自の教育要求」「文化的独立性」に支えられた公教育の「オルターナティヴ」であった。「教育の内容と組織に対するコントロール」を労働者は容易には放棄しなかった。[6]

一九世紀の公教育推進者たちは、デイム・スクールが民衆の生活文化に深く根ざしていた事実を認めることができなかった。授業料が公教育学校よりも高かったにもかかわらず、一八七〇年代を超えて存続しつづけたデイム・スクールの存在は公教育の推進者たちを当惑させた。説明に窮した彼らは「教養」「知識」「道徳」を基準に、デイム・スクールに子どもを通わせる親たちの「無関心」「無知」を攻撃した。「無関心」「無知」の象徴であり、彼らにとってもっともわかりやすい差別の基準はデイム・スクールが主として読み方を教え、書くことを必ずしも教えないことだった。しかし、この読み書きを一体のものとして教えることが当然であるとする考え方は、すくなくとも民衆のレヴェルでは、一九世紀以降のものであって決して普遍的なものではなかった。むしろ、読むことと書くことは全く別の事柄であり、彼らにとって必要なことはまず何よりも読めるようになることだった。彼らは「半識字」(semi-literate)の世界に生きていた。リテラシィが読み書き能力を意味するようになるのは、『オックスフォード英語辞典』に見るかぎりでも一八九五年のことである。[7] 読み書きを一体のものとみなし、主として読み方を教えるデイム・スクールを公教育よりも劣位にあるものとする論理は、大陸諸国ほど緊要ではなかったにせよ、明らかに教育を梃子《てこ》に国民を統合しようとした一九世紀の国民国家が新たに手にしたイデオロギーであった。

デイム・スクールを民衆文化のなかで論ずるとすれば、リテラシィの意味変化の背後に隠された文化的なコンテクストの転換が重要である。民衆文化は純然たる口承世界であったわけではなく、口承文化と豊かなかかわりをもった「半識字」の世界であった。「半識字」は今日的意味でのリテラシィにいたる過渡的な、単なる中間段階ではなかった。読むという行為は身体を用いる行為であり、朗読し、歌い、演じる身体技法(もしくは非言語的なコミュニケーション、パフォーマンス)と分かちがたく結びついた、一つの文化的コンテクストのなかに埋め込まれていた。こうした文化的コンテクストを基盤に成立したのがデイム・スクールである。従来のイギリス民衆文化論のともすれば陥りやすかった単純さは、リテラシィを読み書き一体のものと考える一九世紀以降の常識をそのままそれ以前の過去に当てはめたために、「半識字」の豊かな世界、その独自性を十分に評価しきれなかったことにあった。従来の民衆文化論は読み書き(能力)を一体のものとするリテラシィと「文盲」との区分をよしとして、身体技法と一体となった「半識字」と一九世紀以降の常識であるリテラシィとの懸隔《けんかく》に十分な注意を払ってこなかった。その結果、「半識字」は過渡的な段階としてリテラシィの側に一方的に引き寄せられ、民衆文化＝口承文化を解体するエリート文化に回収される傾向をもっていた。デイム・スクールが民衆文化のコンテクストのなかに位置づけられなかったのもそのためである。民衆文化研究に巨大な足跡を残したP・バークも例外ではなかった。

1 ピーター・バークとその後のイギリス民衆文化論

デイム・スクールの文化的基盤を明らかにしようとする場合、まずもって留意されるべきはP・バーク以降のイギリス民衆文化論の新たな蓄積である。バーク以降の民衆文化論は読書の社会史、歴史学の言語論的転開、カルチュラル・スタディーズ、ジェンダー論、多文化主義、「リヴィジョニズム」など、さまざまな研究傾向の影響を受けて確実に変化してきた。バークの記念碑的な作品、『近世ヨーロッパの民衆文化』(*Popular Culture in Early Modern Europe*, London, 1978)は出版されてからすでに二〇年以上が経過し、今日、古典といっても差支えないであろう。「民衆文化」と「エリート文化」とのダイナミックな相互関係、「民衆文化」の多様性と統一性を変化する構造のなかに捉えた彼の作品は参照されるべき一つのモデルである。しかし、バークの提出したモデルは、今日、さまざまな方面からの批判と新たな再検討を呼び起こしている。バーク以降の新たな研究動向についてはT・ハリスの整理がもっとも要領を得ていると思われるが、その要点はおおよそ以下の三点にまとめることができる。[8]

第一は「民衆文化」の概念、あるいは「民衆文化」と「エリート文化」との二項対立的なバークの研究傾向に対する批判である。ハリスが指摘するように、バークの「民衆文化」は「首尾一貫した一つのまとまり」(a coherent whole)と受け取られやすい問題点をかかえていた。[9] もちろん、バークも「民衆文化」内部の多様性を捉えており、雲散霧消しかねないほど際限なく分類されていく「民衆文化」のなかの下位文化に注目していた。また、「エリート文化」と「民衆文化」との関係についても、両者の間に介在する「仲介者」の役割を重視しており、「近世ヨーロッパの文化を二つの文化としてよりも「ミドリング・ソート」を含めた三つの文化として描くことのほうがおよそ事態の解明に適しているだろう」とも述べていた。[10] 識字についても、決して十分に展開されることはなかったが、バークは知識人の文化と伝統的な口承文化との間に、「行商本文化」ともいうべき「半識字者の文化」があったと指摘する。[11]

しかし、バークは「民衆文化」のなかに多様性を認める一方で、それ以上に「民衆文化」の「統一性」を強く押し出した。「民衆文化」が際限なく分類されていく下位文化をかかえていたとはいっても、それはあくまでも単数で表現される「民衆文化」(popular culture)の下位分類であり、「民衆文化」は「隠れた統一性」「共通の文化的ストック」「貯蔵庫」からさまざまな「定型」「コード」を選び出しては組み合わせていく文化の統一性を備えていた。円舞や群舞の形式、共通の韻律、対話の形式、決まり文句(定型句)、よく似たモチーフといった共通のコードが、千差万別に見える「民衆文化」を「首尾一貫した一つのまとまり」として成り立たせていたのである。[12]

これに対して、バーク以降の民衆文化論は「下位文化」としての多様性ではなく、複数形で表される「民衆文化」(popular cultures)の多様性を主張してきている。[13] 地域、社会階層(身分)、宗教、ジェンダーなどに見られる差異は「従属階級の文化」「民衆文化」に一括されるにはあまりにも大きかった。[14] 民衆文化についての多文化主義的解釈ともいえる傾向はジェンダー論や近年再び盛んになってきている「中流階級」(middling sort of people)論にも顕著である。最近のジェンダー論は公的領域(男)と私的領域(女)とをアプリオリに区分することに懐疑的である一方、[15] 男と女とでは民衆文化の体験の仕方が違っていたことを強調する。体験の差だけでなく、民衆文化自体がさまざまな儀礼を通じて、性差を強化、再生産していた。「ラフミュージック」や「スキミントン」などの制裁儀礼の目的の一つが家父長権の維持、回復にあったことが想起される。[16] また、「中流階級」論は任意団体に関する研究の進展、[17]「シティズンシップ」に関する研究[18]とも微妙に呼応しながら、改めて「中流階級」の独自性を強調している。しかし、近年の「中流階級」論は伝統的な「三分法」への回帰を説くといった単純なものではなかった。人口の三〇%、富の六〇%(一八世紀)を占めたともいわれる「中流階級」は内部に複雑な利害関係をかかえる、きわめて流動的な社会集団でもあった。したがって、「中流階級」の階級としての凝集性を問題にする場合にも、アプリオリにアイデンティティを措定《そてい》するのではなく、「中流階級」内部の対立の激しさから説明されねばならなかった[19]。さらに、教区委員、陪審員、治安官、小役人、夜警など、教区や街区の役職者であった彼らは必ずしもエリートの側に与《くみ》したわけではなく、時と場合によっては調停者にもなり、民衆の側につくこともあった[20]。民衆文化の多様性を強調する最近の傾向はバークの「民衆文化」論が支配階級の民衆文化に対するまなざしの変化を主題とする一つのモデルであり、「民衆文化」自体の個別研究の進展によって変更されていく可能性を示している。

バークの「民衆文化」論に対する批判は、当然のことながら、二つの文化の対抗の構図そのものにも向けられた。すくなくともテューダー、スチュアート期のイングランドでは時代の文化をエリートの文化と「民衆文化」とに二分すること自体に無理があると主張するのはN・ウィールである。エリートの文化は民衆の介入を許さないほど閉じられた文化ではなかった。民衆はエリートとともに観劇を楽しんだし、彼らは難解な宗教書に対しても宗教的情熱をもって果敢に読解を試みた。宗教をめぐる闘争はその宗教的情熱ゆえに文化をめぐる普段の境界を容易に侵犯する重要な契機となった。エリートの文化がもっぱら教養ある統治者階級に享受され、「民衆文化」がすべての階級に開かれたものであるとするバークのモデルは適用が困難であった。ウィールによれば、近世の文化はむしろ、さまざまな要素が織りなす「パッチワーク」「モザイク」として理解された[21]。

こうした批判は、実は、ハリスやウィールよりもずっと以前にB・スクリブナーやT・ワットから提出されたものである。スクリブナーは「民衆文化の歴史は可能か」と題する論文(一九九一年)のなかで、バークのモデルがあまりにも「シンメトリカル」にすぎ、「民衆文化」＝「小伝統」を「残余の」「周辺化された」カテゴリーに貶《おとし》める危険性をもっていると指摘していた。むしろ彼にとって重要であったのは「民衆文化」の統一性よりも、時代の文化の全体としての統一性、「共有される価値観」であった。スクリブナーの示唆は異質な階級や集団の対抗、差異を超えて共有される「言語」や「言説」を捉えようとする「リヴィジョニスト」たちの姿勢とも相通ずるものがある。[22]

第二の批判は「民衆文化」に対するエリートの攻撃、彼らの「民衆文化」からの撤退、およびその時期区分に関するものである。「民衆文化」に対するエリートの攻撃はバークが主張するように、一五〇〇年から一八〇〇年まで一貫して、間断なく進行したのではなく、最近では王政復古以降の一〇〇年間はむしろ民衆文化が勢いを増した時代だといわれている。[23]さらに、「民衆文化」に対する攻撃がもっとも強力に展開された一八世紀後半以降にあっても、エリート層の全体が一致して「民衆文化」を攻撃したわけではなかった。「民衆文化」の攻撃に熱心であったのはむしろ福音主義運動を担った下層中産階級であった。家父長的な互酬関係を維持すべく、伝統的な余暇やスポーツを許容、後援する者たちも多かった。ウェイクやフェアは依然として一部のジェントリに保護されたし、プライズ・ファイティングやクリケットは居酒屋経営者らに支援されて商業化していった。[24]民衆文化の持続性を強調する論議はそのまま一九世紀にもつながり、最近ではM・サヴィッジやA・マイルズらが「ヴィクトリア中期の資本主義」を担った中産階級自体のパターナリスティックな性格を強調するようになっている。また、一九世紀労働者階級の政治文化を新たな視点から見直すリヴィジョニストたちは、「名誉」「道徳的正しさ・公正」「リスペクタビリティ」「独立心」「愛国心」「生まれながらにして自由なイギリス（イングランド）人」などの観念を拠り所とするラディカリズムやポピュリズムが一八世紀末以来、持続していたことを強調している。[25]さらに、これらのラディカリズムやポピュリズムが政党や議会、イデオロギーといった「公式的な」政治文化とは位相を異にする「非公式的な」政治世界に位置していただけでなく、多分に「情緒的」で「騒々しい」伝統的な民衆文化の精神や抗議の形態と踵《きびす》を接するものであった、と述べたのはR・マックウィリアムである。[26] また、チャーティスト運動の研究者は、運動の指導者が彼らの発する言語以外の象徴的なコミュニケーションにいかに腐心していたかに注目している。服装、儀礼、身振り、声の調子に示される指導者のパフォーマンスは民衆独自の政治文化のなかに共鳴盤を見出していた。[27] フェビアン主義者もマルクス主義者も理解がおよばなかったチャーティスト運動の指導者、ファーガス・オコナーこそはその最たるものである。バークは「一九世紀にとりわけ、都市の成長と学校の普及、鉄道の発達が民衆文化の急速な変化を可能に、実際には不可避にしたのである。伝統的な民衆文化の研究である本書が一八〇〇年ころで終わる理由はそこにある」[28] と述べたが、民衆文化の持続性、エリート文化との関係はわれわれの予想を超えるはるかに複雑なものであった。

第三の根本的な問題は民衆文化が持続するにせよあるいは変化するにせよ、それがどのような脈絡で起こり、民衆自身がどのような態度をとったかである。ハリスがいうように、民衆文化の形態上の連続性(外観)と機能上の変化(中身)とを混同すべきではないだろう。[29] 例えば、伝統的ないくつかの「ブラッディ・スポーツ」や演劇のたぐいは一九世紀に入ると以前にもまして活況を呈するが、それらは商業化のなかに新たな活路を見出したためであり、その性格も一段と個人主義的、消費的性格を強めていた。[30] また、民衆文化の担い手は一方的に攻撃される受け身の存在ではなく、彼らは新しい条件のもとで民衆文化自体を内側から変化させていった。「古い習慣と娯楽のいくつかは、変化する社会のなかで、下層階級自身によって意識的に放棄されたがゆえに消えていった。あるいは彼らが抵抗の必要を認めなかったか、望まなかったために抑圧された」[31] のである。

デイム・スクールをバーク以降の民衆文化論研究のなかに位置づけるとすれば、以上に述べた三点の批判的展開のすべてが重要な意味をもってくる。あるいは、バーク以降の研究がようやくデイム・スクールについての新たな研究を可能にしつつあるといえるかもしれない。デイム・スクールは長期にわたる持続性を示しただけでなく、変化する社会のなかに民衆自身が生存の条件を見出してきた学校である。女性が重要な役割を果たしつづけたという点でも民衆文化の多様性を象徴していた。とりわけ、バークの「民衆文化」論とデイム・スクールとの関係についていえば、そのもっとも大きな問題点は、バークがこれほど長期にわたって民衆の生活文化のなかに生きつづけたデイム・スクールを視野のなかに収めることができなかったことである。全ヨーロッパにおよぶ文献の渉猟《しょうりょう》、博覧強記ともいうべき『近世ヨーロッパの民衆文化』は、デイム・スクールやヨーロッパ大陸の「小さな学校」のたぐいについてはほとんど言及していなかった。その理由は、学校や文字の修得にかかわる営みが「伝統的な民衆文化」の範疇に属する事柄ではなく、エリートの文字世界の延長線上に、「伝統的な民衆文化」を解体させていく条件と観念されていたからである。あるいは、それらは両文化の間に介在する「媒介者」の文化にとどまっていた。「民衆文芸」(popular literature)に見られる大量の印刷物の普及、その利用のされ方、「半識字」の独自性が民衆文化の独自のあり方を特徴づけ、エリート文化との複雑な相互交渉を形づくるものであるという認識が希薄であったように思われる。

口承文化と文字世界の関係は民衆文化とエリート文化の二項対立的な図式には収まりきらない、複雑さと豊かさをもっていた。そして、実は、この点こそはバーク以降の民衆文化についての歴史研究が言語論的転回や読書の社会史の影響を受けて、豊富な成果をもたらしてきた領域でもあった。なかでも重要であったのは冒頭にも示したリテラシィの再検討、再解釈である。読むという行為が書くこととはかなりはっきりと区別される世界の営みであり、聴き、歌い、演じ、記憶する行為と深く結びついていたという認識に立ってはじめて、デイム・スクールも民衆文化のコンテクストのなかに位置づけることができるだろう。以下ではリテラシィ修得の重要な環境である安価な印刷物、「民衆文芸」を先にとりあげ、ついでリテラシィの再検討に移りたい。

2 「民衆文芸」の普及

「民衆文芸」あるいは「民衆本」(popular print, 一八世紀後半以降)と呼ばれる大量の印刷物が広範囲に普及したエリザベス一世時代からスチュアート朝期にかけてのイングランドは、まさに「商業的な出版物の大波に洗われた」時代のなかにあった。[32] ここでいう「民衆文芸」とは、バラッド、チャップブック、暦、滑稽本、ニューズ・ブックなどを総称する廉価で失われやすい印刷物のことである。平均半ペニーから一ペニーであったバラッドや二ペンスから六ペンス程度であったチャップブックは社会の底辺にいる者たちにとっても十分に手の届くものであった。廉価な印刷物はチャップマン(図1)、ホウカー(hawkers)、ペドラー(pedlers)と呼ばれる行商人たちによって町から町へ、戸口から戸口へと売りさばかれていった。辺《へん》鄙《び》な片田舎の住民にも、時折、出かける市場やフェアの屋台で雑多な小間物と一緒に「民衆文芸」を売る彼らの姿は馴染み深いものだった。彼らの立居振舞いは時に「不快」な印象を与えることもあった。エリザベス朝期のある戯作者は「王国の司教座都市、市場都市のあらゆる街角で下卑《げび》たバラッドやパンフレットを歌いながら呼び売る者たちがいる」と、不快感を隠そうとはしなかった。[33]

図1　チャップマン　針仕事の道具，小間物と一緒に民衆本（チャップブック）を売り歩いた。(V.E. Neuburg, *Popular Literrature*, 1977, p.115)

廉価な印刷物の大量普及の背後には明らかに経済的な変化があった。一六世紀に本格化する小商品生産は商業革命によって新大陸やインドからもたらされた物産とともに品目を拡大し、農村をも包み込む新たな消費社会を出現させた。一七世紀半ばまでには、リボン、レース、ストッキング、糸、針、煙草、塩といった商品が、ついで茶などの物産が社会のあらゆる階層の人びとの身近な必需品となり、いたる所に運ばれるようになった。これらの品物を売りさばいた者たちこそチャップマン、ホウカー、ペドラーと呼ばれた者たちである。行く先々で小間物や物産を売る彼らにとって、「民衆文芸」は商品であっただけでなく、顧客の関心をひく大事な道具立ての一つでもあった。言葉たくみに噂ばなしやゴシップ、最近のニュース、流行歌を伝えることは商売上の「必須の技術」だった。[34]貧しかった彼らは一夜の宿と食事を乞うためにジョークや歌を聴かせることもあった。[35]

「民衆文芸」が量的にどの程度、普及していたかについては正確にはわからないが、いくつかの研究から大量消費市場の成立が裏づけられる。一六世紀半ばから約一世紀半の間に出版されたバラッドのタイトルはロンドンの出版業者が記録するだけでもおよそ三〇〇〇種に上ったといわれている。おそらく、実際に出版されたバラッドのタイトル数はその数倍に達していただろう。[36]内乱期に盛んに出版されるようになった暦(アルマナク)についても、一六六〇年代には毎年四〇万部が売りに出されたといわれている。[37]この発行部数からは単純計算で、およそ四家族につき一家族が暦を購入していたことになり、その普及ぶりが窺《うかが》われる。政治的な事件や自然災害などさまざまな出来事を知らせるニューズ・ブックについても、一六二〇年代から三〇年代にかけて約五〇〇万部が出版された。[38]さらに一七世紀半ば以降に本格的な隆盛期を迎えるチャップブックについても、ロンドンの著名な出版業者(本屋)であったチャールズ・ティアス(Charles Tias, d.1664)は一六六四年におよそ九万部のチャップブックを所蔵していた。[39]

しかし、これらのきわめて印象的な数値から「民衆文芸」の民衆的たる所以《ゆえん》を推測する以上に重要であったのは、その中身、扱う主題の多様性である。「民衆文芸」の蒐集者としても知られる海軍卿のサミュエル・ピープス

(Samuel Pepys, 1633-1703)が集めた一七〇〇種のバラッドと二〇〇冊の小冊子は、M・スパッフォードによれば、大まかな主題の分類だけでも、おおよそ次のような分野におよんでいた。すなわち、宗教、説話集、滑稽本、寓話、謎かけ、戯曲、諺、行儀作法、手相占い、夢占い、法律相談、美談、料理、怪獣、下層階級の英雄譚、中流階級の英雄譚、上流階級の英雄譚、男装する女、女装する男、戦い、名だたる犯罪者、凶悪犯罪、冒険物語、愚かな外国人(スコットランド人、ウェールズ人を含む)、浮気女、不貞な妻をもつ夫、占星術による農事暦、天候、医療、などである。[40]

主題の多様性はさらに次のような事情によっても増幅されていった。ペドラーやホウカーらの行商人は年齢や性別、職業はもとより、おかれた境遇によっても異なる顧客の要望に応えなければならなかった。奉公人たちは彼らを主人公にした物語を好んだばかりでなく、裕福な家庭の内輪もめや夫婦の仲違いに憂さを晴らした。老夫婦は地獄の描写に心を奪われ、若い娘たちはロマンに満ちた愛の物語を好んで読んだ。同じ犯罪を扱ったチャップブックについても人びとの反応は違っていた。海軍将校にかどわかされて私生児を産んだ貧しい司祭の娘が乳飲み子を殺す陰鬱《いんうつ》な物語(The Curborough Tragedy)一つをとってみても、若い娘たちは誘惑のシーンに興味を惹かれ、母親たちは殺人に関心を寄せたといわれる。[41] バラッドやチャップブックが「民衆文芸」であるのは民衆に特有な文芸のジャンルがあったというわけではなく、社会の底辺に浸透すればするほど読者大衆の好みに応じて主題を増やし、さまざまに改編、改作されていくきわめて融通無碍《ゆうずうむげ》な性質にあった。この過程で重要な役割を果たしたのはおびただしい数の行商人と彼らをとりまく人びとであったろう。

一方、扱われる主題の多様性は民衆だけでなく、中流以上の階層のなかにも読者を獲得した。ピープスはバラッドを蒐集しただけでなく、自らも書下《かきおろ》し、謡《うた》ったといわれる。[42] ジョン・ミルトン(John Milton, 1608-74)やクロムウェル軍の従軍牧師を務めるかたわら、あらゆる問題に論陣をはったリチャード・バクスター(Richard Baxter, 1615-91)、ジョン・バンヤン（John Bunyan, 1628-88）らも「民衆文芸」から多大な影響を受けていた。バンヤンが著したプロテスタント文学の傑作『天路歴程』は明らかに同時代の冒険譚の影響を受けていたといわれる。追いすがる妻子を振り切って「滅亡の町」を脱出する主人公が試練の旅路で遭遇するライオン、ドラゴン、奇怪な巨人たちは冒険譚の挿絵とともに民衆にはすでに馴染み深いものであった。[43] 大人だけでなく上層階級の子どもたちにとっても、バラッドやチャップブックは忍耐を強いられる古典学習の息抜きだった。

もちろん、多様な主題をもち、民衆にもエリートにも読まれた「民衆文芸」にも、時の経過とともに変化が見られた。B・キャップはブロードサイド形式のバラッドの黄金時代は一六世紀半ばから一七世紀半ばまでであり、以後、急速に衰退し、散文に席を譲ったと述べている。[44] こうした傾向は内乱期に一層、促進され、バラッドが担っていた多様な機能の一部は他の形態に替えられていった。その代表は定期刊行物である。バラッドとは対照的に内乱期を境に飛躍的に市場を拡大していったのはチャップブックである。一八世紀に隆盛をきわめるチャップブックは形態の手軽さも手伝って、バラッドがそれまで担ってきた役割を引き継いでいった。

「民衆文芸」はバラッドからチャップブックへと重心を移しただけではない。あらゆる主題が混沌とする「民衆文芸」にも二極分化の傾向が見られるようになった。中・上流階級は猥雑《わいざつ》、野卑《やひ》なユーモア、滑稽小話から遠ざかり、次第に非難の声を強めるようになる。B・キャップやD・ヴィンセントも一七〇〇年までには好みの二極化が明瞭になったと指摘する。[45] 二極化を後押しする事情は書物や印刷物を出版、流通させる側にもあった。書物の出版については、一六九五年まで検閲法によってロンドンの書籍出版業組合（Stationer's Company）に独占権が与えられていたが、同法が撤廃されて出版業が地方都市に拡散するとともに、彼らはロンドンの富裕層を対象に多種類の書物の少量出版、いわゆるshort-print-runsの道を選ぶようになった。もちろん、ロンドンは「民衆文芸」の一大生産地であり消費地であることに変わりはなかったが、ロンドンの変化は「民衆文芸」の出版地が地方小都市に拡散する重要な契機になった。[46] 出版地の地方への拡散は短命な「民衆文芸」の出版に特化する業者を増やし、扱う主題や印刷物の形態を以前にもまして、民衆の手に届きやすいものにした。こうして、二極化は一方の極に黙読する「私的な読者」(private reader) を生み出すとともに、印刷物を聴き、謡い、演じる身体技法のなかに取り込む「読者共同体」(public reader) の世界をそれだけ一層、際立たせることにもなる。

3　読むことと身体技法と

これまで「民衆文芸」の普及の度合と変化を概観してきた。しかし、これらの大量の印刷物がどのような意味合いで人びとに利用、もしくは領有されたのか、といったより本質的な問題については触れてこなかった。R・シャルチェが繰り返し強調してきたように、書かれたテクストとあれこれの物質的形態をとる書物そのものと、読者は区別されるべきであり、われわれにとって本質的な問題はそれぞれの出会いの仕方、「共犯関係」である。例えば、読むという行為一つをとりあげても、ことは単純ではない。読むという行為は単なる個人的な行為ではなく、さまざまなソシアビリテや慣行、空間のうちに印づけられた人びとの、つまりは「読者共同体」「解釈共同体」のなせる業であった。「読者共同体」のそれぞれに固有に備わった読み方を再構成することが読書の社会史の課題であった。同じく、シャルチェの言葉を借りれば、「多くの場合、文学テクストにせよそうでないにせよ、暗黙の前提になっていたテクストの読み方は声を出して読むということだったのであり、テクストの読み手は聴衆に読み聞かせる朗読者であった。そのように、目と同時に耳にも向けられていた作品は、声によるパフォーマンスが求める固有の要求に書かれた文章を従わせるのに適した形式やまとめ方をもつことで、作品として機能した」[47] のである。読書は身体を用いる行為、身体技法と深く結びついていた。祈りのリズムに合わせて体を前後に揺らし「聖典」を読む＝「言霊《ことだま》」を引き出そうとする人びとの姿を想像すればよい。

テクスト、書物、読者の三者が織りなす複雑な「共犯関係」をイギリスの歴史に即して捉えようとするとき、今ここに、示唆に富んだ一つの研究が浮上する。ジェイムズ一世時代に残された誹謗《ひぼう》中傷文書に関するA・フォックスの研究である。[48] 歌、韻文、嘲笑的な手紙、絵、虚偽の申立てなど、さまざまな形態をとる誹謗中傷文書は読書の社会史から見ても貴重な資料だった。八二二八点（一六〇三～二五年）にもおよぶこれらの史料は他人に対する誹謗中傷が裁判に持ち込まれ、その証拠として星室裁判所（Court of Star Chamber）に残ったものである。本来ならこの種の道徳的犯罪は教会が扱うのが普通であったが、ジェイムズ一世時代に公職者に対する誹謗中傷が増え、社会秩序を紊乱《びんらん》する刑事事件として受け止められた。原告となったのは貴族、ジェントリー、専門家、商人といった裕福な階層に属する者たちが全体の六四％、残りの三分の一はヨーマン以下の階層であった。

ここで注目するのは、いうまでもなく、ヨーマン以下の階層の人びとと印刷物たる誹謗中傷文書とのかかわりである。とりわけ、「文盲」の民がこうした行為にどのように関係していたかである。彼らが誹謗中傷行為の対象としたのは共同体の規範に反する行為におよんだ隣人、買占めや先買いに走る利己的な商人、法を苛酷なまでに執行する役人など、さまざまであった。彼らのそうした行為は公的な世界のなかに正当な発言権や抗議権をもたない者たちの常套《じょうとう》手段であった。誹謗中傷はまずもって、日常の会話や居酒屋での憂さ晴らし、陰口に近い口承文化のなかから始まった。わけても、居酒屋は、フォックスが指摘するように、悪態、罵詈雑言《ばりぞうごん》を許容する「聖域」とみなされており、彼らの行為は無礼講、娯楽と渾然一体をなしていた。[49] 飲みながら交わされる誹謗中傷の数々は彼らにしかわからない隠語を含んでいただけではなく、方言で語られたために、共同体の外側の人間には諒解しづらいものも多かったと思われる。しかし、酒の肴《さかな》に他人を誹謗中傷する限りにおいては仲間うちの戯言《ざれごと》の域を出ることはなかったが、彼らがそうしたたわいのない噂話のたぐいを広く世間に知らせようとしたときには、事態は一変した。噂話はたちどころに「書き手」(pen-man)を見出し、手書きの誹謗文書やバラッドに変身し、攻撃対象の家の塀はむろんのこと、教会や市場などの公共の場所にも貼り出された。誹謗文書は韻をふむだけでなく、謡いやすいようにメロディーをつけることでその効果を増した。時には、吟遊詩人やバラッド・シンガーなど、ことに通じた「プロ」によって会話が文字となり、印刷に付されることもまれではなかった。「創造性豊かな」吟遊詩人やバラッドの謡い手の常として、「原作」は元の形をとどめないほど変形、脚色されていったことはいうまでもない。[50] 一度、印刷物となった誹謗中傷は共同体あるいは当事者の手を離れ、時代の共通語彙《ごい》、シナリオを獲得した。

誹謗中傷文書の研究が明らかにしたことは口承世界と文字世界との刺激的で創造性豊かな「共犯関係」であった。これらの文書はリテラシィの有無にかかわらず、口承の世界を基盤に広がっていくようさまざまな工夫がこらされていた。文書は対話の形式や方言を用いた親しみやすいものであり、人びとの理解しやすい耳慣れた文句のリフレインによって誰でも、時には子どもにも記憶されやすいように工夫されていた。印刷物の作者は自らの創意を発揮するとともに、声によって、音によって事態を理解する受け手の世界にあるコードに従わねばならなかった。どんな言葉が、どんな韻をふみ、どんなメロディーや節回しをつければ聴く者の期待にそうのか、あらかじめ了解されていたのである。また、「文盲」の者たちのためにも、たちどころに内容が理解できるよう、挿絵がふんだんに用いられた。角《つの》の挿絵は「寝取られ男」に対するものであり、絞首台に吊るされた人形の挿絵は攻撃対象に対する非難をストレートに表していた。記憶力に秀でた者であれば、読むことすらおぼつかなくとも、一度聞いたバラッドを正確に再現できた。口承世界と文字世界は相互に転換の容易な、かつ相乗効果をもたらす関係にあったといわねばならない。印刷物の拡大が口承の世界をも拡大させたと指摘するのはB・キャップである。[51] 魔術に関する書物の普及が魔術行為そのものを増大させた関係に似ている。印刷物になった「物語」は再び民衆に還元され、その文句や韻、節回しや調子はローカルな世界にすむ人びとに借用され、新たなバラッドや誹謗中傷文書の素材となっていった。聞くこと、謡う(歌う)こと、演じることと密接不可分な印刷物のあり様は、一九世紀末に語義を規定されたリテラシィを過去に当てはめることに根本的な疑問をつきつけた。

4 リテラシィの意味

すでに多くの研究蓄積をもつリテラシィについては、口承の世界と文字世界との豊かで複雑な「共犯関係」以外にも、およそ三つの問題点を指摘することができる。まずは一般的な問題点を概観し、より本質的な問題に移ろう。第一はリテラシィの上昇そのものにまつわる問題である。エリザベス一世が即位したころのイングランドの文盲率は男七〇%、女九五%であったが、一七世紀の半ばまでには、文盲率は男五〇%、女七五%に、一八世紀半ばまでには三八%と六二%へと着実に下降線をたどった。[52] これらの数値は明らかにリテラシィの着実な向上を示していた。しかし、D・クレッシィも指摘するように、自署率の平均値は階層や職業による差異、地域的な差異を覆い隠し、ことの本質を単純化するきらいがあった。リテラシィの上昇は、実際には、「不規則」で「断続的」なものであり、時には「停滞」することもあった。産業革命期のリテラシィに関するT・ラーカーとM・サンダースンの論争が象[53]徴していたように、リテラシィは社会の変動や人びとをリテラシィの修得に誘う要因を勘案してはじめて意味をもった。一九世紀後半の急激な識字率上昇の誘因を統計学によって解析したD・F・ミッチの研究(第二章)は、その意味でも一つの到達点を示す研究であろう。[54]

第二は自署率によってリテラシィの程度をはかることの本質的な限界ともいうべき問題である。従来の研究が自署能力と読み書き能力との間に密接な相互関係を強く意識してきたことは周知のとおりである。自署できる者たちはそれなりに文章を書けるのではないか、あるいは逆に自分の名前すら書けない者は読むこともおぼつかないのではないか、といった推測が暗黙の了解となっていた。要するに、従来の識字率に関する研究は自署能力を基準に書く力を過大に評価し、逆に読む力を過小に評価する傾向をもっていた。[55] そこでは、読むことと書くことを連続する一体のものと考えるだけでなく、読むことよりも書くことのほうがより高度な技術であるとする明瞭な価値判断が何の疑問もなく前提にされていた。しかし、本章の冒頭でも述べたように、リテラシィが読み書き能力を意味する言葉として最初に『オックスフォード英語辞典』に登場するのは一八九五年のことであり、書くことができないという意味での「文盲」が恥ずべきトラウマのごとき印象を与えるのも一九世紀後半になってからのことであった。[56]

書くことに比較優位をおく価値観は読む力の実態を捉えることに鈍感であった。「読むこと」には、実に幅の広い能力差が隠されていた。全く読むことのできない者から、かろうじてアルファベットの文字の違いを識別できる者、単語や簡単な文章からメッセージを読みとることのできる者、書物を読み通せる者まで、読む力はさまざまであった。[57] また、手書きと印刷活字とでは読みとる力に差が見られただけでなく、同じ手書きのなかでも、いわゆる「秘書体」(secretary hand) によるものかあるいは「法律用書体」(legal hand) によるものかによっても読む力には差が生じた。さらに、同じ印刷活字でも、バラッドや暦に多用されたヒゲ文字風の「ブラック体」(black letter) であるのか、通常の「ローマン体」(roman letter) であるのか、によっても大きな差が見られた。K・トマスによれば、一八世紀以前の民衆は「ローマン体」よりは明らかに「ブラック体」に親しんでおり、かつ読めた。[58]「ブラック体」は誰が見てもわかるように書くための文字ではなかった。加えて、法律や行政など、公的世界の文書が英語で書かれるようになる一八世紀半ばまで、「文盲」はラテン語とギリシア語に無知である者をさして使われた言葉でもあった。事情は書くことについても同じである。自署率は結局のところ、D・クレッシィが総括的に述べたように、読める者たちの最小限の数と書ける者たちの最大限の数を示すにすぎなかった。[59]

第三の根本的な問題はすでに折に触れて述べてきたリテラシィの定義である。あるいは、読み書きを一体のものとするリテラシィの概念を一八世紀以前の世界に適用することに対する根本的な疑問である。言語教育に関する最近の研究も認めるように、一八世紀以前(部分的には一九世紀)にあっては、読むことと書くことは、通常、それぞれ別個の能力として異なる人間によって教えられた。[60] 読むことが家族や隣人、デイム・スクールの教師たちによって、いわば誰にでも教えられる技術であったのに対し、書き方は男の「書き方教師」(writing master)によって教えられる特殊な職業的技術(カリグラフィー)と考えられてきた。加えて、書き方は一般的に女性に求められる能力ではなかった。[61]

今日、多くの研究者がほぼ一致して認めることは、多くの民衆にとって読むことこそが「リテラシィ」を意味したということである。さらに、驚くべきことには、自署できなくても、多くの者たちは読むことができた。この瞠《どう》目《もく》に値する事実の一端は一八世紀スコットランドの宗教復興運動を素材にしたT・C・スマウトの研究に明らかである。[62] スマウトが識字に関して扱った史料は、一七四二年にラナーク州北部の農村教区(Cambuslang)で起こった、メソディスト派に改宗した一〇九人のインタヴュー史料である。回心した一〇九人のうち七四人はごく一部の者を除き、大半が借地人、職人、非熟練労働出身の女性であった。この七四人の女性のうち八人だけが書き方を学んだ経験をもっていたが、残りの六六人は決して「文盲」ではなかった。彼女らは全員が読み方を学んだ経験をもっており、書くことはできなかったが読むことができた。ちなみに、スコットランド低地地方の当時の自署できない「文盲」は男四〇%女七〇%であった。一九世紀のイングランドについても、R・スコウフィールドは自署する代わりにマークを記した者たちの半分が読めたと指摘している。[63] 自署できなくても大勢の者たちが読めたという事実は、最近ではスウェーデンやデンマークでも確認されるようになった。[64] これらの事実は読み書きを一体のものと考えるだけでなく、書くことに比較優位を与えてきた一九世紀以降のリテラシィの「常識」からすれば中途半端な、半識字ということになろう。しかし、この半識字状態にあった者たちこそは「民衆文芸」を読者として支えた者たちであり、デイム・スクールを必要とした者たちであった。

　では、人びとに書くことはともかく、せめて読めるようになりたいと思わせた誘因は何だったのだろう。「民衆文芸」や聖書だけが動機ではなかったはずである。T・ラーカーが指摘するように、人びとを読むことに誘った動機は、娯楽、宗教、経済活動といった特定の目的に限定できるものではなかった。もっと基礎的な「文化的コンテクスト」に支えられていた。国家主権を早期に確立したイングランドは教会＝国家体制のなかに人びとを組み入れただけでなく、裁判・行政機構と活発な経済活動を通じて、書かれた文書が重要な意味をもつ、またそのように認識される「高度なまとまりをもつ」緊密な社会を形成した。こうした社会のなかでは、早くから借用書、財産目録、遺言状、約束手形、徒弟契約など、さまざまな文書が人間関係をとりもつ重要な役割を果たしてきた[65]。たとえ書くことができなくとも、場合によっては読むことすらできなくとも、書かれた文書が自らの財産と安全を保証し、人間関係を維持していくうえで重要なものであるという意識は広く浸透していた。人びとを読むことへ、ついでその一部を書く力の修得へ誘ったのはあれこれの目的のためというより、文書がとりもつ社会関係全般への「参加の意識」、イギリス近世社会の「文化的コンテクスト」であった。人びとに読むことを教える教育の端緒もここから説明することができる。教育への期待は豊かな身体技法に支えられたコミュニケーションのなかに胚胎《はいたい》するものであり、慈善学校などの外から与えられる組織を過大に評価すべきではないだろう。もっと注意を払うべきは家政の不可欠な教育機能であり、制度というにはあまりにも端初的な共同体の教育機能としての小さな学校＝デイム・スクールであった。そもそも、デイム・スクール自体、必ずしも「学校」と呼ばれたわけではなかった[66]。家政の機能の一部として、あるいは教会の警告を無視して展開された、デイム・スクール教師の教育は民衆文化のなかに深く埋め込まれており、読む力の獲得は民衆文化からの離脱ではなく、そのなかに「全面的に参加する」ために必要とされた[67]。半識字であれ、リテラシィの修得を伝統的な民衆文化からの離脱、エリート文化への接近ととるのは早計である。借用書、契約書、遺言状、その他多くの文書が民衆世界に残存する事実は一見、経済的、合理的な目的を人びとが自覚していたかにみえるが、大事なことは書かれている内容が理解できるかどうかではなく、文書の形をとる印刷物自体が人と人との直接的な人間関係の上に築かれる「信用システム」を基盤としていたということである[68]。当事者どうしが必ずしも読める必要はなかった。文書という形態そのものが彼らに安心感を与えた。イギリス農民の中核であった謄本保有農(copy holders)が数世紀にわたってマナー裁判所の記録(court roll)を頼りにしてきたことは、その何よりの証左である。あるいは、一六九一年以降、被救恤貧民《きゅうじゅつ》(pauper)はその頭文字のPの文字を記したバッジを身につけるよう強要されるが、たった一文字のPは差別を象徴する記号として、被救恤貧民の存在をたちどころに諒解《りょうかい》させる力をもっていた。

聴き、謡い(歌い)、演じる身体技法と深く結びついた半識字の文化が近世社会を特徴づけていたとすると、一九世紀以降に本格化する今日的意味でのリテラシィの向上は単なる量的な問題でなかったことが明らかとなる。D・ヴィンセントも指摘するように、民衆世界への「書き方」の普及は「もっとも多くのことを聞き知る者」あるいは「記憶する者たち」「豊かな知恵をもった老人」「口承文化のもっともすぐれた伝承者たる女性」、そして「親」のへゲモニーを掘り崩していく過程にほかならなかった[69]。デイム・スクールが主として読み方だけを教えることを理由に劣等視され、非難されるようになるのもこうしたコンテクストの変化を背景にしていた。読み書きを一体のものとして組織的に教えるモニトリアル・システム＝公教育文化の登場は親が教育を自らのものとしていたデイム・スクールから子どもを国民として国家の側に囲い込む画期であり、土地から農民を切り離す経済史上の「本源的蓄積」にもなぞらえることができた。後者が資本主義社会の起点であったとすれば、前者は学校化社会の起点となった。

5　モニトリアル・システムの登場——結びにかえて

すでに述べたように、読むことと書くことの間には、ラテン語と英語という言語上の障害があっただけでなく、英語そのものがさまざまな書体や方言を含んでいたために、民衆が書き方を修得することは異文化体験にも似た困難をともなった。一八世紀も半ばともなれば、法律や行政の文書が英語化される一方、グラマー・スクール、非国教徒アカデミー、スコットランドの大学では英文法や英文学に関心が注がれるなど、支配層の文化にも変化が見られるようになる。[70] 公共機関における文書の英語化は、さまざまな形で進行しつつあった国民意識（Britishness）の醸《じょう》成《せい》、モラル・リフォーム運動と相まって民衆教化の条件を整えた。一八世紀最後の四半世紀には、慈善学校に加えて日曜学校運動も本格化した。こうしたなかで、書き方の修得を妨げてきたきわめて現実的な困難の解決にも社会の注意が注がれるようになる。すくない資金と人員で大量の子どもたちに読み書きを教えるにはそれにふさわしい教授法が考案されねばならなかったし、羽根ペン、インク、用紙にかかる経費の問題を解決しなければならなかった。これらの困難を一挙に解決したのは、イギリス初等公教育の骨格を制度的にも技術的にも形づくることになるモニトリアル・システムであった。年長の生徒を教師の代役に立て、徹底した分業システムを採用することによって一度に大量の子どもたちを教えるこの方式は、二人の考案者の名にちなんでベル＝ランカスター方式と呼ばれた。

しかしながら、このモニトリアル・システムについては、これまで述べてきたような識字をめぐる「文化的なコンテクスト」から考察されることはなく、もっぱらシステムの功罪が「教育学的」な視点から論じられてきた。例えば、長くイギリス教育史の標準的なテキストになってきたS・J・カーティスの『イギリス教育史』は、モニト

表1　モニトリアル・システム　本格的な競争時代の幕開け。毎週子どもたちの成績順位が曜日ごとに出され，品物やお金に換えられるチケットが渡されている。数字の左上に付された小さなsは病欠，小さな数字は無断欠席を示す。なおRankの数字は朱筆するよう指示されている。

First Class:	Oct. 2. 1809		Wednes.	Thurs.	Friday	Weekly Total	Rank.	Tickets due.
	Mond.	Tues.						
Adam, George	1	1	2	1	2	7	1	5
Bean, Philip	3	5	$^{s}4$	2	1	15	2	4
Clark, John	5	7	6	4	3	25	5	1
Dunn, Thomas	7	6	7	6	$^{s}4$	30	6	
Eyles, Peter	8	2	8	7	6	31	7	
Todd, John	4	3	3	3	5	18	3	3
Venn, William	6	$^{2}8$	5	$^{2}8$	7	34	8	
Wells, Henry	2	4	1	5	8	20	4	

（T. Bernard, *The New School,* 1809, p.88.）

リアル・システムが任意団体（国民協会、内外学校協会）によって広範に流布した結果、その基盤の上に国家が民衆教育に制度的に介入することができた事実を素直に認めていた[71]。しかし、多くの研究者はモニトリアル・システムが初等公教育の礎《いしずえ》となった事実を認めざるをえなかったけれども、システムそのものについてはほぼ一致して否定的な評価を与えてきた。初等教育史のもっとも包括的な概説書を著したF・スミスは「モニトリアル・システムは、それ以外には果たしようのない大きな社会的仕事を成し遂げたけれども、その疑わしい効果、粗野な技術、無知な実践者、低い水準、大量教育によって教育の価値を引き下げ、教育という職業を小手先の技術にしてしまった」と評した[72]。軍隊的規律による身体の規律化をめざしたモニトリアル・システムをフランス革命と国内の社会不安のなかでヘゲモニーの危機に直面した支配階級の「反革命」であると言い放ったのはR・ジョンソンである[73]。また、教員養成制度史研究の側からは、モニトリアル・システムが教師と子どもたちとの人間的接触を拒否することによって子どもたちの創造的知性や感性の発達を妨げただけでなく、その技術主義的、経験主義的方法自体が初等学校教師の社会的地位を引き下げたと指摘された[74]。

モニトリアル・システムが質の悪いものであったにもかかわらず、他にとる道がなかったとするイギリス教育史家たちの「痛恨の想い」は十分に理解されるが、しかし、そうした評価は後のある時代から見た評価でしかなかった。一九世紀、とりわけ一八六二年の「改正教育令」以降の時代のイギリスが極端な知育偏重時代であったとすると、二〇世紀はその反動から児童中心主義的カリキュラムが支配的となった時代である。[75] 教育史家たちのモニトリアル・システムに対する否定的評価は明らかに二〇世紀の、それもサッチャー政権による教育改革以前の価値判断に基づいていた。しかし、これまでに繰り返し述べてきたように、このモニトリアル・システムを長きにわたって相対的に区別されてきた読むことと書くことの歴史に照らして考えてみたらどうなるであろうか。われわれの常識とするリテラシィが身体技法と不可分にあった「読むこと」の世界を解体する強力な梃子であったとすると、モニトリアル・システムこそはそのもっとも強力なものであったことになる。半識字がリテラシィの修得にいたる単なる中間段階ではなかったとするならば、モニトリアル・システムは明らかに文化のコンテクスト（身体技法と深く結びついた半識字、人と人との「信用システム」のもとに意味をもつ文書・文字）を破壊したことにならないだろうか。

しかも、ことはイギリス一国の国内史的な出来事ではなかった。モニトリアル・システムはもとを正せば、考案者の一人であるA・ベルが植民地インドのマドラスで行った孤児たちの教育実践から開始された。ベルが自らの体験を普遍的な教育方法として一冊の書物に著したとき、その表題はモニトリアル・システムではなく、『マドラス・スクール』（一八〇八年）であった。彼自身が述べているように、インドで「発見された」このシステムは一七九七年に「イングランドの地に移植された」ものだった。[76] 本国イギリスに移植されたこのシステムは大英帝国の連鎖にそって全世界に輸出されることになった。工場制の分業システムを取り入れてより洗練され、装いを新たにした「マドラス・スクール」は、折からの福音主義運動に後押しされ、「文明化の使命」（オリエンタリズム）を担った。モニトリアル・システムの推進母体の一つである内外学校協会が「内外」を名乗ったのは、単なる言葉のあやではなく、キリスト教の布教と教育方法とを結びつけ、「文明化の使命」を担おうとしたからにほかならない。一八一四年から刊行される内外学校協会の『年次報告書』は毎年、かなりのスペースを世界の各地から寄せられるモニトリアル・システムの普及・実践報告に当てていた。なかでも内外学校協会の活動が活発だったのはアイルランドである。アイルランドにおけるモニトリアル・システムの普及はイギリス本国を凌駕《りょうが》するほどであった。植民地支配下の民衆と本国イギリスの民衆の教化がほぼ同一内容、同一レヴェルで行われたことがモニトリアル・システムのもう一つの本質をついていた。身体技法と固く結びついていた文化のコンテクストを解体するモニトリアル・システムの普及は「帝国の世紀」[77]の出来事でもあった。

では、読むことと書くことは民衆のレヴェルで、どのようにして一体のものとして教えられたのだろうか。最後にこの点を確認しておこう。とりあげる史料はモニトリアル・システムのもう一人の考案者であったJ・ランカスターの『教育における改善』(一八〇三年)である。[78]この小冊子は出版以来、大きな反響を呼び、一八一六年に内外学校協会の『マニュアル』として完成したものである。[79]『マニュアル』のなかでは、読むことと書くことは別個の項目をなしていたが、両者はいずれの場合にも初歩段階から完全に一体のものとして教えられた。

ランカスターは読むことを教えるために教育課程を徹底的に細分化し、八段階のクラス編成を提案していた。すなわち、ABC(入門)クラスといわれる第一クラス(このクラスはさらにAHなどの直線からなる文字、VWなどのアングルをもつ文字、QRなどの曲線文字、の三グループに分けられた)、第二クラス(一音節二文字単語)、第三クラス(一音節三文字単語)、第四クラス(一音節四文字単語)、第五クラス(一音節単語の読み方)、第六クラス(二音節単語の読み方)、第七クラス(新約聖書)、第八クラス(聖書)、の順である。このなかで注目されることは、初歩的なABCクラスから第四クラスまで書き方が同時に教えられていたことである。

書き方についても読み方と同様、八段階のクラスが編成された。子どもたちの学習は第一クラス(アルファベットの再学習)、第二クラス(一音節二文字単語)、第三クラス(一音節三文字単語)、第四クラス(一音節四文字単語)、第五クラス（一音節五～六文字単語）、第六クラス（二音節単語の読み方）、第七クラス（三音節文字）、第八クラス（四音節以上の単語）へと順次、高度化していった。最後の第八クラスでは、同音異字単語や単語の意味内容も教えられることになっていた。この書き方の課程では逆に音節が重視された。モニター（助教生）が一つ一つの音節を明瞭に発音し、書きとらせたのである。ランカスターも「音節は単語の構成要素であり、音節を正確に読む者はすみやかにそれらの音節を単語と結びつけることに習熟するであろう」と述べている[80]。ここでも読むことと書くことは固く結びついていた。

読み書きを一体のものとして教えることを可能にしたのは、細分化された教育課程とそれに見合う数のモニターを獲得できたからであるが、同時に忘れてならないのは教材の開発による経済的合理性の追求である。廃材のスレートを用いた石板の使用は教科書の代用をつとめる掲示ボードやカードの使用とともに、はかり知れない経済効果＝経費の削減をもたらした。ランカスターの試算によれば、六〇人の生徒に書き方を教えるのに要する費用は通常の方法では年間九九ポンドであったが、モニトリアル・システムでは三ポンドにまで抑えることができた[81]。この経済性こそは読むことに比べて費用のかかる書き方の修得を可能にした大きな要因であった。

モニトリアル・システムの普及は書き方が民衆の生活世界からかけ離れた高度な専門的技術という観念を打ち破るとともに、その修得のもっとも大きな障害であった方言の壁をも乗り越えた。その結果、読むことは身体技法から切り離され、逆にそれらを無力化していくうえで一役かうようになった。われわれが今日、常識と考えるリテラシィは独自性をもつ半識字の世界を解体し、「文盲」をきわめて明瞭な形で提示することとなった。一八五一年の「教育国勢調査」が「読み書きを教えるが、後者は常に教えられるとは限らない」として、「デイム・スクールを「下等」の学校に位置づけ、公教育の優位を確立しえたのもこうした背景によってである。リテラシィの今日的意味がはじめて『オックスフォード英語辞典』に登場する時期がデイム・スクールの終焉と重なるのも決して偶然ではなかった。

1 松塚俊三「リテラシィから学校化社会へ」岩波講座『世界歴史』22、岩波書店、一九九八年、二四五〜二六五頁。

2 J.H. Higginson, The Dame School of Great Britain, MA thesis (Leeds Univ.), 1939, pp.3-5.

3 *Ibid.*, p.10.

4 坂下史「国家・中間層・モラル――名誉革命体制成立期のモラル・リフォーム運動から」『思想』八九七号、一九九七年、山本範子「名誉革命体制成立期のモラル・リフォメーション運動」『寧楽史苑』四一号、一九九六年を参照。J. Innes, 'Moral & Politics', in E. Hellmuth (ed.), *The Transformation of Political Culture: England & Germany in the Late Eighteenth Century*, 1990, pp.57-118.

5 Higginson, *op.cit.*, p.6.

6 P.W. Gardner, *The Lost Elementary Schools of Victorian England*, 1984, pp.84, 90-92.

7 K. Thomas, 'The Meaning of Literacy in Early Modern England', in G. Baumann (ed.), *the Written Word: Literacy in Transition*, 1986, p.122.

8 T. Harris, 'Problematising Popular Culture', in T. Harris (ed.), *Popular Culture in England 1500-1850*, 1995, pp.1-27.

9 *Ibid.*, p.5.

10 P. Burke, *Popular Culture in Early Modern Europe*, 1978, pp.29-42. バークのために一言、弁明をつけ加えるとすれば、最近の彼の問題関心の変化である。バークは知識社会学からより包括的な知識の社会史に向かっている。P. Burke, *A Social Hisitory of Knowledge*, 2000.

11 Burke, *Popular Culture*, p.5.

12 *Ibid.*, pp.116-148.

13 D. Underdown, 'Regional Culture?, Local Variations in Popular Culture during the Early Modern Period', in T. Harris (ed.), *op.cit.*, ch.2.

14 S. Amussen, 'The Gendering of Popular Culture in Early Modern England', in T. Harris (ed.), *op.cit.*, ch.3.

15 R.B. Shoemaker, *Gender in English Society 1650-1850*, 1998, pp.305-331.

16 近藤和彦『民のモラル』山川出版社、一九九三年、同「シャリヴァリ・文化・ホゥガース」『思想』七四〇号、一九八六年。Amussen, *op.cit.*, p.52.

17 J. Barry and C. Brooks (eds.), *The Middling Sort of People: Culture, Society and Politics in England, 1500-1800*, 1994.（山本正監訳『イギリスのミドリング・ソート』昭和堂、一九九八年。）

18 J. Harris, *Private Lives, Public Spirit: Britain 1870-1914*, Penguin Books, 1994. 小関隆他『世紀転換期イギリスの人びと』人文書院、二〇〇〇年。

19 J・バリー、山本正監訳、前掲書、二三〜二五頁、一一二頁。

20 T. Harris, *op. cit.*, p.17.

21 N. Wheale, *Writing and Society*, 1999, pp.85-87.

22 B. Scribner, 'A History of Popular Culture Possible?', *History of European Ideas*, no.10, 1989, pp.175-191; T. Watt, *Cheap Print and Popular Piety 1550-1640*, 1991, pp.2-3.

23 *Ibid.*, p.21.

24 J.K. Walton and R. Poole, 'The Lancashire Wakes in the Nineteenth Century', in R.D. Storch (ed.), *Popular Culture and Custom in Nineteenth-Century England*, 1982, pp.100-124; H. Cunningham, *Leisure in the Industrial Revolution*, 1980, pp.46-51; Do., 'The Metropolitan Fairs: A Case Study in the Social Control of Leisure', in A.P. Donajgrodzki (ed.), *Social Control in Nineteenth Century Britain*, 1977, pp.163-184. R・W・マーカムソン、川島昭夫他訳『英国社会の民衆娯楽』平凡社、一九九三年。松井良明『近代スポーツの誕生』講談社、二〇〇〇年。

25 M. Savage and A. Miles, *The Remaking of the British Working Class 1840-1940*, 1994, pp.41-48.

26 R. McWilliam, *Popular Politics in the Nineteenth Century England*, 1998, pp.53-89.

27 岡本充弘「チャーティスト運動における象徴と言語」『東洋大学文学部紀要』第四八集（史学科篇）、第二〇号、一九九四年、参照。最近のチャーティズム研究についての要領をえた簡便な説明は、R. Brown, *Chartism*, 1998.

28 Burke, *op.cit.*, p.281.

29 T. Harris, *op.cit.*, p.23.

30 J.M. Golby and A.W. Purdue, *The Civilization of the Crowd: Popular Culture in England 1750-1900,* 1984, pp.64-87.

31 T. Harris, *op.cit.*, p.23.

32 B. Reay, *Popular Cultures in England 1550-1750,* 1998, p.47.

33 K. Charlton, 'False Fond Books Ballads and Rimes, An Aspect of Informal Education in Early Modern England', *History of Education Quarterly,* no.27, 1987, p.458.

34 M. Spufford, 'The Pedlar, the Historian and the Folklorist: Seventeenth Communications', *Folklore,* no.105, 1994, p.15.

35 *Ibid.*, p.5.

36 B. Capp, 'Popular Literature', in B.Reay (ed.) , *Popular Culture in Seventeenth-Century England,* 1985, p.199.

37 Do., *Astrology and the Popular Press: English Almanacs 1500-1800*, 1979, pp.23-44.

38 Spufford, *op.cit.*, p.14.

39 M. Spufford, *Small Books and Pleasant Histories,* 1981, p.98.

40 Reay, *Popular Cultures,* pp.51-52 ; Spufford, *Small Books,* ch.4.

41 Reay, *Popular Cultures,* pp.50-51.

42 *Ibid.*, p.57.

43 M. Spufford, 'First Steps in Literacy: The Reading and Writing Experiences of the Humblest Seventeenth- Century Spiritual Autobiographers', *Social History,* vol.4, no.3, October 1979, pp.418-420; B. Reay, *Popular Cultures,* p.54.

44 Capp, 'Popular Literature', in Reay (ed.), *op.cit.,* p.232.

45 *Ibid.*, pp.231-232.

46 J. Barry, 'Literacy and Literature in Popular Culture: Reading and Writing in Historical Perspective', in T. Harris (ed.), *op.cit.*, pp.79-81. 白田秀彰「コピーライトの史的展開」（1）（2）（3）（4）、『一橋研究』第一九巻四号、第二〇巻一号、三号、四号、一九九五年、一九九六年。清水一嘉『イギリス近代出版の諸相』世界思想社、一九九九年。ジョン・フェザー、箕輪成男訳『イギリス出版史』玉川大学出版、一九九一年。

47 R・シャルチエ、福井憲彦訳『読書の文化史』新曜社、一九九二年、一〇頁。

48 A.Fox, 'Ballads, Libels and Popular Ridicule in Jacobean England', *Past & Present,* no.145, November 1994, pp.47-83.

49 *Ibid.*, p.72.
50 Spufford, *Small Books,* p.13.
51 Capp, 'Popular Literature', in Reay (ed.) , *op.cit.*, pp.202-203.
52 D. Cressy, 'Literacy in Context : Meaning and Measurement in Early Modern England', in J.Brewer and R.Porter (eds.) , *Consumption and the World of Goods,* 1993, p.314; R.S.Schofield, 'The Dimensions of Illiteracy 1750-1850', *Explorations in Economic History,* vol.10, no.4, 1973, pp.437-454.
53 T.W. Laqueur, 'The Debate:Literacy and Social Mobility in the Industrial Revolution in England', *Past & Present,* no.64, August 1974, pp.96-112.
54 D.F. Mitch, *The Rise of Popular Literacy in Victorian England,* 1992.詳しくは第二章を参照。
55 Cressy, *op.cit.*, p.313; K.Thomas, *op.cit.*, p.102.
56 Thomas, *op.cit.*, p.112.
57 Cressy, *op.cit.*, p.312.
58 Thomas, *op.cit.*, p.99.
59 Cressy, *op.cit.*, p.313.
60 N. Nelson and R.C. Calfee (eds.) , *The Reading-Writing Connection,* 1998, p.14.
61 Reay, *Popular Cultures,* p.43; Barry, *Literacy and Literature,* pp.85-87.
62 T.C. Smout, 'Born Against Cambuslang: New Evidence on Popular Religion and Literacy in Eighteenth-Century Scotland', *Past & Present,* no.97, November 1982, pp.114-127; R.Houston, 'The Literacy Myth?: Illiteracy in Scotland, 1630-1760', *Past & Present,* no.96, August 1982, pp.81-102.
63 Schofield, *op.cit.*, pp.347-354.
64 Smout, *op.cit.*, p.122; K. Thomas, *op.cit.*, pp.102-103.
65 一六世紀後半に遺言状作成が下層の者たちに普及していた事実は、高橋基泰『村の相伝』刀水書房、一九九九年、に詳しい。同書はケンブリッジシアのウィリンガム教区に関するきわめて詳細な研究である。
66 Gardner, *op.cit.*, ch.1.

67 T.W. Laqueur, 'The Cultural Origin of Popular Literacy in England 1500-1850', *Oxford Review of Education,* vol.2, no.3, 1976, pp.261, 268; Do., 'Working-Class Demand and the Growth of English Elementary Education, 1750-1850', in L. Storne (ed.), *Schooling and Society,* 1976, pp.192-205.

68 Laqueur, 'The Cultural Origin', p.265.

69 D. Vincent, 'The Decline of Oral Tradition in Popular Culture', in R. Storch (ed.), *op.cit.*, 1982, pp.40-41.

70 W.B. Horner, 'Writing Instruction in Great Britain: Eighteenth and Nineteenth Centuries', in J.J. Murphy (ed.), *A Short History of Writing Instruction,* 1990, ch.v.

71 S.J. Curtis, *History of Education in Great Britain,* 1948 (first pub.), pp.208-209.

72 F. Smith, *A History of English Elementary Education 1760-1902,* 1931, pp.83-84.

73 R. Johnson, 'Notes on the Schooling of English Working Class 1780-1850', in R. Dale, G. Esland and M. MacDonald (eds.), *Schooling and Capitalism*, 1976, p.46.

74 R.W. Rich, *The Training of Teachers in England and Wales during the Nineteenth Century,* 1933, pp.1-25.

75 R. Aldrich, *Education for the Nation,* 1996, pp.23-39.

76 A. Bell, *The Madras School, or Elements of Tuition: Comprising the Analysis of an Experiment in Education, Made at the Male Asylum, Madras,* 1808, p.1.

77 H. Ronald, *Britain's Imperial Century, 1815-1914*, 1976.

78 J. Lancaster, *Improvement in Education,* 1803.

79 BFSS, *Manual of the System of Teaching Reading, Writing, Arithmetic and Needlework, in the Elementary Schools,* 1816.

80 *Ibid.*, p.58.

81 *Ibid.*, p.53.

第四章

地域社会のなかで

一九世紀ニューカースルの公教育学校とプライベイト・スクール

はじめに

すでに紹介したように、ロバート・ピールは一九世紀を通じてもっとも包括的な国民教育法案であるといわれたローバックの提案に反対した。プロイセンのような専制国家では教育を国家の中央集権的な統制下におくことは可能であっても、「イギリスのような自由を誇る国」では不可能であるというのがその理由であった。しかし、彼が反対の根拠とした「自由」は一般的・抽象的な自由ではなかった。一八三三年七月三〇日の下院に登壇したピールは、「もしわれわれがあらゆる宗派の子どもたちの教育を監督し、教科書を選定する権限をもった機関を設置しようものなら、政府が全般的な不寛容政策をもくろんでいるのではないかという人びとの恐怖心を呼び起こし、国中に妬《ねた》みが広がるだろう」と述べている。さらにピールはローバック法案の実施が都市の首長に大幅な権限を付与せざるをえない現実を見越して、次のようにも述べている。「イングランドの異なる都市の市長に当該地域の教育を統制する権限を与えるいかなる法律も……抑えきれないほどの抵抗を招来するであろう」と。[1]彼にとって、中央集権的な国民教育制度は多様な信仰のあり方とさまざまな利害が錯綜《さくそう》する都市社会の前には絵そらごとにも等しかったに違いない。それほどに、一八世紀末から一九世紀にかけての都市社会は複雑化していた。ピールの反対演説は教育を地域社会のリアルな現実のなかで捉えることがいかに重要であるかを教えていた。

人びとが生活する地域社会のなかで初等教育を考察することがここでの課題であるが、そこにはいくつかの利点が見出される。地域に視点を据えることは、何よりも、教育の発展を社会現象の一つとして見ることを可能にする。教育はそれ自体が独立して存在するわけではなく、社会のさまざまな現象、変化と深くかかわりあっていた。地域社会を通じて教育の本当の姿を捉えることができるし、公・私を問わず初等教育がどのような社会的条件のもとに推進されたかも理解されるだろう。本章がとりあげる地域は一八世紀から一九世紀前半にかけてのニューカースルであるが、これには特別な教育的理由があるわけではない。筆者が地域社会の総合的研究をめざして、過去に幾度かニューカースルの街を踏査した経験があり、知りえた知識を多少なりとも活かせる地域であるからにほかならない。迂遠《うえん》な話になることを覚悟で、まずはニューカースルを中心都市とするタインサイドの社会経済史から説き起こしたい。独立性、自立性の強い地域の経済発展に支えられた強固なパターナリズムと都市環境整備の一環としての教育のあり方から始めよう。もちろん、地域社会の独立性、自立性とはいっても最近の研究が強調するように、財政と軍事の要を押さえる国家のもとで強固な国民意識(Britishness)が形成されつつあった時代の話であり、あくまでも相対的なものである。[2]

1　工業化とパターナリズム

産業革命をはさむおよそ数十年の間に、ニューカースルは他の新興工業都市と同様、かつてない変貌をとげた。人口増加がもたらした急激な都市化は一七八八年と一八三〇年に作られた二枚の地図（図1、図2）を見比べるだけでもおおよその見当がつこう。[3]市壁のなかに広大な耕地をもつ近世都市の様相は一変し、一八三〇年代にはそのまま現代にもつながる近代都市へと大きく変貌した。かつて城と四つの教区教会を主要な施設としていたニューカースルはさまざまな施設や建物がひしめく人口九万人（一八五一年）の大都市となった。一八三〇年の都市図は主要施設の案内図として今日でも十分に役立つ。急激な変化はタイン河に向かってゆるやかなスロープを形づくるノサンバーランド州南部とダラム州北部からなるタインサイドの工業発展がもたらしたものだった。ニューカースルはイングランド屈指の近代工業地帯の中心都市にふさわしい商業、サーヴィス機能を担って発展した。[4]タインサイドのめざましい工業発展はいうまでもなく石炭業の発展に負っている。長きにわたって首都の石炭需要の大半を賄ってきた北東イングランドの炭鉱業は蒸気機関と安全ランプの発明によって深層での採炭が可能になるとともに、大規模化していった。タイン河から船積みされる石炭は二二〇〇万トン（一八三一年）から四〇〇万トン（一八五一年）に増加し、国内需要を賄うだけでなく外国にも輸出された。大規模鉱山の出現は一八三〇年代以降の鉄道網の拡大によってさらに採炭量を増加させ、一九世紀の半ばまでに大北部炭田（Great Northern Cool Field）全体の採掘量を年間一〇〇〇万トンの大台にのせた。

石炭業の発展は化学、鉄道、造船、製鉄、エンジニアリングなどさまざまな工業部門の発展を刺激するとともに、相互の依存度を一層高めていった。例えば、製紙業、ガラス、石鹸、陶磁器などの工業発展に欠くことのできない

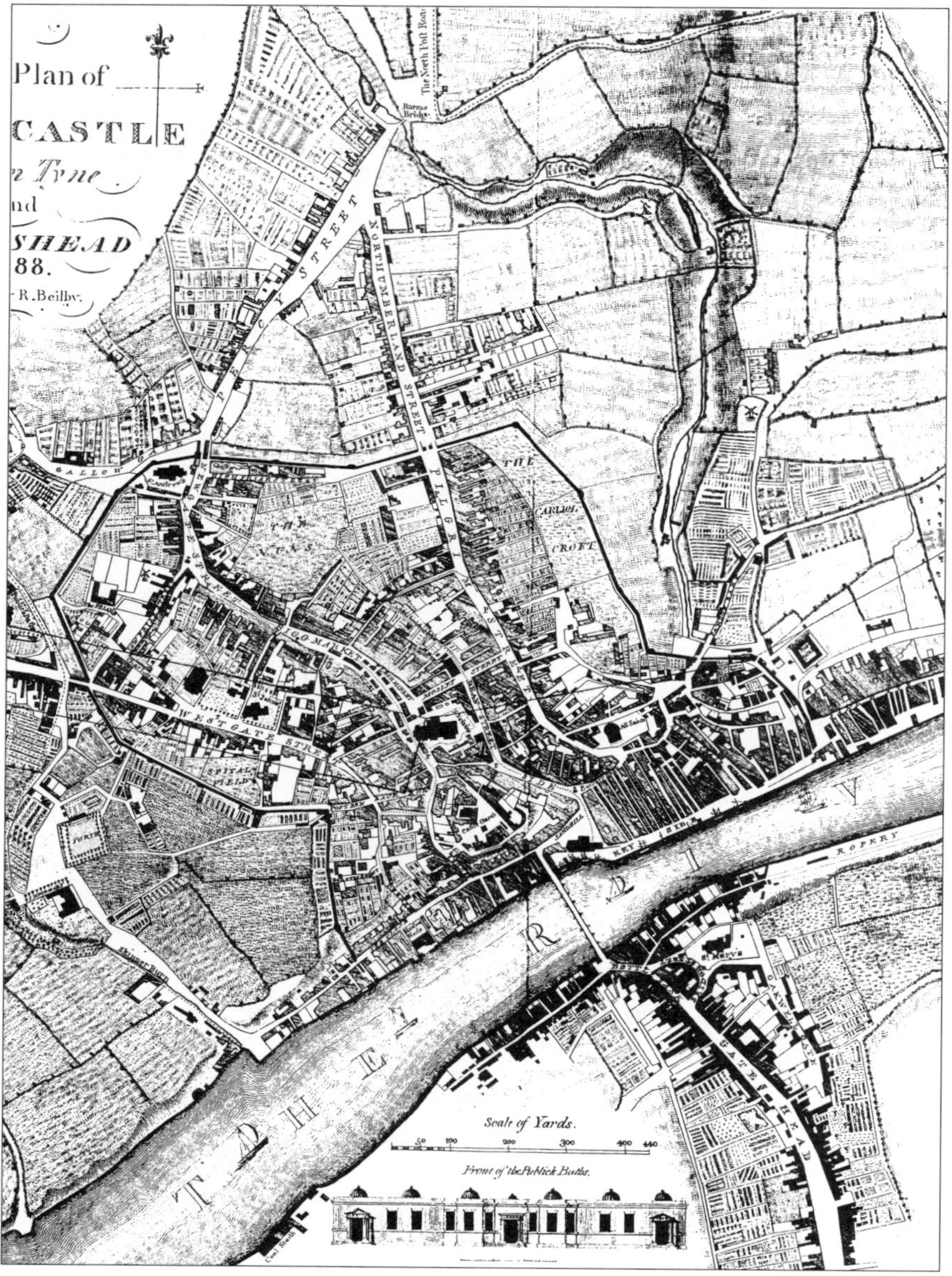

図1　1788年のニューカースル

図2　1830年のニューカースル

アルカリ、ソーダの生産は、製塩業から開始されたが、一八世紀末にフランスのルブラン法がタインサイドに導入され、本格的な化学工業として発展した。開明的なユニテリアンであったジェイムズ・ロッシュ（James Losh, 1763-1833）が一七九六年に設立したウォルカーの化学工場は廉価な石炭を燃料とすることによって、世紀半ばまでにはイギリスが生産するアルカリの三分の一、ソーダの三分の二を生産するまでになった。

石炭業の発展が原因とも結果ともなって発達した部門の典型は鉄道業である。炭車を馬の力をかりて牽引することから始まった鉄道は、一七五三年に木製軌道が鉄製のレールに換えられるとともに急速に発展し、一七九〇年代にはタインサイドの炭鉱全域に普及した。一八三〇年代にはタイン河とウィア河の積出し港まで石炭を運ぶ鉄道網が東北イングランドに広がり、一八四〇年代には全国的な幹線網と一体化した。一八五四年に完成をみたノース・イースタン鉄道は一九世紀を通じて、もっともよく管理された、収益の多い鉄道として知られる。石炭業の発展とともに発達したのは鉄道業だけではなかった。造船業も採炭量の増加とともに発展をとげ、北東イングランド最初の鉄造船が建造される一八四八年までには、タイン河だけでも三六の造船所を数えるにいたった。レールの生産や造船業の発達は製鉄業の発展を促し、さらにはエンジニアリングと結びついて、タインサイドの工業の可能性を一段と広げた。その代表はニューカースル市内に建設されたR・スティーヴンスンの機関車工場であり、製鉄から軍艦建造まで一貫生産を実現したアームストロングの工場である。[5]

相互に密接な関連をもって発達したタインサイドの工業はきわだった特徴を示した。すくなくとも一九世紀の前半まで、タインサイドの工業は燃料、技術、人的資源、資本の面で自立性の高い発展の仕方を示した。[6]中央に依存しない自立性は諸工業の発展を信用面で支えた金融業にも顕著である。タインサイド最初の地方銀行は一七五五年に設立されたベル・クックスン・カー・エアリ（Bell, Cookson, Carr and Airey）銀行であったが、名前が示すとおり、地域の名望家＝ジェントリーが創った銀行であった。パートナー・シップを基礎とするこうした銀行は一八世紀末までには四行に達した。しかし、これらの銀行は個人の資産を基本財産とするために、経済不況のあおりを受けてしばしば信用不安をまねいた。繰り返される信用不安を救ったのはあらゆる分野に触手をのばしてきたジェントリー＝資本家たちであった。タインサイドのジェントリーは鉱区を所有する炭鉱経営者であることが多く、これまでに述べてきたタインサイドの経済発展のあり方から、あらゆる産業部門に利害関係をもつ資本家でもあった。その典型はニューカースルの商人から身を起こしノサンバーランド州南部地域の巨大地主となったリドゥリィ家であろう。リドゥリィ家の利害は炭鉱経営、銀行、港湾施設、醸造業から居酒屋にまでおよんだ。彼らジェントリー＝資本家にとって地域の信用不安は死活問題であった。一八三〇年代には、パートナー・シップに基づく銀行に替わって株式会社形態の銀行が発展していくが、これもまた地域のジェントリー＝資本家が主導的な役割を果たした。しかし、こうした地元資本による株式会社形態の銀行といえども信用不安を完全に解消することはむずかしく、世紀半ばまでには対立しつづけてきたイングランド銀行のニューカースル支店の傘下に組み込まれることになる。地域最大のノサンバーランド・ダラム地方銀行(Northumberland and Durham District Bank)の破産（一八五七年）はさまざまな面で自立的な発展をとげてきた地域経済の転換を象徴する出来事であった。[7]

　地域経済の有機的で自立的な発展を保障してきたジェントリー＝資本家はニューカースルの社会生活全般にも大きな影響をおよぼした。彼らの蓄積した莫大な富は地方自治団体や中央政府の非効率、福祉サーヴィスの欠如と相まって、強力なパターナリズムを生み出す条件となった。当時の地方自治団体は多発する犯罪、劣悪な衛生環境、街頭に放置される子ども、貧困といった都市の社会問題を解決するには、財政支出の規模の点でも専門的能力の点でも、あまりにも無力であった。ニューカースル市の財政規模は年間約五万ポンド（一八三八年）程度であったが、歳入、歳出ともに単純な構造を示している。歳入の半分はタイン河から積み出される石炭およびタイン河に入港する船舶の底荷《そこに》に使用されるバラストの投棄にかけられる市税からなっており、他は通行税、港の使用料の類であった。歳出についても、もっとも多く支出されたのは港湾の維持費と浚渫《しゅんせつ》費であり、全体の約三割を占めていた。ついで夜警四九〇〇ポンド、道路の補修と清掃四七〇〇ポンド、人件費三五〇〇ポンド、道路の舗装二九〇〇ポンド、街灯一七〇〇ポンドの順に充当された。[8] 石炭輸送の確保、道路を中心とする都市の基盤整備、治安維持の三つを柱とする歳出は教育、医療、文化などの行政サーヴィスを賄う余裕をもたなかった。これらの領域はほぼ民間に任されており、医療関係の任意団体が集めた資金だけでも市財政に匹敵した。地方自治団体が行政サーヴィスを支出額とともに拡大していくのは一九世紀の後半を待たねばならなかった。確かに一八三五年の自治団体改革法は従来の寡頭支配体制を手直しし、市議会議員の構成メンバーに変化をもたらしたけれども、ニューカースル市政は、すくなくとも世紀の前半までは旧態依然たる伝統的手法と寡頭支配の影響を払拭することはできなかった。[9]

地方行政の不備を補ったのはジェントリー＝資本家のパターナリズムと彼らを分厚くとりまく都市中間層のボランタリズムであった。両者は原理的には異なっていたけれども実際にはさまざまな任意団体を通じて一体となって効果をおよぼしていった。ジェントリー＝資本家は石炭輸送に従事するキールメンや労働者の単一グループとしてはもっとも数の多い鉱夫のストライキを数度にわたって調停したばかりでなく、新救貧法の施行に際しても地域の実情に応じた柔軟な適用を保障した。北東イングランドでは、ワーク・ハウス内の食事、医療、院外救貧などきわめて柔軟に運用された結果、新救貧法に反対する運動は起こらなかった。地方および中央の行政の空白を埋めるパターナリズムは救貧法以外にも幅広い領域におよんだ。凶作時の借地料の値下げ、穀物や干草の低価格による放出、船員に対する年金補助、その寡婦への援助、貧民の雇用促進、炊出《たきだ》しなどは家父長的な恩恵を直接的な形で示すものである。[10] しかし、住民の生活に長期間にわたって影響をおよぼすことになったのは、さまざまな分野を網羅する任意団体への援助であった。ジェントリー＝資本家の行った援助は物心両面にわたるが、直接的な援助以上に大きな意味をもったのは、種々の任意団体に名前をつらねることにより組織に威信と安定性を与えたことである。経済生活、医療、教育、地域の文化振興にかかわった任意団体の多くは地域社会を代表するジェントリー＝資本家を名誉職に据える組織であり、実際の運営に責任をもったのはニューカースルを中心とする都市部の中産階級であった。

都市化が急速に進行し、サーヴィス機能が複雑化するなかで量的にも質的（専門性）にも重要な役割を期待された中産階級は、自らの社会的正当性とアイデンティティを任意団体に求めた。彼らの社会的活動を動機づけ、後押しするのに与って大きかったのは福音主義運動である。宗教復興運動に携わった者たちは、都市部の人口全体からすればそれほど多くはなかったけれども、宗派、職業、階層の差異を乗り越える横断的な人びとの連携、共同行動を可能にした。ニューカースルでとりわけ重要な役割を果たしたのは、非宗派主義的な社会活動にアイデンティティを見出すユニテリアン派であった。その中心人物は、ウィリアム・ターナー[11]（William Turner, 1761-1859）とジェイムズ・ロッシュである。ジェントリー＝資本家たちのパターナリズムも彼らのような都市部の中産階級の協力なしには有効に機能しなかったであろう。

ニューカースルの任意主義的な団体は多岐にわたるが、おもだったものには次のものがある。ニューカースル病院（Newcastle Infirmary, 一七五一年）、貧しい既婚女性のための分娩《ぶんべん》施設（Lying in Hospital, 一七六〇年）、ニューカースル施療院（Newcastle Dispensary, 一七七七年）、熱病病院（House of Recovery, 一八〇四年）、売春婦厚生施設（Lock Hospital, 一八一四年）、精神病院（Newcastle Asylum, 一八三八年）などの医療団体が設立されたほか、経済生活の領域ではジェントリー＝資本家を監査役にする貯蓄銀行（Newcastle Upon Tyne Saving Bank, 一八一八年）や老齢、病気、葬儀などに備える一五六の友愛協会が組織された[12]。文化や科学の分野では一七九三年に結成されたニューカースル文芸・哲学協会を母体にさまざまな派生組織が生まれた[13]。鉱山協会（Mining Institute, 一七九六年）、尚古協会（Society of Antiqueries, 一八一三年）、新図書館（New Library, 一八二五年）、法律家協会（Low Society, 一八二六年）、博物館（Museum, 一八二五年）、自然史協会（Natural History Society, 一八三四年）、大学設立運動（一八三一年〜）、公衆衛生協会（Sanitary Association, 一八四六年）などは、多かれ少なかれ文芸・哲学協会の知的活動と人脈の恩恵に浴した団体である。これらの任意団体には、さらに伝統的な慈善活動や職業団体、宗派が関与するさまざまな組織が加わった。各宗派が福音主義的な情熱を傾けた分野はいうまでもなく民衆の教育である。

都市に花開いたこれらの諸組織の総体は「市民的公共性」「都市ルネサンス」「アソシエーショナル・カルチャー」といった言葉で表現することも可能であるが[14]、組織の運営に積極的にかかわった構成メンバー相互の関係としてはともかく、都市住民との関係を示すには必ずしも適切ではない。とりわけ、医療、教育、貧民救済にかかわった任意団体と利用者である住民との関係はパターナリスティックな支配秩序が明瞭であった。貧しい者たちの福祉や教育にかかわる組織は利用者に厳しいルールを課し、援助者に感謝と恭順の意を表すよう求めていた。北東イングランド史のすぐれた概説書を著したN・マコードはニューカースル病院の規則に登場する興味深い一節を紹介している。

利用者は病気が思わしくない間、毎日午前一〇時に来院しなければならない。その際、使い残した薬は返却し、薬瓶等はきれいに洗っておくこと。患者は病院とその付属施設をうろつくことなく、まっすぐ指定された場所に出向かねばならない。治療がすみ次第、直ちに帰宅すること。快癒《かいゆ》の通知を受けとったら翌週の木曜日に再び来院し、自らが受けた慈悲深い恩恵に対する感謝の気持ちを委員会の紳士諸賢に表さなければならない。[15]

住民に厳しいルールと感謝、恭順な態度を求めるこの種の任意団体のあり方はそのまま初等教育や日曜学校にも当てはまる特徴であった。出欠や日々の言動を監視し、立居振舞いを細部にわたって矯正しようとしたモニトリアル・システムは教育のみに特徴的なことではなく、当時の社会＝地域社会のあり様を顕在化させる一つの現象であるにすぎなかった。以下は定量分析が可能なニューカースルという一つの都市社会から見た初等教育の歴史である。

はじめに公教育をとりあげ、就学状況、国勢調査原籍から析出されるデイム・スクールの順に叙述していきたい。都市社会のなかに教育を位置づけるとともに、街区によっていかに教育事情が異なっていたかも明らかにされよう。[16]

2　ニューカースルの初等公教育

前　史

ニューカースル市に最初の初等公教育学校が設立されたのは一六〇一年である。「書き方学校」(Writing School 表1-①)と呼ばれたこの学校は、その前年に出されたエリザベスの勅許状によって正式に発足した「ロイヤル・フリー・グラマー・スクール」(Royal Free Grammar School)の教育を補完する必要から生まれた。グラマー・スクールの教育はラテン語の修得に中心があり、読み・書き、国文法、算術、商業知識などの基礎的訓練と実用的な知識を何らかの形で補う必要があった。[17]「書き方学校」はグラマー・スクールに入学するための準備教育を施したものと思われる。その運営については、グラマー・スクール同様、市当局が全責任を負い、国教会は教師の任命に形式的に関与するだけであった。学校の維持・運営に必要な経費は市当局から毎年、支出され、不足分は授業料によって賄われた。「書き方学校」のその後の経緯についてはあまり知られていないが、一八二三年に一時、中断し、一八二八年以後は「数学および商業学校」(Mathematical & Commercial School 表1-①)と「二シリング・一ペニー学校」(Two and a Penny School 表1-②)に名称を変えて一八六〇年代の初めまで存続した。一八二〇年代に中断を余儀なくされたのは、グラマー・スクールが種々の要因が重なって衰退したためである。[18]

30
1840
50
1860
70
セント・メアリ・スクール（女子）
28
①´数学および商業学校（改名）
セント・メアリ・スクール（男子）
28
②二シリング・一ペニー学校
41
52
⑧セント・ジョン幼児学校 38
?
⑪セント・アンドルー幼児学校 38
?
長老派，1831）
サレム教会学校（1834）
（クエーカー，1839）
㉗（国）セント・トマス・スクール（1839）
㉘ボロ服学校（1847）
㉙ボロ服学校（女子，1848）
㉚クローズ・スクール（？）
㉛セント・ポール・スクール（？）
㉜（国）バイカー・スクール（？）
㉝（国）ジェズモンド教会学校（？）
㉞セント・メアリ・スクール（ローマ・カトリック，1857）
㉟ヴィッカーズ・アームストロング工場学校

表1　ニューカースルの初等公教育学校

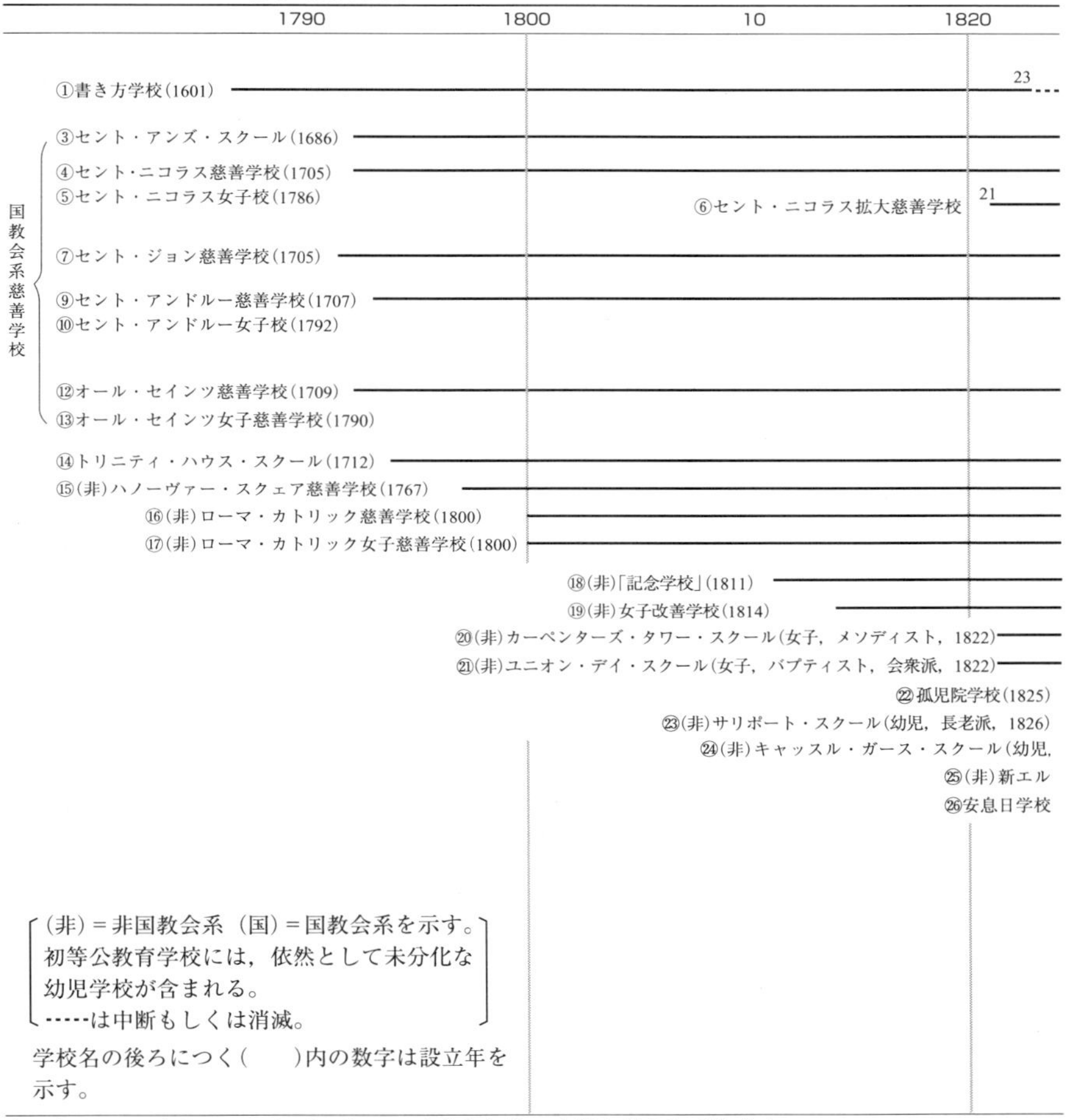

(M. G. Mason, A Comparative Study ……をもとに他の史料を総合して作成。)

一六六二年には、市当局は拡大する商業活動の需要に応えるために、「書き方学校」と同様の学校を設立する。しかし、このセント・アンズ・スクール（St. Ann's School　表1−③）は「書き方学校」とは設立事情を異にしていた。同校が設立されたニューカースルのサンドゲイト地区（図3）は、タイン河の潮の満ち干を利用して河口に待機する大型の石炭運搬船まで石炭をボート（keel）で運ぶ、いわゆるキールメンが集住する地域であった。彼らは早くから相互扶助組織（Keelmen's Hospital）を発展させており、結束も強かった。彼らは相互扶助組織を拠所に強力な運動を展開し、タイン流域地方の労働運動、急進主義の拠点となることもしばしばであった[19]。市当局がサンドゲイト地区に学校を建設したのも、一つには彼らの教育要求に応え、慰撫《いぶ》するためである。一方キールメンはセント・アンズ・スクールを維持するために自発的な寄金を募り、学校の存続に協力した[20]。セント・アンズ・スクールの例は労働者が早い段階から教育を相互扶助の一環として位置づけていたことを示す重要な事例である。

　ニューカースルにはコーポレーションを構成するギルド組織が独自に力を注いだ学校も早くから存在した。一七一二年に設立されたトリニティ・ハウス・スクール（Trinity House School　表1−⑭）は、町の特権的ギルドである船主・船員組合の排他的性格の強い学校である。彼らはタイン河に入港するすべての船舶から水先案内料や関税を徴集する権限を与えられていただけでなく、タイン河の浚渫《しゅんせつ》・維持・管理にも責任を負っていた。トリニティ・ハウス・スクールは特殊な技能、知識を必要とする彼らの後継者を教育するための学校であった。そのため、教育内容も3Rだけでなく、数学と航海術が重視された[21]。

　以上は市当局が直接あるいは間接的に関与した初等教育学校であるが、こうした経験はニューカースル市の初等教育のその後の発展に重要な意味をもった。市当局が学校用地の提供や資金援助を通じて公教育の発展に寄与する慣習が成立したからである。一八世紀に本格的な展開をみる慈善学校も国教会系、非国教会系を問わず、大部分が何らかの形で市当局の援助を受けていた。近代初等公教育の一つの源流であるこれら慈善学校がかなりの持続性、安定性を示すのは市当局の財政援助があったからである。また、市当局者からすれば、ごく少数の子どもたちに対する援助は負担にならなかったばかりか、寡頭支配を免罪する効果をもっただろう。[22]

慈善学校

慈善学校がイギリス公教育史のなかでいかに重要な位置を占めたかについては、すでにM・G・ジョーンズがその発展段階ごとに詳しく論じている。[23] ニューカースルにおいても表1が示すように、市内四教区の国教会系の慈善学校がその歴史の古さ、持続性からみて重要な位置を占めていた。ちなみに、表1はロイヤル・フリー・グラマー・スクールを除くニューカースル市のすべてのパブリック・スクール＝公教育学校を網羅している。

ニューカースル市の初等公教育の発展は、通説的に理解されるような、一八三〇年代の国庫助成による新たな学校の設立を画期としていたというより、旧来の慈善学校が拡充され、性格を変えていったとみるほうが妥当である。事実、表1が示しているように、ニューカースル市では一八三三年の国庫助成から一八四七年のボロ服学校(Ragged School　表1－㉘)の建設までの期間に設立された学校はわずかに三校であり、それも千年王国論者やクェーカー教徒などの特殊な宗派の学校(表1－㉕㉖)であった。国庫助成による学校の新設が重要な意味をもったのは、北東イングランドでは都市部ではなく、ダラム州の農村部であったといわれている。したがって、同市の初等公教育史をたどる場合には慈善学校から始めるだけでなく、その性格がどのように変化していったかを跡づけることが重要となる。

ニューカースルの慈善学校は他の地方と同様、一六九九年に設立されたキリスト教知識普及協会(Society for the Promotion of Christian Knowledge)に端を発する。[24] この組織は周知のように、一七世紀の政治的混乱から教訓を引き出した国教徒が社会不安の原因である無知で粗野な貧民を教育するために設立したものである。彼らのめざす教育は危険に満ちた貧民を「神を恐れる民」にすることであり、はじめから社会防衛的な性格が強かった。授業時間の多くは聖書の片言と教理問答の繰り返しにあてられ、3Rの修得は宗教教育に従属する第二義的な価値しかもたなかった。下層民としての地位を自覚させ、目上の者への恭順な態度を身につけさせることに主眼がおかれる以上、知的能力の向上は保証の限りではなかった。とりわけ、慈善学校は一般に書き方を教えることに消極的であったといわれている。例えば、慈善学校の運営に携わったあるメソディストは一八一二年になっても「読むことは聖書の秘宝への鍵であり、……すべての者が手にするべき力である。しかし、書くことと算術は特別な地位や職種に必要な能力であって、特定の目的や特別の子どもたちのために取っておかれねばならない」と述べている。貧民の教育に尽力したハナ・モア(Hannah More, 1745-1833)も「私は書き方〔を教えること〕は許しません」と断言していた。[25] 慈善学校は限られた数の貧民の子どもに上からの恩恵として教育を与えるパターナリズムを信条としており、その限りで民間の資金を吸収できた学校であった。

キリスト教知識普及協会の活動はニューカースルでも大きな反響を呼び、国教会の主導する四つの慈善学校(表1-④⑦⑨⑫)が一七〇五年から一七〇九年にかけて設立された。これらの慈善学校はその後に付設された女子教育部門(表1-⑤⑩⑬)を含めてオールド・チャリティ・スクール(Old Charity Schools)と総称されている。一八世紀に設立された非国教徒の慈善学校は一七六七年に設立されたユニテリアン派のハノーヴァー・スクェア慈善学校(表1-⑮)が唯一であったから、その意味でもオールド・チャリティ・スクールは一つのまとまったグループとみなされる。表2はこれらオールド・チャリティ・スクールの生徒数、運営資金(一八二六年)を示したものである。

慈善学校を維持するうえでもっとも困難な問題はジョーンズも指摘しているように、財政難にあったといわれている。基本財産(endowment)がしっかりしている学校を別にして、一般的にはどの学校も不足分を年次ごとの寄付金(subscription)に頼らざるをえなかった。いかに安定した財政基盤を確保するかが慈善学校を運営する者たちの最

表2　オールド・チャリティ・スクールの生徒数と財源

	設立年	設立時生徒数	1826年生徒数	財　源
セント・ジョン慈善学校	1705	（男）44	20	e, b, s, cg, cs
セント・ニコラス慈善学校	1705	（男）40 （女）20	37 37	e, b, s, cg, cs
セント・アンドルー慈善学校	1707	（男）30 （女）30	34 15	e, b, s, cg, cs 子どもたちの労働
オール・セインツ慈善学校	1709	（男）41 （女）17	40 40	s, cg, cs 子どもたちの労働

e＝基本財産(endowment)，b＝遺贈(bequest)，s＝寄付(subscription)，cg＝市の財政補助金(city grant)，cs＝説教時の小口寄付(charity sermon)
(M.G. Mason, A Comperative Study……, E. Mackenzie, *A Descriptive and Historical Account*……, その他より作成。)

大の関心事であった。ニューカースルのオールド・チャリティ・スクールの場合も、表2が示すように、基本財産、その後の遺贈(bequest)、寄付金、説教時の寄付金、市当局から支給される補助金など、複数の財源に依存していた。オールド・チャリティ・スクールの中心をなす四つの慈善学校のうち、もっとも安定した財政基盤をもっていたのはセント・ニコラス慈善学校(St. Nicholas Charity School 表1-④)である。この学校は、依拠する教区が市の中心部にあって、裕福な市民の多くを会衆としていたために、すべての財源から潤沢な資金を得ることができた。逆に経営がもっとも困難であったのはオール・セインツ教区の慈善学校(表1-⑫)である。この学校は市内のなかでももっとも貧しい教区にあり、安定した基本財産をもたなかった。そのため、この学校の生徒は午後の一定時間を毛織物の梳毛と紡績作業に費やさねばならなかった。[26]収益の一部は子どもたちにも還元されたが、学校の運営資金にも繰り込まれた。セント・アンドルー慈善学校(表1-⑨)についても事情は似かよったものであった。

これらオールド・チャリティ・スクールが設立以来、一校も消滅することなく一九世紀まで継続された理由は、発展をつづけるニューカースルの中産市民から寄付金を持続的に集めることができたことと、市当局の財政補助を受けたことにあったと考えられる。そして何よりも、これらの学校が存続可能であったのは表2が示しているように、生徒数がきわめてわずかであったからにほかならない。オールド・チャリティ・スクールの設立時の生徒総数は二二二人であり、一世紀以上も経った一八二六年になっても二二三人にすぎなかった。これらの数値が客観的にどのような意味をもっていたかは表3の教区別人口と比較してみれば一目瞭然である。ニューカースルの人口のうち、初等教育の対象となる五歳から一五歳までの児童数の占める比率は、数区によっても異なるが、平均二〇%から二五%(一八〇一～五一年)を推移しており[27]、仮に二〇%を児童数と仮定しても、一八〇一年―六八一八人、一八一一年―六七四五人、一八二一年―八六三五人、一八三一年―一万九九八人となり、教育されるべき児童数に比して、オールド・チャリティ・スクールが責任を負った生徒数はあまりにも少なかった。これに、すでに述べた市当局が運営にかかわった学校やユニテリアン派の学校およびローマ・カトリックの慈善学校(表1-⑯⑰)を加えても、事情はさして変わらなかったであろう。要するに、慈善学校は貧民が篤志家からの恩恵を押し戴くショー・ウィンドーであり、人口増、都市化にふさわしい国民的教育機関にはとうていなりえなかったということである。改革以前の都市は一部の伝統的なギルドの成員(freemen)を市民とする旧態依然たる寡頭支配下にあったが、教育もまた同じ制約下にあった。

こうした慈善学校のパターナリスティックな本質的特徴は各学校の支出にもよく示されている。支出のなかで大きな比重を占めたのは教師への報酬、子どもたちへの衣服、靴、修了時の徒弟仕度金であった。例えば、セント・ニコラス慈善学校の場合には、毎年夏に男子生徒に上衣、チョッキ、帽子、皮の半ズボン、シャツ二着、ベルト二本、長靴下二足、靴二足が与えられ、女生徒にはガウン、スカート、ブラウス二着、帽子、エプロン、スカーフ、長靴下二足、靴二足が与えられた。また、

1801年を100とした1851年の地区別人口増加率
137%
181%
216%
238%
351%
108%
760%
209%
134%
1,176%
2,463%

表3　ニューカースルの人口の推移

教区 ＼ 国勢調査		1801	1811	1821	1831	1841	1851
セント・ニコラス教区		4,803	4,166	5,105	6,126	6.325	6,586
オール・セインツ教区	礼拝堂管轄区	14,396	14,171	16,555	17,063	21,474	26,117
	バイカー町区	3,254	3,029	3,852	5,176	6,024	7,040
	ヒートン町区	183	497	470	501	450	435
セント・アンドルー教区	礼拝堂管轄区	4,460	4,784	7,231	11,436	13,320	15,643
	フェナム町区	93	86	87	100	74	100
	ジェズモンド町区	275	317	467	1,393	1,725	2,089
セント・ジョン教区	礼拝堂管轄区	4,707	4,466	6,290	8,135	8,741	9,858
	ベンウェル町区	951	1,064	1,296	1,278	1,433	1,272
	エルスィック町区	301	398	464	787	1,789	3,539
	ウェスト・ゲイト町区	669	745	1,360	2,996	10,489	16,477
計		34,092	33,723	43,177	54,991	71,844	89,156
ニューカールスの人口増加率		100%	99%	127%	161%	211%	262%
イングランド・ウェールズの人口増加率		100%	114%	135%	156%	179%	202%

バイカー，ヒートン，フェナム，ジェズモンド，ベンウェル，エルスィック，ウェスト・ゲイトはすべてニューカースルに隣接する町区(Township)。礼拝堂管轄区(Chapelry)は城壁内の教区にあたる。(Census of Great Britain, 1851より。)

子どもたちの就労に際しては、男子生徒に仕度金四〇シリング、『聖書』『祈禱書』『人間の全き義務』などの小冊子が与えられ、女生徒には仕度金二〇シリングと『聖書』『祈禱書』が贈られた。他の慈善学校の子どもたちにも、セント・ニコラス慈善学校ほどではないが、ほぼこれと似たものがクリスマスに与えられている。[28]

これらの衣類や仕度金に要する費用の総額はしばしばかなりの額に達した。セント・アンドルー慈善学校の場合には、教師の年間報酬三〇ポンド、教材費数ポンドに対し、衣類、仕度金の総額は年間八〇ポンドに達した（一八二六年）。支出の大部分が子どもたちに支給される衣料、仕度金であったことは慈善学校が教育組織であるとともに、救貧対策の一環であったことを物語っている。事実、一八三〇年代に行われたニューカースル地区の救貧調査でも、慈善学校は教育施設ではなく、救貧施設に分類されている。[29] 教区ごとに色分けされたお仕着せを着た子どもたちは、グラマー・スクールやプライベイト・スクールの生徒からはっきりと区別される貧民の子どもとして、支配者の恩恵を受けとる役割を負わされた。与えられた恩恵は徒弟もしくは奉公人になることで埋め合わされねばならなかった。寄付行為者がその金額に応じて教区から貧民の子弟を推薦入学させ、修了時に子どもを徒弟、奉公人として受けとるシステムはパターナリズムが単なるイデオロギーではなかったことを示している。市当局が慈善学校に補助金を与えたのもそのためであった。

慈善学校は公教育の重要な源流には違いなかったが、そのままの形では公教育に接木《つぎき》されうるものではなかった。慈善学校は地域社会の子ども全体を教育の対象とし、無償からたとえわずかにしても授業料を徴収する学校へと原理的に転換するとき、はじめて公教育への展望をもつことができた。しかし、この点については後述することにして、今しばらく慈善学校の教育内容について検討してみよう。

子どもたちの就学年齢はおよそ六歳から八歳であった。就学期間は通常二年間であったが、セント・ニコラス慈善学校のように一四歳まで在学を認める学校もあった[30]。教育内容は宗教教育を軸に、(1)『教理問答』、(2)『一般祈禱書』、(3)『新約聖書』、(4)『旧約聖書』、(5)『人間の全き義務』、の順に教材が使われるケースが多かった。ただし、これらはすべて子ども用に編集された小冊子である。『聖書』などはそのままの形で子どもたちに教えるには高度すぎたばかりでなく、『聖書』を教育目的に使用すること自体に抵抗もあった。ニューカースル地域でも、この種の教科書＝小冊子の編纂者として有名であったトリィマー夫人[31](Sarah Trimmer, 1741-1810)の簡約版『聖書』が一八世紀末から使用されている。この簡約版のなかから子どもたちの理解能力に即した章句が選ばれるとともに、誤った解釈に導きやすい章句が慎重に排除された。しかし、慈善学校の教育をもっとも強く印象づけたのは簡約版の『聖書』よりは、むしろ『教理問答』であった。オールド・チャリティ・スクールで使用された『教理問答』のなかでもっとも有名かつ長期にわたって使用されつづけたのはJ・ルイス(John Lewis, 1675-1747)が編纂した『教理問答』[32]である。ルイスの『教理問答』は神との契約、使徒信条、三位一体、イエスの生涯、キリスト者の義務、秘蹟などに関する簡単な問答からなっていた。この『教理問答』を朝夕、暗誦することが慈善学校のもっとも重要な日課であった。最後に掲げた『人間の全き義務』は宗教教育の仕上げともいうべきもので、毎週の日曜日に教会で一章ずつ暗誦するテキストとして使用されるほかに修了時に贈物として男子生徒に与えられた。全一七章からなるこの小冊子は『教理問答』同様、問答形式をとっていたが、キリスト者の義務だけでなく、隣人、社会に対する義務を強調しているのが特徴である。例えば、盗み、痛飲、虚偽、賭事の罪深さと敬虔な生活の大切さが強調されていた。ニューカースルの初等教育史を研究したM・G・メイスンは「この本の主要テーマは法と秩序の遵守にあった」と述べている。[33] いずれにせよ、オールド・チャリティ・スクールの教育は「神の言葉と教義のうんざりするような洪水」であった。しかも、子どもたちに与えられる休日は一年を通じて少なく、一日の拘束時間も午前八時から一一時、午後一時から五時（冬期は四時）まで、七時間の長きにおよんだ。この慣習はやがて日曜学校にも踏襲されていく。

基礎的な3Rの修得は宗教教育に従属しており、一八世紀末まで独立したテキストをもたなかった。はじめに『教理問答』の暗誦があり、暗誦した文句のなかから短音節の単語を順次、覚えていく方法がとられた。こうした方法は一見、合理的に見えるが、物事に対する子どもの認識の発展段階に即した系統性をもたなかったし、彼らの好奇心を惹かなかった。そして何より、この方法の根本的な欠陥は文法の修得に効果を発揮しなかったことである。『教理問答』や聖書の片言隻句《へんげんせっく》を記憶の片隅に留めることはあっても、自ら文章を作り、表現する能力は十分には育まれなかった。慈善学校の運営に携わった者たちもそうしたことを真に望んではいなかっただろう。オールド・チャリティ・スクールに宗教から多少なりとも独立した「書き方」のテキストが導入されたのは一八世紀の末であった。[34]

日曜学校運動の展開、「道徳革命」

慈善学校は、一九世紀初等公教育の重要な源流には違いなかったが、人口の急増、都市化、工業化という産業革命がもたらした新しい事態に対応できるものではなかった。ニューカースル市の人口増加率は一八〇一年を一〇〇とした場合、一八二一年一二七、一八三一年一六一、一八四一年二一一、一八五一年二六二、となり、人口増というもっとも単純にして重要な指標から見ただけでも、同市の従来の初等教育が早晩、変革をせまられることは明らかであった。人口の急増、都市化は社会問題を発生させ、街頭に浮遊する貧民の群は支配階級の脅威となり、「道徳的危機」が叫ばれるようになった。貧困と犯罪と無知に対する恐怖心はすべて同根の悪夢のごとく一つのイデオロギーと化し、支配階級に対応の見直しをせまった。こうした状況のなかで、初等教育が「労働者階級を階級全体として向上させ、文明化させるための大規模な装置[35]」として見直されてくる。日曜学校とモニトリアル・システムが時代の脚光を浴びるのはこうした観点からである。日曜学校は日曜日一日だけの教育である以上、慈善学校に全面的にとって替わり得るものではなかったが、すくなくとも教育の対象を労働者階級全体に広げようとしたマス・エデュケーションのさきがけとして重要であった。日曜学校が教育に普遍性を与えたとすれば、モニトリアル・システムは普遍性の理念を週日学校に具体化する方法を与えた。そして、ボランタリズムが寡頭支配の免罪符的役割を担っていた教育の制約を打ち破る胎動を開始した。

ニューカースル地域の日曜学校運動はユニテリアン派の牧師W・ターナーによって始められた。日曜学校の創設者として知られるグロスターのR・レイクス(Robert Raikes, 1735-1811)の経験に触発されたターナーは、一七八六年、ニューカースル北方一四マイル(約二二・四キロ)のモーペスの町に北東イングランドの非国教徒各派の牧師を集め、日曜学校の必要性を熱心に説いた。レイクスに遅れること六年、ターナー自らが日曜学校を開設(一七八四年)した二年後のことである。ターナーはモーペスに集まった牧師に向かって次のように訴えた。

日曜学校を必要とする根拠は、一般に道徳的感情をもたないあるいは幼い時に教え込まれるべきキリスト者としての義務の観念をもたない貧民の初歩的な宗教教育が全く無視されていることにある。彼らは勤勉と節制の重要性を教えられていないし、自らの置かれている惨めな境遇から抜け出すために、精神的、肉体的にあらゆる努力をしなければならないことも教えられていない。それどころか、そうした境遇にいることを心地よいとさえ感じている。彼らは名誉、道徳的なたのしみ、良識あるいは正直な行いといった観念を育ててこなかった。[36]

こうして、子どもたちが良きことについて知らされず、志操もないまま世に出るとしたら、あるいはそれどころか不満や妬み、悪意に冒《おか》された心をもったまま、そして浪費や放蕩《ほうとう》を身につけたまま世に出るとしたら、彼らから何を期待しえようか。……われわれの身体と財産が怠惰な連中や堕落した者たちの暴力的な攻撃によってますます不確かなものになっていくことはまちがいないではないか。首都とその近郊で不断に演じられている恐ろしい光景やあまり効果のない血にうえた苛酷な法律によって毎日のように出る大量の犠牲者に身を震わせている間に、そうした害悪が首都からもっとも遠い地方にまで広がってくるのではないか、といった驚愕すべき懸念を禁じえない。そうした害悪はわれわれの罪悪を測る器が一杯になり、神による正義の仕打ちがブリテンの名を諸民族の一覧表から消し去ってしまうのではないかと思わせるほどである。[37]

ターナーの言葉は当時の「道徳的危機」感を伝えて余りある。「怠惰で、気まぐれ、無礼で、粗野で、不敬で、下品な」子どもの教育は「社会を解体から救う」もっとも効果的な手段と考えられた。本来、こうした目的は慈善学校の目的でもあったのだが、ターナーは日曜学校のほうがはるかに効果的であるとして、その利点を以下の四点に整理した。第一に、日曜学校は日々、労働に従事する子どもたち、ひいてはそのわずかばかりの収入を当てにする家族の妨げとならなかった。第二に、日曜学校は慈善学校よりも効果的に宗教教育を遂行すると考えられた。その理由は既存の国教会系の慈善学校が国教会の教義に則った『教理問答』の暗誦に終始しており、「宗教上の真理と義務とに関する主要な原理を教えていない」からであった。宗派の教義よりは諸宗派を貫いて普遍的に存在する「宗教の原理」を教えるべきであるとする主張は、理神論的・汎神論的傾向の顕著なユニテリアン派の特徴であったが、せまい宗派主義的な宗教教育を行っている既存の慈善学校に対する批判でもあった。

安息日に教育という社会的活動を行うことについては非国教徒のなかにも反対する者たちがいたが、ターナーはむしろ、日曜学校が安息日＝主日にふさわしいものと考えた。ターナーは教会出席と日曜学校を結びつけることによって、より効果的な宗教教育の徹底を主張したのである。第三に、日曜学校は慈善学校よりもはるかに大量の子どもを教育することができた。しかも、日曜日一日だけの教育に要する費用はきわめて小額ですんだ。ターナーは「慈善学校に学ぶ生徒の数人分の経費で、教区の子どもたち全員の教育が可能である」[38]〔傍点――筆者〕と述べている。こうした主張は救貧税負担の増大が社会問題化していた当時の状況を十分に勘案した経済的合理主義であり、経費の増加、不安定な財政基盤に悩む慈善学校を救う一つの解決策でもあった。とりわけ、運営資金の大半を寄付金に頼らざるをえなかった非国教会系の慈善学校は、世代の交替や信徒の移動によって不安定な財政事情のもとにおかれやすく、ターナーの主張には現実味があった。ターナーは非国教会系の慈善学校のなかで経営の傾きかけているものやすでに解散してしまった学校の資金を日曜学校の開設に振り向けるよう提案している。[39] 最後にターナーは日曜学校の利点を政治的効果に求めた。大量の子どもたちに宗教教育を施すことは、「健全で勤勉な国民の形成」に資するものであり、救貧税の負担を軽減し、国民の富を増大させると論じた。教育の普遍性はナショナリズムに通じていた。

ターナーの提案は、貧しい労働者階級の子どもたち全体を教育の対象としたこと、また慈善学校以上に徹底した宗教教育、道徳的訓練をめざした点にその重要性が認められる。ターナーにとって、焦眉の課題は大量の子どもにいかにして効果的な宗教的・道徳的訓練を施すかであって、３Ｒを修得させることではなかった。日曜日一日だけの教育では３Ｒの修得に役立たないとする批判に対して、彼は「日曜学校の主目的は子どもたちを礼儀正しい、規律ある習慣になじませる」ことであって、「書き方や算術は日曜学校で教えられるべきでない」と応えている。[40] 読むことはともかく、書き方、算術は世俗的な想像力を働かせることになり、主日に相応しくないというのがその理由であった。日曜学校は「マス・エデュケーション」を志向する新しい方向性をもっていたが、教育内容に関しては従来の慈善学校の宗教教育、道徳的訓練を徹底、強化するものであった。日曜学校は週一回という経済的合理主義と非国教会派や低教会派国教徒の福音主義運動とが「道徳的危機」を喧伝する社会状況のなかで結合した結果、生まれたものだった。[41]

ニューカースル地域の日曜学校運動は、ターナーが最初の日曜学校を自らの礼拝堂に併設して以来、対仏戦争期の一時的停滞期を経て一八一〇年代に高揚期を迎えた。この時までに地域のほとんどの宗派が日曜学校をもち、一八一五年には教材の廉価頒布を目的とする「ニューカースル日曜学校連盟」(Newcastle Sunday School Union) が誕生している。同連盟は「宗派を超えたキリスト者の連合体」として、「神への畏敬」「国家の支配者に対する服従」を「道徳革命」(moral revolution) として高らかに称揚した。[42] 彼らのいう「ライオン」から「小羊」への民衆の道徳的転換である。「道徳革命」にかける彼らの意気込みはすさまじく、連盟は担当地域を三〇区に細分し、徹底した戸別調査の末、日曜日に教会、礼拝堂に行かない子どもたちを特定するほどであった。その結果、同地域の日曜学校は一八二三年の一八校、三七八三人から、一八五一年の四一校、七一〇四人へと発展をとげた。表4は一八二三年と一八五一年の各時点における日曜学校と週日学校の生徒数とを比較したものである。[43]

表4　週日学校と日曜学校の生徒数

教区＼年度	1823		1851	
	週日学校	日曜学校	週日学校	日曜学校
セント・ジョン	1,406	898	9,189	7,104
セント・ニコラス	513	411		
セント・アンドルー	870	1,226		
オール・セインツ	3,270	1,253		
計	6,059	3,788	9,189	7,104

（E. Mackenzie, *op. cit.; Fifth Report of Newcastle Sunday School Union*, 1823 ; Education Census〔1851〕より作成。）

日曜学校の飛躍的発展の背後には非国教会派の宗教復興運動があった。運動が最盛期を迎えたと思われる一九世紀半ば（一八五一年）の時点をとってみると、四一校のうち非国教会派の日曜学校は三二校を数え、日曜学校運動が何よりも非国教会派の主導する運動であったことを物語っている。とりわけメソディストの活躍はめざましく、非国教会派の指導下にあった日曜学校の約半数を占めた。

しかし、国教会も傍観していたわけではなかった。国教会はすでに一七八五年にオール・セインツとセント・ジョンの二つの教区に日曜学校を開設しており、一八五一年までには、国教会系の日曜学校は九校に達した。彼らが運動に参入した理由は低教会派の福音主義、非国教徒に対する宗派的な対抗意識などさまざまな理由が考えられる。しかし、いずれにせよ国教会が日曜学校の重要な原理である「マス・エデュケーション」を受け入れたことは注目される。オール・セインツとセント・ジョンの二つの日曜学校は共に基金提供者や寄付金納入者の推薦によって生徒を入学させる方法をとらず、「投票」によって子どもを受け入れたが、[44] これは一部の貧民の子どもに恩恵として与える教育から教区の子ども全体を対象とする教育への原理的転換を示すものであった。

国教会と非国教会は宗教教育の主導権をめぐって対立し、全体としてボランタリズムを活性化させたことは間違いない事実であるが、両者の対立あるいは両者を含むボランタリズムと国家との対立のみを強調するのは当時の教育の構造的認識としては一面的である。忘れてならないことは、国教会も非国教会も、そして国家も社会の「道徳的危機」に直面して共通の認識に立ち始めたことである。上から教育を与えようとするこれらの諸勢力は相互に主導権争いを演じながら民衆の道徳的教化に邁進《まいしん》し、全体として国民国家への統合に向けて確実な歩を進めていったというべきであろう。日曜学校運動が「マス・エデュケーション」の原理に立って、イギリス国民の宗教的、道徳的訓練を慈善学校以上に強調し、実践した事実は、狭隘《きょうあい》な宗派対立、ボランタリズムと国家との対抗のなかに矮小《わいしょう》化されるべきではないもっと重い事実であろう。

ところで、表4は日曜学校と週日学校との関係についても重要な示唆を与えていた。すなわち、日曜学校に通う生徒と週日学校に通う生徒がかなりの程度、重なっていたことである。正確なデータは得られないが、一八二三年に日曜学校連盟が行ったニューカースル四教区、ゲーツヘッド一教区、ノサンバーランド州一二教区の合わせて一七教区に関する調査では、日曜学校生徒の約三分の二は週日学校にも通っており、日曜学校のみで教育を受ける生徒は三分の一にすぎなかった。[45] この事実は日曜学校が純然たる自己増殖によって発展したのではなく、週日学校の発展とも密接な関係をもっていたことを示唆している。プライベイト・スクールを含む週日学校の発展がなければ日曜学校の発展もなかったであろう。日曜学校は「マス・エデュケーション」をもって従来の週日学校に大きな刺激を与えるとともに、発展する週日学校からも生徒を吸収したと考えられる。

しかし、日曜学校は週日学校に取って替わることのできない限界をもっていたことも事実である。日曜学校開設に尽力した非国教会派が一八二〇年代以後、競って週日学校を設立するようになったこと（表1）自体、そうした限界を物語っている。週一日だけの教育は日曜学校の目的である宗教教育を十分に遂行できなかったばかりか、3Rを修得したいという民衆のプラクティカルな教育要求にも応えることができなかった。後者についての一つの判断材料は識字率である。日曜学校が識字率の向上にどれほどの影響を与えたかについては、比較できる正確な数値を出すことはできないが、一般的には人口増から考えて過大な評価はできないとされている。[46] 一八三八年に実施されたオール・セインツ教区の子ども(三～一五歳)たち四三五二人に関する調査でも、読み書きできる者は四四・五%であり、出生登録簿に自署できる大人の全市平均五九%を下まわっていた。[47]

問題は日曜学校のさし示した「マス・エデュケーション」の新たな方向性をいかに週日学校のなかに定着させられるかにあった。この問題に一つの解答を下したのは助教生方式(モニトリアル・システム)の採用であった。助教生方式こそは「マス・エデュケーション」の原理を週日学校に定着させるとともに、慈善学校、日曜学校の担った民衆の道徳的教化を身体の規律化という形でより徹底させることになった。

3 モニトリアル・システムの普及

モニトリアル・システムは二人の発案者A・ベル(Andrew Bell, 1753-1832)とJ・ランカスター(Joseph Lancaster, 1778-1832)の名前をとって、ベル＝ランカスター方式とも呼ばれたが、両者の方式に大きな違いはなかった。ベルが国教会の聖職者でありランカスターがクェーカー教徒であったことから、国教会派がベル方式を、非国教会派がランカスター方式を奨励することになった。両方式はそれぞれに「国民協会」「内外学校協会」の推進母体をもち、さらには一八三三年以後、両団体が国庫助成金を配分する窓口団体となったために実態以上に差異が強調されることになった。両者の差異をあえて指摘すれば、ベル方式が国教会の教義を強調し、授業料を徴収する傾向にあったのに対し、ランカスター方式は非宗派主義的宗教教育、寄付金への依存、生徒に対する厳格な規律、を特色としていた。しかし、こうした両者の差異も地域社会におけるそれぞれの実態から観察した場合には相対的なものでしかなかった。さらに、教育される側から見た場合には、両方式ともに次のような共通する特徴を備えていた。すなわち、⑴大量教育、⑵能力別クラス編成、⑶短時間ごとのカリキュラム編成（時間割）、⑷相互教育の理念（実態は競争原理）と賞罰制度、⑸軍隊的規律、体罰である。これらのうち、モニトリアル・システムをもっとも強く社会に印象づけたのは軍隊的規律、体罰であった。助教生方式は本来、子どもたちの相互教育を手助けするという理念のもとに考案されたものであるが、十分な訓練を受けていない助教生が教育に責任を負えるわけではなく、むしろ子どもたちの監視、規律化に威力を発揮した。工場監督のごとく生活のすみずみにまで目を光らせ、素行を監視する助教生＝モニターは本来の役割から逸脱し、暴君化することもまれではなかった。彼らは教師の命令によってのみ行動し、一切の人間的要素を遮断する軍隊的な管理を徹底させた。子どもたちに対する管理の苛酷さはランカスターが推奨した体罰によく示されている。ランカスターは、すでに述べたように幾度か版を重ねた『教育における改善』（一八〇五年）のなかで、挙動の定まらない子どもたちや違反を繰り返す子どもたちに木製の首絞め、足枷《あしかせ》、天井から吊るされた吊籠《つりかご》に入れることを奨めていた。[48] 教育にあたる者は一切の人間的感情を払拭し、システムそのものになりきらねばならなかった。また、詳細なチェック・リストに基づく褒賞と懲罰のシステムはそれ自体としては合理的なものであったかもしれないが、あまりにも機械的、非人間的にすぎた。「スクーリングの歴史のなかでもっとも強制的で否定的な運動」であった。[49]

ニューカースル地域では、ベル方式とランカスター方式の差異は、すくなくとも両方式が全国組織を通じて覇を競う時期まで、はっきりとは認識されていなかった。ところが、北東イングランド地域に大きな影響力をもつダラム主教が一八〇九年にベル方式を支持し、一八一〇年にランカスターがニューカースルを訪れたころから、両者の違いは衆人の関心をひくようになった。[50] 両方式の差異は同年、ジョージ三世の国王即位五〇周年を記念して助教生方式の学校を建設することになり現実のものとなった。即位五〇周年記念にちなんで「記念学校」（Royal Jubilee

School 表1‐⑱）と命名されたこの学校は翌年の一八一一年に開設されることになったが、宗教教育のあり方をめぐって論争となり、国教会の教義を教えようとするグループと特定の教義によらない普遍的な宗教教育を主張するグループとの対立を招いた。地元の保守系新聞も「ランカスター方式は貧民の子どもを国家と国教会を覆す手段に変えようとしている」と応じた。[51]論争の結果、ホイッグ系の有力者の多くをかかえ込んだランカスター方式の支持者が優位に立ち、ベル方式を支持した一部の者たちは寄付金を引き上げた。学校の建設資金二一九四ポンドは即位五〇周年記念行事のイルミネーションに寄せられた寄付金の一部七七九ポンド、市当局の援助金三一五ポンド、市民の寄付金三一五ポンド、銀行からの借り入れ四四七ポンドなどから調達された。

この「記念学校」こそはニューカースルはもとより北東イングランド地方のなかでもっとも規模の大きい、典型的なモニトリアル・システムの学校であるだけでなく、地域社会の秩序を示す縮図でもあった。ジョージ三世への忠誠と愛国心の発揚を設立目的に掲げる「記念学校」は有力貴族やジェントリーを核に幾重にも中産階級の篤志家が取り巻くパターナリズムの構造をいかんなく示していた。北東イングランド第一級の貴族であるノサンバーランド公爵夫人が「パトロン」に就任し、会長にはニューカースル選出の二人の下院議員、M・W・リドゥリィとC・エリソンが就き、副会長には市長を何度も経験したA・リードとB・ソールスビー、ユニテリアン派の社会運動の要に位置していたJ・ロッシュ、銀行家のT・ギブスンほか八名の有力者が顔をそろえた。さらに、財政担当には地域の中心銀行であるニューカースル地方銀行のT・ハドスンが就き、実務面の責任者である書記にはユニテリアン派の牧師のW・ターナーと北東イングランドでもっとも成功したプライベイト・スクールの校長、J・ブルースが就任した。この二人の書記のもとに日常業務を指導、監督する委員会が寄付者のなかから選出された。名誉職である「パトロン」、会長、副会長と実務を担当する書記以下のメンバーは貴族・ジェントリーと都市中間層との結合を示すとともに、地域社会内部の序列を表していた。名誉・威信と財力・専門能力との結合は他の多くの任意団体を貫く共通の特徴であり、この共通性は似たような顔ぶれがいくつもの組織に現れる緊密な人間関係を通じて地域全体としての秩序を維持していた。ニューカースルを代表する公教育学校である「記念学校」の役職者はそのまま同市を代表する医療機関、ニューカースル病院の役職者でもあった。

「記念学校」は六歳から八歳までの少年を受け入れ、四年間教育することをめざしていた。子どもを学校に推薦する権利は寄付金を寄せた者に与えられたが、彼らは親たちの環境、職業、家族構成、収入を考慮して、できるかぎり貧しい家庭の子どもたちを学校に送り込むよう配慮した。[52] こうして「記念学校」は一八一一年から一八二六年までの一六年間だけでも、実に三九八四人の生徒を受け入れた。常時在学する四〇〇人から五〇〇人の生徒を一人の教師が助教生を使って指導した結果である。「記念学校」の場合には、課目ごとに配置される助教生以外にも礼拝を担当する助教生がおかれ、日曜日の教会出席を厳しく監視する体制がとられた。学校生活は授業の指導から出欠、身だしなみ、素行の調査にいたるまで、すべてが彼ら助教生の命令口調で進行した。「記念学校」にかつて在学したある生徒の『回想録』によれば、彼らの命令口調はおおよそこんな具合であった。

書いている間、姿勢をまっすぐに正す。頭を少し後に引いて。ペンは親指と人指し指の間にはさんで。……注意深く、用紙にインクを落とさないように。綴りを間違えないように。[53]

これは毎日、繰り返される上級生の書写の様子であるが、すべてがこの調子で機械的に進行していった。教科を担当する助教生の大半は七つの能力別クラスに分けられた最上級クラスから選ばれたが、彼らにはその報酬として週当たり一ペニーと四分の一がチケットで渡された。一枚一ファージング（四分の一ペニー）に相当するチケットを貯《た》めておいて教材を買うシステムはどこか工場のトラック・システム（現物支給）に似ていた。生活指導にあたった助教生には石炭などが支給された。また、チケットは助教生への報酬としてだけでなく、一般の生徒にも褒賞と懲罰のシステムとして使われた。生徒の学業、身嗜《みだしな》み、素行、言動にまで点数主義をとるこのシステムは、時に教師と生徒との間に対立を生むこともあった。例えば、先の『回想録』のなかには、身に覚えのない違反を咎《とが》められて一五〇枚のチケットを罰金として支払うよう教師に「請求」された生徒の例が載っている。無実の罪を着せられた靴直しの息子ロブスン（Robson the cobbler）は教師や生徒の前で弁明する機会を与えられなかったために、罰金の支払いを拒否した。激昂した教師は罰金を支払うか「ブラック・ホール」と呼ばれる地下の懲罰室行きを命じたが、ロブスンは再びそのいずれをも拒否した。状況は緊迫したものとなり、生徒たちの反抗を恐れた教師はロブスンを懲罰室に連行するよう助教生に命じることができなかった。教師自ら彼を連行しようとしたが、「頑丈そうで、決意の固い」ロブスンを見てたじろぎ、打ち負かされる「不面目」「権威の失墜」を恐れ、結果的に何もすることができなかった。[54] このささやかな事件はモニトリアル・システムにつきまとう教師と生徒との日常をよく伝えている。

「記念学校」の子どもたちの一日の拘束時間は午前八時から一二時、午後二時から五時までの七時間におよんだ。能力別に編成されたクラスは砂の上に自分の氏名をなぞる第一クラス、絵入りの単語カードを使用する第二クラス、石板が使われる第三クラス、羽根ペンと用紙が与えられる第四クラスと順次、高度化し、最終の第七クラスでは算術が教えられた。それぞれのクラスに助教生を配置することによって全部の課程を同時進行させるこのシステムは、一人の教師によってすべての課程が教えられる旧来の慈善学校に比べればはるかに合理的なものであった。四〇〇人を超す生徒が一つの広い教場のなかで整然と学習する姿は、「記念学校」を見て逆に工場で働く児童に思いを馳《は》せたといわれるロバート・オーウェンをはじめ、当時の観察者を驚かすに十分であった。ニューカースルの歴史と現況を詳述した同時代のE・マッケンジー（Eneas Mackenzie, 1777-1832）もそうした観察者の一人である。彼は一八二六年に「記念学校」について次のように述べている。

およそ四〇〇人もの少年が一つの部屋で活発に、そして楽しそうに勉強の初歩を習っているのを見ることはちょっとした驚きであり、心たのしいものだ。彼らの動作は訓練の行きとどいた軍隊の規律と敏捷《びんしょう》さをもっている。教師は助教生が職務を果たし、この道徳的機械装置が混乱しないように気をつけているだけでよかった。[55]

では、この「道徳的機械装置」[56]はどの程度の「教育的成果」を上げたのだろうか。マッケンジーは読み方の到達度を示す数値（表5）を郷土の誇りであるかのように紹介している。[57]ここに掲げられた数値は入学時一年間の到達度と卒業生の到達度とを比較したものであるが、これによると、入学時一年間に『聖書』（簡約版）を読めるようになる者は少なく、大半がアルファベットの修得段階にあるのに対し、卒業する生徒の多くが『聖書』を読めるまでに到達していることがわかる。しかし、この調査は在学期間や出欠状況が不明のうえに同一年次に入学した者たちの追跡調査ではないから、正確な調査とはいえなかった。また、書き方に関する調査がないことも表5の過大評価を戒める。

むしろ、こうした調査よりは、一度でも「記念学校」に籍を置いたことのある者たちのその後の追跡調査のほうが重要である。表6は「記念学校」の年次別報告書のうち、正確な数値の得られる一八一三年から二四年までの一二年間に、卒業を含めて、同校を去った生徒たちの理由、原因を示したものである。これを見ると、先に掲げたマッケンジーの数値がいかに一面的なものであったかがよくわかる。一二年間に学校を去った二三四〇人のうち、出席不良による放校処分（九％）、不明（一一％）など、全体の約五分の一がまともな理由によらずして学校を去っていた。理由の明確な他の残りの者たちに関しても就学期間を満了していたとは限らない。したがって、町の誇りとして「記念学校」の教育成果を強調したマッケンジーの数値も当然、割り引いて考えなければならなかった。

表5 「記念学校」生徒の「読み方」に関する到達度(1826. 5)

	(a)	(b)
アルファベットの修得段階にある者	392	64
短い文章を読むことができる者	178	212
『聖書』が読める者	159	451
計	729	727

(a) 1823年から1826年に入学した729人の入学時一年間の到達度
(b) 1823年から1826年に学校を去った727人の到達度
(E . Mackenzie, *op, cit.*, p.453より。)

表6 「記念学校」生徒の追跡調査(1813〜1824)

	学校を去った生徒数	就労	他校へ	移住	出席不良による放校処分	病気退学	死亡	非行による放校処分	遠方居住による通学不能	不明
1813	174	66	57	23	9	3	4	−	−	12
1814	204	96	57	14	7	4	3	−	−	23
1815	233	94	71	25	11	5	1	−	−	26
1816	171	69	58	16	11	−	2	−	−	15
1817	179	76	42	13	20	−	4	−	−	24
1818	212	94	47	20	32	−	4	−	−	15
1819	218	84	48	25	35	2	4	1	−	19
1820	111	42	28	8	16	2	2	−	−	13
1821	198	80	36	10	28	6	4	−	8	26
1822	249	67	82	26	17	6	3	−	14	34
1823	218	72	48	21	10	26	4	1	−	35
1824	174	95	16	24	18	7	−	−	−	14
計	2,340	935 (40%)	590 (25%)	225 (10%)	214 (9%)	61 (3%)	35 (1%)	2 (−%)	22 (1%)	256 (11%)

(「記念学校」の各年次報告より。)

しかし同時に、この表のなかで「他校への転出」が二五％に達していることは注目に値する。「他校への転出」は「他都市への移住」（一〇％）が独立した項目になっていることから、市内での移動、すなわち転校もしくは進学と考えられる。よりましな他校への転校者がどの程度いたかは正確には把握できないが、『年次報告書』のなかには他校へ転校した後、教師見習生（pupil teacher）になった者たちも幾人か散見される。彼らは「記念学校」を修了した後、ニューカースル周辺部の炭坑、ガラス工場、製鉄所のある地区におもむき、「労働者の無知と不品行を根絶する」よう期待されていた。[58] たとえ少数であれ、やがて助教生にとって替わる教師見習生が先駆的な形態をとって生まれてきていたことは重要である。貧しい者たちのなかから貧しい者たちを教える教師が供給され始めたことは、一部とはいえ、学校が社会的上昇の装置として作動し始めたことを示している。その意味では、「記念学校」の「教育的成果」を否定的に見るのも誤りであるように思われる。

「記念学校」以外に、ランカスター方式を採用した学校は一八一四年に同校の姉妹校として開設された「女子改善学校」（Royal Improved for Girls 表1－⑲）と一八二二年に設立されたウェスレー派メソディストのカーペンターズ・タワー・スクール（Carpenter's Tower School 表1－⑳）、およびバプティストのユニオン・デイ・スクール（Union Day School 表1－㉑）であった。これらの学校は教育方法上は「記念学校」と大差なかったが、いくつかの点で違っていた。「女子改善学校」の場合には3R以外に週四日、各二時間ずつ裁縫が課せられた。少女たちの作る製品の一部は学校運営資金を捻出するために売りに出された。カーペンターズ・タワー・スクールとユニオン・デイ・スクールは「女子改善学校」の成功に刺激されて設立された同種の女学校であったが、二校とも重要な特徴を備えていた。いずれの学校も寄付金を運営資金の柱とするほかに当初から授業料を徴収していた。カーペンターズ・タワー・スクールの場合には、読み方と算術にそれぞれ週一ペンスを徴収し、ユニオン・デイ・スクールは各二ペンスを徴収していた。[59] 無償を原則とするランカスター方式のなかに授業料を徴収する学校が現れたことは、公教育学校がより一層、普遍的性格を強めることを意味した。上から恩恵として与える慈善的性格から自助能力を涵養《かんよう》しつつ参加させるという意味での公的性格への変化である。その背後にあったのは、民衆自身の教育要求、授業料を払ってまともな教育を受けさせたいと願う彼らの誇りである。ランカスター方式の典型であった「記念学校」も一八五〇年までには授業料を徴収する学校に変わっていた[60]。

人口の急増、貧民の大量発生という現実に対して、何らかの対応をせまられていたのはすでに一群の慈善学校をかかえていた国教会とて同じであった。しかも、彼らの慈善学校は一九世紀に入って財政事情を悪化させていた。物価高にともなう借入れ金の増大が財政を圧迫し、子どもたちの衣服や徒弟支度金の支給に支障をきたすようになった。支給の基準を厳格にしたり、減額する慈善学校も現れるほどであった[61]。ニューカースルの国教会が慈善学校(オールド・チャリティ・スクールズ)の上にベル方式を接木する方法をとった背景には宗教的理由だけでなく、ベル方式が授業料の徴収を掲げており、慈善学校の財政難を緩和するのではないかとの期待もあっただろう。

国教会系の学校のなかで、ベル方式を典型的な形で採用したのは一八二〇年に開設されたセント・ニコラス拡大慈善学校(St. Nicholas Enlarged Charity School 表1－⑥)であるが、同校は孤児と寡婦の子弟を除く全生徒から一律、週当たり一ペニーの授業料を徴収している。授業料の徴収はマッケンジーが述べているように、親たちの教育への参加、「自助」「自尊心」を考慮した結果であった。マッケンジーは授業料を徴収しない「記念学校」「女子改善学校」とセント・ニコラス拡大慈善学校とを比較して次のように述べている。

記念学校と女子改善学校に通う少年、少女には無料で教育が施されているが、これは親や子どもたちの微妙な自尊心を鈍らせる。慈善団体に頼ることに慣れさせ、貧困のより一層の悪化に手を貸すものである。わずかな授業料の徴収は明らかに彼らの感情にかなっていた。人里はなれ、学校までの道がどんなにぬかるんでいても、また学校に子どもたちを楽しませるような遊具がなくとも、いろいろな後援者や訪問者に褒めそやされることがなくとも、この学校〔セント・ニコラス拡大慈善学校〕は入学者が絶えない。[62]

マッケンジーのこの指摘は二重の意味で大変、興味深い。一つは拡大慈善学校が孤児や寡婦の子どもとそれら以外の子どもとを区別し、後者の教育にあたっては「自助」能力に訴えていたことである。これは明らかに伝統的な慈善原理の変更であり、教育をより広い公的基盤の上に据えようとするものであった。同校が授業料の徴収とともに教区外の子どもを受け入れたのもそのためであった。もう一つはベル方式をとる拡大慈善学校を高く評価したマッケンジーが急進的なバプティストであったことである。[63] 慈善原理に否定的な彼の姿勢は教育の公的性格をより一層、押し広げようとする時代の空気を表していたように思われる。

ベル方式を採用した学校の教育方法、内容については、すでに述べたランカスター方式と大差はなかった。助教生を使って生徒を管理する方法も同じであったし、宗教教育が重視されたことも変わりはなかった。両者の差異はランカスター方式が国教会の教義やサクラメント（秘蹟）を無視する教材を使用したのに対し、ベル方式が『一般祈禱書』に基づく国教会の教義を教えた点にあった。しかし、こうした違いは宗派の指導者にとつては重大な関心事であっても、教育を受ける子どもからみた場合には相対的なものでしかなかった。信仰箇条の丸暗記を繰り返す教育はいずれにせよ「退屈」な時間であっただろう。[64] あるいは、ベル方式を採用したセント・アンドルー慈善学校のある生徒の事例が示すように、恐怖感が先に立つ恐ろしい時間であった。「記念学校」の教師に反抗した靴直しの息子ロブスンの回想のつづきには、次のような事例も登場する。

教会の学校に通う年少の生徒は皆、同じような体験をもっていた。朝、学校に行くとき、私は通学する道が同じだったので、セント・アンドルー慈善学校の子どもたちと一緒だったのだが、彼らのうちの何人かはいつも泣いていた。彼らのひとりに、「お前の弟のビルは何で泣きじゃくるのか」とたずねると、「ああ、こいつは祈禱文が暗記できなくて、平手打ちをくわされるのさ」ということだった。ビルは聖書の物語を想い出すことはできたが、一つながりの長い文句を暗記することは彼にとってまったく何の意味ももたなかった。いわゆる宗教教育なるものの結末はいつでも徹底した体罰だった。[65]

モニトリアル・システムを採用する学校の宗教教育は、ベル、ランカスターいずれの方式を問わず、結局のところ身体の規律化に威力を発揮した。

4 初等教育の普及と地域社会

ニューカースル市の初等教育は一九世紀の前半までにどの程度、普及したのだろうか。この点を理解するうえで欠くことのできない資料は一八五一年の三月三〇日に実施された二つの国勢調査である。それ以前にも全国的な調査はなされていたが、教区別の抽出調査にとどまるケースが多く、地域の全体に関する十分な情報を与えるものではなかった。その実例は一八一八年に実施された全国教育調査である。この調査結果が伝えられたとき、ニューカースル日曜学校連盟は改めて調査をやり直し、ニューカースルの初等教育がいかに他の地方より進んでいるかを示そうとしたほどである。[66] 一八三八年にはマンチェスター統計協会がニューカースル市の初等教育に関する調査の結果を『紀要』に載せているが、犯罪の増加と低い識字率、教育の欠如を結びつけることに関心が向けられており、個々の学校や教師、生徒についての十分な情報を提供するものではなかった[67]。一八五一年の三月に行われたいわゆる「教育国勢調査」は学校ごとの経営状態、教師の資格、給与、学校の物理的環境、在学する生徒の数、存学期間、カリキュラム、などを詳細に調べているが、残念ながらニューカースル市の場合、もっとも多くの情報を含むと考えられる末端の調査員報告(enumerator's reports)が遺失していた。今日、同調査から知りうるのは表9に示される地域の概要でしかない。

しかし、こうした本来の教育調査の不備を補って余りあるのはもう一つの国勢調査、すなわちよく知られる人口調査である。人口調査の元になった末端の調査票(原簿)[68]は世帯主の年齢、職業、既婚・未婚の別、出生地だけでなく、世帯構成員についても同じような調査を行っており、教育史に関しても重要な情報を提供していた。例えば、同調査表は職業欄(Rank, Proffession or Occupation と表示される)に三月三〇日時点における子どもの状態を生徒(scholar)あるいは在宅(at home)などの形で記載しており、就学の有無を示していた。また、同調査表からは教師とその家族の構成を知ることもできた。とくに自宅で学校を経営するプライベイト・スクール教師の場合には、寄宿生の数から、比較的、規模の大きなプライベイト・スクールとそうでないプライベイト・スクールを識別することも可能であった。寄宿生を多く抱える規模の大きなプライベイト・スクールは幾人かの奉公人を同居させているのが普通であり、中・上流の子弟を対象とする学校であったことがわかる。完全に特定できるわけではないが、教師の家族構成・状態からデイム・スクールを推定することもできた。さらに、同調査表は街区ごとの就学状況についても貴重な情報を与えた。

一九世紀半ばまでにプライベイト・スクールを含む初等教育がどの程度普及したかは一般的、概括的状況としてだけでなく、街区ごとの就学状況が重要な意味をもってくる。ニューカースルのような比較的規模の大きな都市の場合には居住環境の差、貧富の差が著しく、初等教育の普及もこうした事情を考慮してはじめて問題のありかをリアルに捉えることができた。プライベイト・スクールを論ずる前に、まずはその前提となる就学状況の地域(街区)差を検討しておこう。

ニューカースルの場合にも、急速な都市化にともなって都市住民の地域的住み分けがいっそう顕著になり、暮し向きのよい者たちは市の西部および北部に集住する傾向にあった。その一方で、東部のオール・セインツ教区には貧しい家族が以前にもまして集住するようになってきた。いまここに対照的な二つの街区をとり出し、初等教育が一九世紀半ばまでにどの程度普及していたかを比較してみよう。とりあげる街区は以下の地図[69](図3参照)に示されるウェスト・ゲイト(West Gate)とサンドゲイト(Sandgate)である。ウェスト・ゲイトは新たに建設された菜園付きのテラス・ハウスに住む新興中産階級と市門付近で商業を営む商店主、職人、タイン河畔に勃興しつつあった化学、機械、機関車製造工場に働く労働者や技師などが混在する街区である。この街区は比較的豊かな階層の住む地区であったが、特別に豊かであるというわけではなかった。むしろ、一九世紀に入って近隣の諸州(ダラム州、ノサンバーランド州農村部、カンバーランド州)からの移住者を大量に吸収した新興地区である。ニューカースル市に編入(一八三五年)される以前の町区(Township)を基準に人口の動態を見てみると、一八〇一年の六六九人が一八五一年には一万六四七七人となり、ウェスト・ゲイト町区の人口増加率は実に二四六三%にも達した(表3)。

表7はこのウェスト・ゲイト町区のなかから同名のウェスト・ゲイト街区に住む全六六七世帯、三〇一六人を調査し、さらにそのなかから五～一〇歳児の子どもをもつ二一二世帯の就学状況を国勢調査原簿によって明らかにしたものである。この街区は一見して明らかなように、五～一〇歳児の男女ともに七四%が公教育学校かプライベイト・スクールのいずれかの学校に通っており、先の「教育国勢調査」(ただし五～一五歳)の全国平均五三%を大きく上回っていた。ウェスト・ゲイト街区では、調査時点ですでに学校を終えていた者たちもいたから、初等教育の量的拡充についてはほぼ目標を達成していたといってよい。むしろこの街区では教育の質や学校の機能分化が問題に

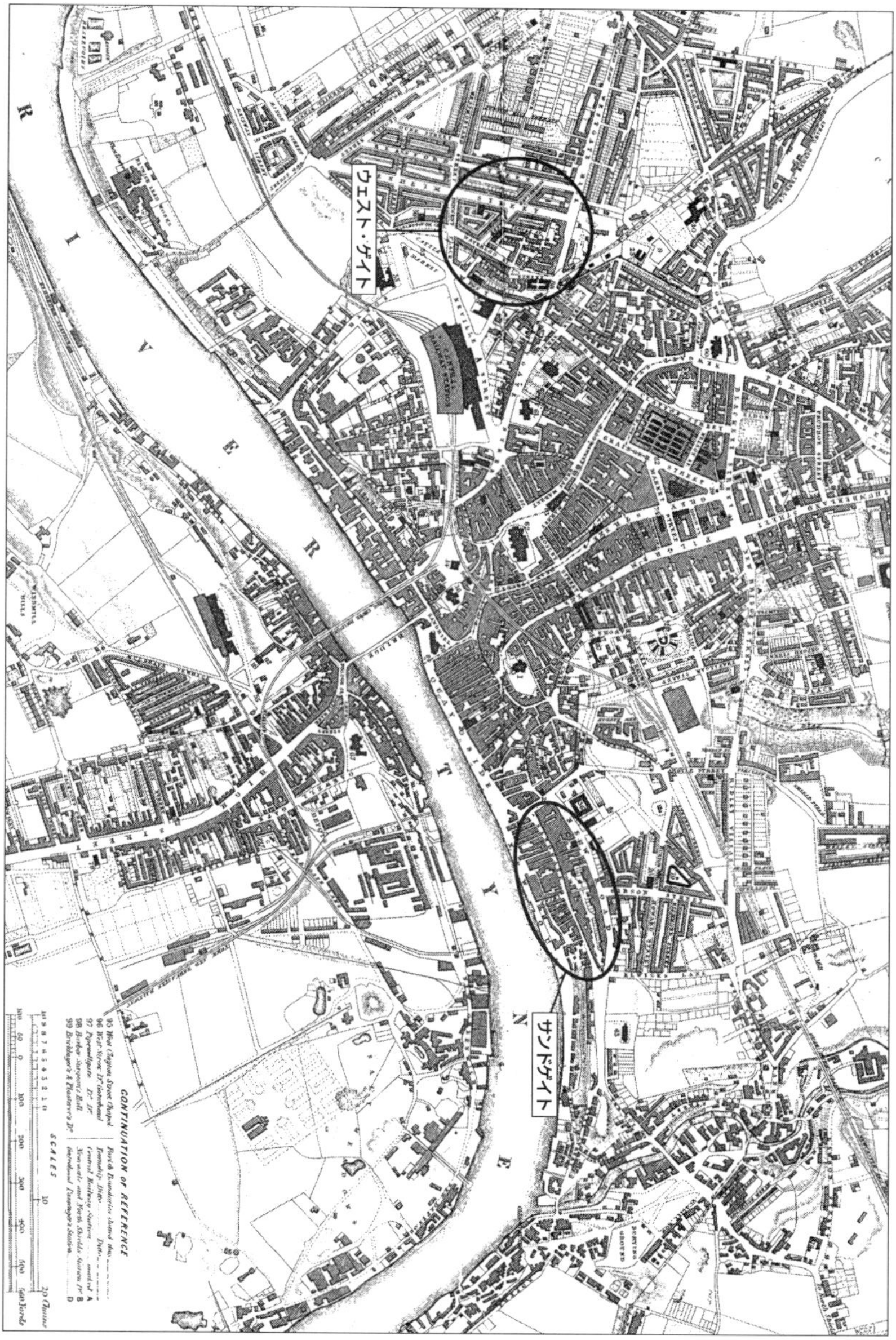

図3　ウェスト・ゲイトとサンドゲイト（1851年）

なっていたと見るべきであろう。表には示さなかったが、この街区では四歳以下と一一歳以上の就学児も相当数に上り、幼児教育や中等教育が重要性を増していたように思われる。

ウェスト・ゲイト街区とは対照的な様相を示したのが次にとりあげるオール・セインツ教区のサンドゲイト街区である。同教区は歴史が古く、石炭業の発展とともにその姿を変えていった地域であるが、なかでもタイン河沿いのサンドゲイト街区は石炭を河口まで移送するキールメンが多く住んでいたことで知られる。彼らは単一の職業グループとしては、一八世紀のニューカースル最大のグループであった。しかも、彼らは出身地（スコットランド）を同じくする者が多かったことから強固な団結を誇り、しばしばストライキ運動や騒擾《そうじょう》の中心となった。また、サンドゲイトを含むオール・セインツ教区は一八世紀の前半には、住民の三分の一が非国教徒であったといわれている。[70]

一九世紀に入ると、オール・セインツ教区は新たな都市化と人口移動のあおりを受けて様相が大きく変わる。とくにサンドゲイトは「アイルランド人労働者とその家族、木賃宿の主人、売春婦、泥棒、浮浪者の住むもっとも貧しい地区[71]」とみなされる一方、「北部地方のナザレ」として非国教徒聖職者の布教、慈善活動への情熱をかきたてた。[72] ウェスレーが辻説法を行ったのもこの地区である。「犯罪と熱病の巣窟」とまでいわれるようになった最大の原因はアイルランド人労働者の流入であった。オール・セインツ教区には、一九世紀の前半に約三〇〇〇人のアイルランド人が流入したといわれる。彼らは確固とした職業に就くことはまれであり、一八五一年の人口調査表（図4参照）でも、不定期の肉体労働を示す「レイバラー」(labourer)と記載される者が圧倒的に多かった。「一部屋に一一人、一二人が住むこともまれではない」劣悪な居住環境、低賃金と「家族を置きざりにしたまま各地を渡り歩く」労働の形態は貧困に拍車をかけ、オール・セインツ教区の救貧税負担額を他の三教区に比べてずば抜けて大きくしていた。[73] サンドゲイトの居住環境がいかに劣悪であったかは、一八六二年に作成された英国陸地測量部の精密な市街図を見るだけでも諒解がいく。入り組んだ路地、狭い入り口(entry)、出口のない中庭、乱雑に重なり合う家屋など、明ら

表7　ウェスト・ゲイト街区の人口および5〜10歳児をもつ212世帯の就学状況（1851.3.30）

街区人口	（男）	（女）
3,016	1,520	1,496

世帯数	5〜10歳児をもつ世帯数
667	212

	（男）	（女）	計
児童数	205	148	353
就学児童数	151	109	260
就学率	74%	74%	74%

（Population Census〔1851〕の調査原簿 Newcastle Central Library ; Tyne Wear County Record Officeより。）

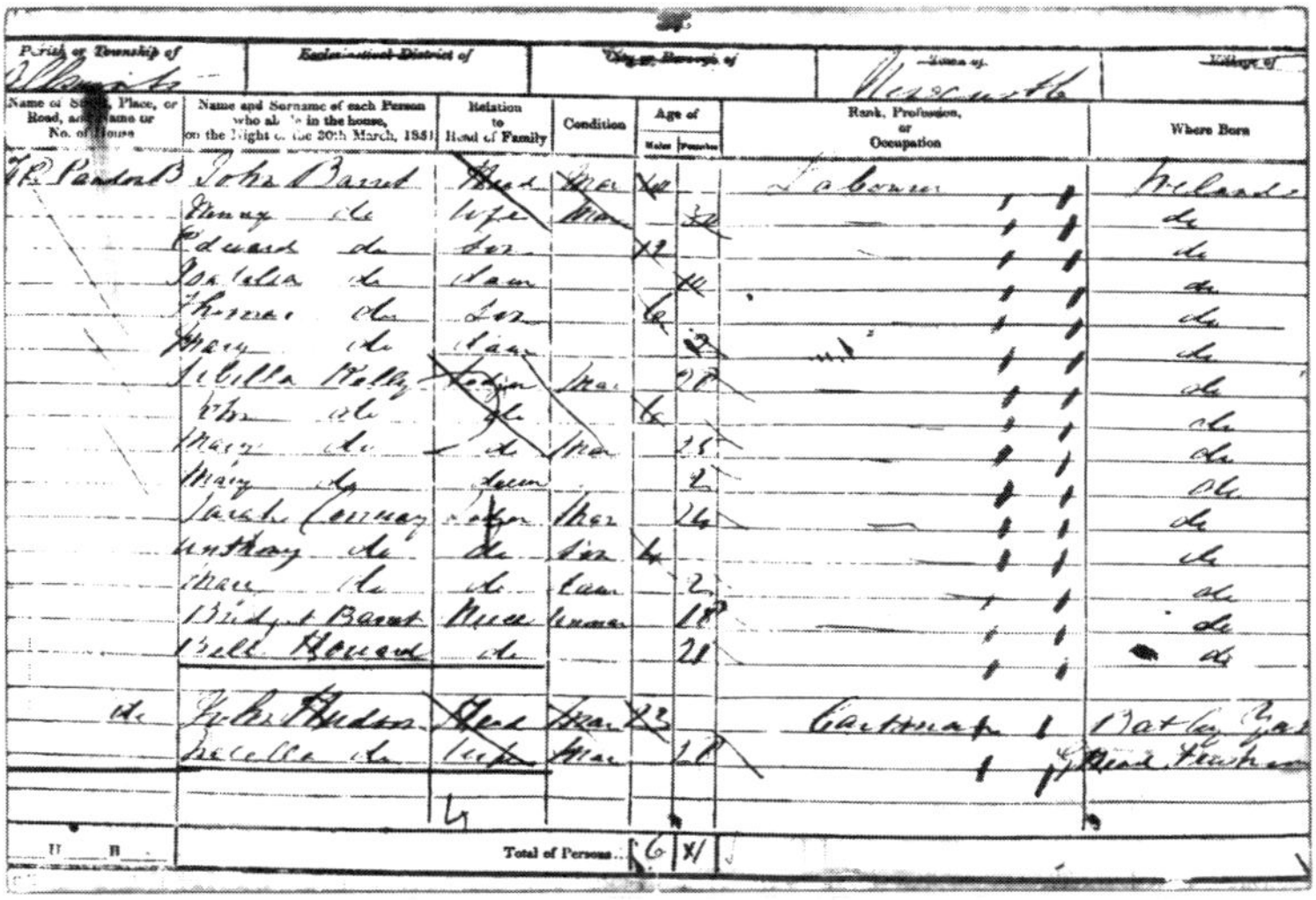

図4　国勢調査(1851) 原簿に見るアイルランド人居住区の一例　戸主のジョン・バーネット(40歳)には，妻と2人の息子，2人の娘がいたが，同じ世帯のなかに2組の家族と2人の姪が間借している。右端の出生地に記載されているようにすべてアイルランド人であった。

表8　サンドゲイト街区の人口および5〜10歳児をもつ184世帯の就学状況（1851.3.30）

街区人口	（男）	（女）
2,156	1,015	1,141

世帯数	5〜10歳児をもつ世帯数
459	184

	（男）	（女）	計
児童数	147	119	266
就学児童数	41	26	67
就学率	28%	22%	25%

（史料，表7に同じ。）

かに当時の貧困な居住区の特徴を示していた[74]。表8は同教区のなかでもとくに貧しいといわれたサンドゲイト街区の人口と就学状況を示したものである。五～一〇歳の子どもをかかえる一八四世帯のうち、約三分の一はアイルランド出身者の家庭である。この街区の就学状況は男子二八％、女子二二％で、先に見たウェスト・ゲイト街区の七四％とは全く対照的であった。サンドゲイトでは、教育の量的拡充が依然として解決すべき基本的な問題であった。低い就学率の原因はさまざまであるが、貧困や児童労働だけが就学の阻害要因であったわけではない。オール・セインツ教区に関する一八三八年の調査はたとえ臨時の日雇い労働者(jobbing labourers)であっても、一日に五シリングから八シリング稼ぐことも可能であり、子どもを学校にやらない理由にはならないと述べていた。移住してきて間もないアイルランド人にとって、学校での教育はイギリスへの文化的同化以外の何物でもなく、特別の困難や抵抗があったことは容易に想像がつく。同街区の教育が居住環境の整備、衛生、犯罪など、種々の社会問題の解決と密接不可分の関係にあったことも多言を要しない。同地区の教育問題が都市改造や公衆衛生改革と密接不可分な都市行政一般の問題として解決に向かうのは一九世紀後半のことである。パターナリズムやカトリック教会の自助努力からより普遍的(市民的)な都市行政への変化を示す一事例としても興味深い。異質なマイノリティーの教育を改善することは地方自治体が住民全体にサーヴィスを提供する、より開かれた公共性を獲得する一里塚でもある。

一九世紀前半のニューカースルにおける初等教育は、かなり質の異なる街区差を内包しながら進展したが、同じことは次に見るプライベイト・スクールについてもいえた。居住環境の差、住民の住み分けはプライベイト・スクールにも大きな影響を与えていたからである。

5　プライベイト・スクール

諸統計にみるプライベイト・スクール

ニューカースルの初等教育は不十分な「教育国勢調査」によっても、表9が示す段階にまで到達した。そこに示されているのは、一八五一年三月三〇日の時点で公教育あるいはプライベイトのいずれかの週日学校に在籍する者たちの数であって、すでに就学を終えた者、短期間だけ就学した者や日曜学校等に学ぶ者たちは含まれていない。これら在学経験者や日曜学校生徒を加えた場合には、当然、状況は違ってくる。しかし、こうした必ずしも正確とはいえない公式統計にもかかわらず、当時の児童数一万八四二〇人(五〜一五歳)の約半数が週日学校に在学するようになったことは、一九世紀初頭の状況に比べると格段の「進歩」であることには違いなかった。けれども、これらの成果は在学児童総数の四一%が個人の経営するプライベイト・スクールの生徒であったことからもわかるように、公教育学校の発展によってのみ実現されたものではなかった。表9の数値は明らかにプライベイト・スクールの初等教育に占める重要性を示している。

では、ニューカースルのプライベイト・スクールは歴史的にどのような経緯をたどったのだろうか。まずは量的な側面から検討してみよう。プライベイト・スクールの展開を統計的に跡づけるには、とりあえず不定期に出版された人名住所録(directories)を見ていく以外に今のところ有効な方法はない。[75] もちろん、それぞれの作成者も述べているように、記載もれも少なくなかった。とくに、プライベイト・スクールの場合にはデイム・スクールを多くかかえており、しかも彼らの経営が短期で終るものが多かったことから、町の名士録でもある人名住所録に正確に

表9　ニューカースルの初等教育，学校数と生徒数(1851. 3. 30)

	学校数	生徒数	(男)	(女)	5～15歳の児童数
公教育学校	26	5,328	2,959	2,369	18,420
プライベイト・スクール	89	3,761	2,055	1,706	
計	115	9,089	5,014	4,075	

(Education Census〔1851〕より。)

表10　ニューカースルのプライベイト・スクール数

	1801	1811	1821	1824	1827	1833	1841
プライベイト・スクール数	27	27	24	34	62	52	61 {m.21 f. 40

1847	1850	1853	1855	1860	1865	1871
73 {m.38 f. 35	93 {m.30 f. 63	101 {m.31 f. 70	92 {m.27 f. 65	85 {m.28 f. 57	57 {m.17 f. 40	76 {m.34 f. 42

m：男性教師，f：女性教師(年次は各人名住所録の出版年)
(M. G. Mason, A Comparative Study of Elementary Education on Tyneside before 1870より。)

反映されることは期待できなかった[76]。たとえば、一八〇一年の人名住所録には二七校のプライベイト・スクールが記載されているが、同時代人の証言によれば五三校あったといわれている[77]。これは隔たりの大きい極端な例であるが、比較的初期に作成された人名住所録を利用する場合には避けられない誤差である。しかし、それでもなお人名住所録は重要な資料たりえた。その証拠に、一八五一年の「教育国勢調査」ではニューカースルのプライベイト・スクールは八九校(表9)であったが、一八五〇年と一八五三年の人名住所録はそれぞれ九三校と一〇一校のプライベイト・スクールを記載していた。一、二年の時間差はあるものの、人名住所録はほぼ議会の調査水準あるいはそれ以上の正確さをもっていたといえるだろう。表10はメイスンが人名住所録を使って作成したプライベイト・スクールの実数であるが、ここからいくつかの特徴が読みとれる[78]。

この表から、プライベイト・スクールは一八二〇年代の後半から三〇年代にかけて増加し、世紀の半ばに最盛期を迎えた後、徐々に下降に向かったと推定される。興味深いことに、プライベイト・スクールの上昇期は公教育学校の拡充、発展期と一致していた。その最盛期は国家が教師見習生制度を導入（一八四六年）し、改正教育令（Revised Code, 一八六二年）を実施して公教育の基盤整備をほぼ果たし終えた時期と重なり合っていた[79]。しかも、プライベイト・スクールは公教育学校の不足を補う消極的な存在ではなかった。一部のプライベイト・スクールは貧民に対する道徳的危機感から出発した公教育学校と違って、質のよい教育を中産階級以上の階層に与える必要があったし、政府自身もその独自の存在意義を認めていた。一八五一年の教育国勢調査『報告書』も述べているように、「中産階級のための適切な授業料をとる良い学校は、新たに開設される国民協会や内外学校協会の学校よりも必要とされていた」からである。こうした考え方の根底には、「イギリスのような社会では、異なる階級の子弟たちが一緒に教育されるコモン・スクールは成功しない[80]」という、厳然たる階級差を承認する意識が働いていた。

中産階級以上の子弟を対象とするプライベイト・スクールは人名住所録に確実に記載されるだけでなく、長期間にわたって存続するものが多かった。もっとも存続期間の長いものでは、一八四一年から一八七一年までのすべての人名住所録に登場するものが五校あり、そのなかにはこれから紹介するジョン・ブルース（John Bruce, 1775-1834）の学校も含まれていた。ブルースが始めたパーシィ・ストリート・アカデミー（Percy Street Academy）こそは、一九世紀に入って衰退し始めた当地のグラマー・スクールに替わって北東イングランド全域に名声を馳せたプライベイト・スクールである。ブルースの経歴とその学校をみていくことによって、中産階級以上のプライベイト・スクールとデイム・スクールとに大別されるプライベイト・スクールの、まずは前者について理解を深めることができるはずである。

J・ブルースの学校

J・ブルースが注目されるのはその出自、教師としての資質の形成のされ方、学校を成功に導いた彼の人間関係である。彼はこれらのどの点をとってみても初めから有利な条件をもっていたわけではなかった。明らかにその逆であった。彼は下層階級のなかから身をおこし成功した立志伝中の人物だった。ブルースの成功はそのままこの時代のプライベイト・スクールがもっていた流動性、可能性を示している。

ブルースの父はスコットランド出身の石工であり、母親は乞食同然の孤児であったといわれている。ともに熱心なメソディストであった。少年期のブルースについては、一七七五年にニューカースル北方のアニック(Alnwick)で生まれたこと、当地をしばしば訪れたJ・ウェスレーの説教を両親とともに聞いたこと程度のことしか知られていない。[81] 敬虔にして規律ある生活方法を身につけたブルースが教師として一人立ちしようと決意したのは一八歳になった一七九三年のことであった。

一七九三年にニューカースルのオール・セインツ教区に移り住んだブルースは、メソディストの友人の力を借りて小さな学校を始めた。一介のプライベイト・スクール教師にすぎなかったブルースに決定的とも思われる転機が訪れたのはこのときである。年収二五ポンドの収入の足しに始めた家庭教師が縁となり、地域の有力家族との結びつきができたからである。「機転のきく勤勉な青年であった」ブルースはこうした機会を見逃さなかった。彼の息子J・C・ブルース(John Collingwood Bruce, 1805-92)によると、これら地域社会の有力家族のなかにはネルソン提督の同僚としてトラファルガー海戦に活躍するコーリンウッド将軍(Cuthbert Collingwood, 1750-1810)の家族、著名な医師、造船業者が含まれていた。ブルースは彼らと親交を結ぶなかで「粗野な訛《なまり》」を直し、上流階級の「洗練された身のこなし、物の考え方」を学び吸収した。[82] 昼間はごく普通の庶民の子どもたちをプライベイト・スクールで教え、朝、夕に有力家族の子弟を個人教授する日課は彼が成功をとげた後もつづいた。元来、独学の人であったブルースは子どもたちを教えるかたわら、教師としての能力の向上にも励んだ。彼は革命によって国を追われた亡命者からフランス語を学んだり、同郷出身の数学者C・ハットン(Charles Hutton, 1737-1823)を頼ってロンドンまで出かけている。当時、ウーリッジの陸軍士官学校の数学教授であったハットンも、もとはといえばニューカースルの炭坑夫の息子であり、ブルースと同様、プライベイト・スクールの教師から身をおこした人物である。ブルースがハットンに近づき、彼の編集する雑誌に数学の論文を投稿するようになったのも、両者の生まれ育った境遇が似ており、お互いに近親感をもったためだと『伝記』には記されている。[83]

家庭教師として高い評価を得たブルースはオール・セインツ教区の学校に見切りをつけ、一八〇二年にニューカースルの目抜き通りに新たに学校を開設した。パーシィ・ストリート・アカデミーと名付けられたこの学校は、3Rのほかにフランス語、地理、数学、古典を「若きジェントルマン」に教える学校であった。通いの生徒からは三カ月ごとに一ポンド一シリングを、寄宿生からは年四〇ポンドを授業料として徴収した。立地環境といい、高額の授業料といい、新しい学校は以前のオール・セインツ教区の学校とは比べものにならなかった。石工の息子は一〇年の間に社会的地位と名誉を獲得した。ブルースにとって幸いであったのは、新しい学校を開設した当時、パーシィ・ストリートに男子校の競争相手がいなかったことである。もっとも有力なライバルであるはずのグラマー・スクールは校長が交替して評判が下がり、生徒数も一〇人前後まで落ちこんでいた。[84] また、「ニューカースルの知的活動の中心」といわれたユニテリアン派の牧師たちの経営するプライベイト・スクールも、ターナーが文芸・哲学協会の講師となって学校経営から一時的に手を引き、学識者として有名であったE・プロウェット師が一八〇二年に死去していた。いわば偶然ともいえるプライベイト・スクールの空白状況がブルースに有利な条件を与えていた。

パーシィ・ストリート・アカデミーの成功はブルースの社会的地位を盤石《ばんじゃく》なものにするとともに、公人としてのさらに幅広い社会的諸活動に道を拓くことになった。ブルースがかかわった社会的活動は文芸・哲学協会、奴隷制廃止、非国教徒解放など多岐におよんだが、やはり教育の分野で果たした役割が大きかった。ターナーとともに「記念学校」の実質上の運営責任者となったのはブルースであったし、非国教徒教師の相互扶助組織の発展に尽力したのも彼であった。こうした知的領域での活動の広がりがブルースをユニテリアン派に接近させることになった。かつてメソディストとのかかわりが深かったブルースはターナーの礼拝堂にも通うようになった。後にブルースの後を継いで学校を経営することになる息子のJ・C・ブルースはターナーの礼拝堂で洗礼を受けている。

　ブルースがユニテリアン派に接近するようになったのは知的活動分野でのターナーとの協力関係の緊密化だけではない。ブルースの家系が本来、スコットランドのプレスビテリアン派であり、その面からもユニテリアニズムに親近感をもったものと思われる。周知のように、ユニテリアニズムはプレスビテリアニズムの自由主義的傾向を重要な源流としていた。イエスの神性、原罪への執着心を斥《しりぞ》け、人間を測り知れない改善の可能性をもつ理性的な創造物と考えるユニテリアニズムの理神論、個人主義はブルースのような知的活動分野で活躍しようとする者たちには都合がよかった。しかし、ブルースは宗教的信条について次第にターナーと齟齬《そご》をきたすようになる。両者の食い違いはイエスの神性、サクラメントの取り扱いをめぐって生じた。ブルースは一八一五年にターナーに宛てた書簡のなかで、「聖餐《せいさん》式のサクラメントを無視することは神の支配を無視するだけでなく、福音のもっとも心地よい恩典からわれわれを遠ざけるに等しい」と述べている。[85]両者の信条の隔たりは一八一九年にターナーがイエスの人性を主張するソツィーニ主義を明確に擁護《ようご》するにおよんで決定的となった。ブルースはターナーと袂《たもと》を分かち、その後一八三四年に死去するまで、ニューカースル市内のプレスビテリアン教会に籍を置くことになる。息子の言によると、ブルースは死の床でターナーの礼拝堂に通ったことを後悔していたようである。メソディズムからユニテリアニズムへ、そして伝統的なプレスビテリアニズムへと回帰していった彼の魂の軌跡は、一介の石工の息子が教育を通じて社会的地位の上昇を実現していく人生の軌跡と重なりあっていた。

　一方、社会的移動に関して、ブルースとは全く対照的な軌跡をたどったプライベイト・スクールの教師もいた。T・スペンス(Thomas Spence, 1750-1814)といえば左翼的急進主義者として知られる人物であるが、実は彼も一八世紀の末に、ブルースと同じオール・セインツ教区に小さなプライベイト・スクールを開設した教師のひとりである。[86] しかも、スペンスの父親がスコットランド出身の貧しい網づくりであるなど、生まれ育った環境もブルースとよく似ていた。にもかかわらず、この二人は全く異なる人生を歩むことになった。上流階級と親交を結ぶなかで粗野な方言を矯正し、洗練された身のこなし、物の考え方を吸収することに努力したブルースとは違って、スペンスは方言に基づいた国語の修得方法を考案し、貧しい者たちの解放と結びつけた。スペンスにとって、方言の問題はただ単に矯正されればすむ問題ではなく、貧しい者たちに対する富める者たちの支配の問題であった。民衆の貧しさ＝被支配の原因は私的土地所有と民衆自身の無知にあり、無知の原因は彼らの言語修得の困難さにあった。とりわけ、ノサンバーランド州のような訛の強い地域では、標準語は外国語に等しく、綴りと発音の不一致が大きな障害になっていた。スペンスはこの問題を訛に合わせた彼独自の発音記号（＝新しいアルファベット）を新たに創造することで解決しようとした。[87] スペンスの最初の著作は新しいアルファベットを用いた子ども用の国語辞典であったが、これはプライベイト・スクールの教師としての体験から生まれたものである。ブルースが上流子弟のために地図と地球儀を用いた地理と天文学の教科書を著わしたのとは対照的であった。[88] スペンスはその後、急進改革派の最左翼としてフランス革命の時代を生き抜き、終生、民衆の解放の側に身をおくことになる。二人の人生の背後に見え隠れするのは貧富の差を拡大しつつあったニューカースルという都市社会である。

さて、ブルースの学校はその後ハドリアヌスの城壁の研究者としても知られる息子のJ・C・ブルースに受け継がれ発展しつづけた。表11は一八五一年三月三〇日の同校の様子を伝えている。六人の若き教師（assistant）たちのほかに四人の奉公人がおり、生徒たちの指導、管理にあたっていた。表に示される生徒は三月三〇日に学校に居合せた寄宿生であるが（通いの生徒は調査表には記載されない）、一二五人の寄宿生のなかには西インド生まれや南アフリカ出身者もおり、大英帝国の植民地経営にかかわる者たちの子弟であることを窺わせる。また、寄宿生の大半が一

表11　J・ブルースの学校（1851. 3. 30）

住所	姓名	世帯主およびそれとの関係	既婚・未婚の別	年齢 男	年齢 女	職業・身分・地位	出身地
80・パーシィ通り	ジョン・コーリンウッド・ブルース	世帯主	既婚	45		スクール・マスター	ロンドン
	シャーロット・ブルース	妻	既婚		32		ニューカースル
	ウィリアム・ブルース	娘			10	生徒	スコットランド
	ジェイムズ・スコット	アシスタント	未婚	30		ティーチャー	〃
	デイビット・ポラーズ	〃	〃	26		〃	〃
	ジェイムズ・ブルース	〃	〃	24		〃	〃
	フランシス・ノーマン	〃	〃	22		〃	〃
	ジェイムズ・シンプソン	〃	〃	21		〃	〃
	ジョン・R・フルーガー	〃	〃	19		〃	マンチェスター
	（姓名略）　–	奉公人	〃	19		小間使い，馬丁	ノサンバーランド
	〃　–	〃	〃		25	料理人	〃
	〃　–	〃	〃		20	ハウス・メイド	ダラム
	〃　–	〃	〃		20	キッチン・メイド	ノサンバーランド
	（姓名略）　1　寄宿生	生徒	〃	14		生徒	〃
	2　〃	〃	〃	14		〃	〃
	3　〃	〃	〃	13		〃	カンバーランド
	4　〃	〃	〃	14		〃	ノサンバーランド
	5　〃	〃	〃	14		〃	ニューカースル
	6　〃	〃	〃	16		〃	ダラム
	7　〃	〃	〃	14		〃	西インド
	8　〃	〃	〃	16		〃	南アフリカ
	9　〃	〃	〃	15		〃	ダラム
	10　〃	〃	〃	14		〃	〃
	11　〃	〃	〃	13		〃	ニューカースル
	12　〃	〃	〃	13		〃	ノサンバーランド
	13　〃	〃	〃	14		〃	ダラム
	14　〃	〃	〃	10		〃	スコットランド
	15　〃	〃	〃	11		〃	〃
	16　〃	〃	〃	16		〃	カンバーランド
	17　〃	〃	〃	9		〃	ノサンバーランド
	18　〃	〃	〃	13		〃	〃
	19　〃	〃	〃	14		〃	〃
	20　〃	〃	〃	9		〃	〃
	21　〃	〃	〃	8		〃	ニューカースル
	22　〃	〃	〃	13		〃	スコットランド
	23　〃	〃	〃	15		〃	カンバーランド
	24　〃	〃	〃	11		〃	ダラム
	25　〃	〃	〃	15		〃	〃

（Census of Great Britain, 1851, Enumerator's Books of Newcastleより。）

〇歳以上であることから、ブルースの学校は中等教育を担うようになっていたと考えてよい。初等教育から中等教育にまたがる者が多いのも中産階級以上の階層の子弟を対象とするプライベイト・スクールの重要な特徴であった[89]。生徒たちのなかから地域社会の指導者を多く輩出したことはいうまでもない。

ブルースの学校を中心に中産階級以上の子弟のためのプライベイト・スクールについて見てきたが、次に、これらの学校のもう一つの特徴である厳しい競争環境についても触れておきたい。共同体的な社会的結合関係に大きく依存するデイム・スクールと違って、中産階級以上のプライベイト・スクールは厳しい市場競争のもとにあり、新聞や人名住所録に繰り返し宣伝広告を掲載しなければならなかった。たとえば、一八五〇年に出版された『ノサンバーランド・ダラム人名住所録』の巻末には、次のような宣伝広告が寄せられている[90]。

(1) 上流階級子弟のための幼児学校および予備校、西クレイトン街一〇番地、ニューカースル。

アームストロング夫人はロンドンの内外幼児学校協会によって大きな成功を収めた幼児教育方法に精通しており、一八四四年三月一八日に、二歳以上の上流階級子弟のための幼児学校を開設いたしました。以来、アームストロング夫人は子どもたちの教育と養育に携わっております。幼い子どもたちの宗教的・道徳的訓練、恭順なる態度の涵養、精神的教育と遊びおよび身体的訓練との結合は、発音あるいは方言にみられるお郷訛《くになまり》の矯正とともに特別な注意が向けられる当校の重要な教育目標であります。

(2) 教育——西クレイトン街七・八番地、ニューカースル。

大学、パブリック・スクール、実業界をめざす子弟のための通学制、および寄宿学校。校長——W・スペンサー師、文学士、ケンブリッジ大学ジョーンズ・カレッジ出身、ビショップウィアマスのグレインジ校の古典、ならびにリヴァプール・ロイヤル・インスティトゥーション・スクールの数学助教師を歴任。なお、予備教育部門は八歳以下の子弟を対象に、婦人たちによって指導されます。

これらの宣伝広告文のなかには、それぞれの学校が何をセールス・ポイントにしているかが簡潔明瞭に示されている。最初のアームストロング夫人の学校の場合には、上流階級の子弟を対象とする、とはっきり明記していることが注目される。おそらくはブルースの学校など、有名校への入学準備を売り物にしていたと考えられる。その際、強調されるのは内外幼児学校協会(The Home and Colonial Infant School Society)にみられるように、新たに開発されたペスタロッチ流の教育方法およびロンドンとの繋がりであった。次に、W・スペンサー師の場合には、大学、有名私立校への進学予備校であることが明示されているし、教師の学歴、教職歴が強調されている。一般に、中産階級以上のプライベイト・スクールの場合には、公教育学校に比べて自由なカリキュラムが組まれていたが、その理由の一端は明らかに学校の目的を明確にしなければならない市場競争にあった。ちなみに、前者のアームストロング夫人の学校は一八五五年の人名住所録には登場するが、六〇年代以後のどの人名住所録にも登場しなかった。後者は一八六五年まで存続した。

デイム・スクール

比較的長期の持続性、経営の安定性を保つ中産階級以上のプライベイト・スクールとは対照的に、デイム・スクールは短命に終るものが多かった。メイスンの調査(表10)からデイム・スクールを特定することは困難であるが、きわめて短期間しか存続しなかった学校に着目すると、そのおおよその見当はつけられる。例えば、一八五三年の人名住所録に登場する七〇人のプライベイト・スクール教師のうち、二年後の一八五五年の人名住所録に再登場する者は四五人で、残りの二五人は何らかの事情で教師を廃《や》めている。あるいは、一八五〇年の人名住所録に記載されている六三人の女教師のうち、五年後の一八五五年まで教師をつづけたのは二八人にすぎなかった。さらに詳しく各人名住所録ごとに見ていくと、前後の人名住所録に登場しない、すなわち一回限りでしか登場しない教師は一八五〇年の人名住所録―男七人、女一六人、一八五三年―男七人、女二人、一八五五年―男六人、女二一人となっている。これらすべてがデイム・スクールの教師であったと断定することはできないが、「雨後のたけのこのごときもの」と称されたデイム・スクールの特徴とよく符合する。彼らは、すでに述べたように、年老いた寡婦(夫)、失業者、不慮の事故で働けなくなった者、家計補助者などが多く、教師を始めた動機も日々の生活の糧を得るためであったと想像される。

ところで、メイスンの調査はニューカースルのプライベイト・スクール全体の数量的変化と公教育学校との競合関係について有益な示唆を与えたが、デイム・スクールそのものを特定することはできなかった。人名住所録は経営の持続性から労働者階級プライベイト・スクールのおおよその数、範囲を判断する一つの目安にすぎなかった。デイム・スクールを特定するためには、すくなくとも経営の持続性以外に授業料、生徒の出身階層、カリキュラム、教師の出身階層、収入、教室の物理的条件のいくつかが加味されねばならない。これらすべての指標を総合的に判断でき、かつ統計的に処理できるような史料など望むべくもないが、いま一つ考慮されて然るべき史料がある。すでに繰り返し述べている人口調査員の調査表である。一八五一年の国勢調査は寄宿生の有無、教師の家族構成、およその居住環境からデイム・スクールに光をあてる可能性をもっていた。表12は先述したオール・セインツ教区に居住する(公教育学校教師を含む)すべての教師をとりだし、その家族構成を示したものである。

この表を一瞥して直ちに諒解されることは、貧しい者たちが多く住む教区の特徴を反映してか、中産階級以上の子弟を対象にした規模の大きい寄宿学校が全く見当たらないことである。それに近いと思われるのは㉔メアリ・アン・ラックスの例くらいである。この事例は住み込みと思われる一人の教師と二人の奉公人を雇っているうえに、三人の寄宿生がいたことから「寄宿および通いの学校」(boading and dayschool)であったと考えられる。ちなみに、この事例では世帯主のスクールミストレスと雇われ教師を示すティーチャーが使い分けられている。スクールマスターやスクールミストレスが独立した経営者であるのに対して、ティーチャーは奉公人同様、雇われ身分であったことを示している。語学教師、数学教師など、個別の科目を教える教師にもティーチャーが使用されるが、これらの場合についてもほぼ同様の脈絡のなかで考えることができた。⑩ジョン・ノーブルの場合には夫婦で学校を経営しており、夫の妹、二人の姪《めい》、夫の父親と母親の面倒をみる生活の余裕をもっている。ちなみに、ノーブル夫妻の学校は一八五三年から一八七一年にかけて出されたすべての人名住所録に記載されており、経営の持続性からすれば中産階級のプライベイト・スクールに近い。あるいは、中産階級以上のプライベイト・スクールとデイム・スクールとの中間領域に存在した学校であった。

さらに、この表のなかで、家族構成員とその職業等からみてデイム・スクールの特徴を示していると思われるのは、①トマス・シンプスン、②エリザベス・P□□□(判読不能)、④ジェーン・テイト、⑤セーラ・ベル(Teacher of Dame Schoolと明記されている)、⑥イザベラ・グリーン、⑧ジェーン・カルセラー、⑮ドロシー・グリーンウェル、㉒ダイナ・ウィルスン、㉓エリザベス・サマヴィル、㉙ジョン・ブライス、㉛メアリ・A・デニスン、である。これらの教師たちは⑤以外すべて、Schoolmistress か Schoolmasterと表示される、個人の責任において学校を経営する者たちであった。次に、彼らを個別に見ていくと、高齢の寡婦(夫)、未婚の女性が多いという明確な特徴が浮かび上がってくる。①トマス・シンプスンは七三歳の寡夫であったし、②エリザベス・P□□□の場合には、事情は定かでないが、夫が同居していない独居婦人であった。七九歳の未婚女性⑤セーラ・ベルと六八歳の寡婦⑥イザベラ・グリーンは同居しており、二人で学校を共同経営していた。⑧ジェーン・カルセラーは六五歳の寡婦であった

表12　オール・セインツ教区に在住する教師（1851. 3. 30）

住　所	教　師　名	世帯主およびそれとの関係	既婚・未婚の別	年齢 男	年齢 女	職業・身分・地位
6 Manors	①トマス・シンプスン	世帯主	寡夫	73		スクールマスター
〃	②エリザベス・P□□□	世帯主	未婚		35	スクールミストレス
	エリザベス・P□□□	母	寡婦		70	
〃	③マイケル・ウィルスン	世帯主	既婚	29		スクールマスター
	ダイナ・ウィルスン	妻	〃		27	
	ローザ・ウィルスン	娘	未婚		4	
Moseley St.	④ジェーン・テイト	世帯主	既婚		55	スクールミストレス
Pilgrim St.	⑤セーラ・ベル	世帯主	未婚		79	デイム・スクール教師
	⑥イザベラ・グリーン	世帯主	寡婦		68	スクールミストレス
46 Richmond place	⑦セーラ・ペイン	世帯主	未婚		17	ティーチャー
	イザベラ・ペイン	母	寡婦		53	年金受給者
Richmond place	⑧ジェーン・カルセラー	世帯主	寡婦		65	スクールミストレス
	⑨□□□・カルセラー	息子	未婚	32		ティーチャー
2 Red Barns	⑩ジョン・ノーブル	世帯主	既婚	31		スクールマスター
	⑪メアリ・ノーブル	妻	〃		30	スクールミストレス
	ジェーン・クレイグ	義理の娘	未婚		12	生徒
	J□□□・クレイグ	〃	〃		10	〃
	エリザベス・ノーブル	娘			1	
	アーサー・ノーブル	父	既婚	56		
	ラスト・ノーブル	母	〃		59	
41 Howard St.	⑫フランシス・ダコスタ	世帯主	既婚	50		語学教師
	アリス・ダコスタ	妻			49	
	ルイス・P・ダコスタ	孫		8		生徒
	⑬マリー・A・ダコスタ	娘	未婚		21	ガヴァネス
46　〃	ジョージ・カー	世帯主	寡夫	64		宿屋の主
	ジョージ・カー	息子	未婚	18		
	⑭アン・カー	娘	〃		22	ガヴァネス
Pilgrim St.	エリザベス・グリーンウェル	世帯主	寡婦		59	被救恤貧民
	ジョージ・グリーンウェル	息子	未婚	19		
	エリザベス・グリーンウェル	義姉妹	〃		39	家事
	⑮ドロシー・グリーンウェル	〃	〃		37	スクールミストレス
Trinity Chair	⑯トマス・グレイ	世帯主	既婚	51		スクールマスター
	アン・グレイ	妻	〃		41	
	メアリ・アン・グレイ	娘	未婚		22	
	マーガレット・グレイ	〃	〃		21	
	⑰ジョン・T・グレイ	息子	〃	17		数学教師

50 Caliol St.	ウィリアム・ブラウン	世帯主	既婚	28		
	ドロシー・ブラウン	妻	〃		29	
	⑱メアリ・A・ホジスン	義姉妹	未婚		33	書き方教師
	イザベラ・ロニィ	奉公人	〃		19	家事一般
2 Trafalgar St.	ロバート・ヘンダースン	世帯主	未婚	49		船長
	エリザベス・ヘンダースン	姉	〃		54	
	⑲マーガレット・S・モーブリ	妹	〃		45	ティーチャー
	ジョン・C・モーブリ	甥	〃	14		徒弟
	エリザベス・バーナップ	奉公人	〃		29	家事一般
4 〃	⑳ジェイムズ・フィリップス	世帯主	既婚	32		スクールマスターおよびティーチャー
	㉑ウフェーズ・フィリップス	妻	〃		28	英語教師
	ジョージ・W・フィリップス	息子		1		
	ヴェノン・ウィルキンスン	義母	未婚		56	
	ロバート・ウィルキンスン		〃	13		生徒
24 〃	㉒ダイナ・ウィルスン	世帯主	寡婦		42	スクールミストレス
	ジョゼフ・L・ウィルスン	息子	未婚	13		生徒
	マーガレット・M・ウィルスン	娘	〃		10	〃
	ウィリアム・D・ウィルスン	息子	〃	10		〃
	セーラ・C・ウィルスン	娘	〃		4	〃
Camden St.	ウィリアム・ブラウン	世帯主	既婚	48		トランク製造人
	マーガレット・ブラウン	妻	〃		53	
	ウィリアム・ブラウン	息子	未婚	19		金物製造
	ジョゼフ・レイシー	親類	既婚	40		コルク製造
	エレーナ・レイシー	姪			12	生徒
	㉓エリザベス・サマヴィル	妹	寡婦		43	スクールミストレス
	ジョーン・サマヴィル	息子		15		事務員
Shieldfield	㉔メアリ・A・ラックス	世帯主	未婚		36	スクールミストレス
	マーサ・スペンサー	下宿人	〃		47	
	㉕エレン・スカーフ	ティーチャー	〃		19	ティーチャー
	マリア・A・マデン		〃		20	生徒
	ヘレン・デイリー		〃		17	〃
	メアリ・A・ニクスン		〃		8	〃
	イザベラ・ダグリッシュ	奉公人	〃		18	奉公人
	アン・ヤング	〃	〃		19	
Russell St.	㉖トマス・ハーパー	世帯主	既婚	31		図画製図教師
	エレン・ハーパー	妻	〃		25	
	トマス・ハーパー	息子		1		
	イザベラ・エイオン	叔母	未婚		38	
	アン・ウィルソン	従姉妹	〃		10	

Ridley Villas	㉗エスター・E・ラックス	世帯主	未婚		31	スクールミストレス
	㉘マーガレット・ラックス	妹	〃		29	〃
	アン・ラックス	〃	〃		24	通いのガヴァネス
	アン・ウェナム	奉公人	〃		18	奉公人
	ウィリアム・ラックス	訪問者	〃	36		測量士
Gibson St.	㉙ジョン・ブライス	世帯主	未婚	40		読み方および書き方教師
	セーラ・ブライス	姉	〃		44	お針子
	アン・ブライス	〃	〃		42	〃
	イザベラ・ブライス	妹	〃		16	奉公人
38 Gibson St.	㉚ジェイムズ・ショート	世帯主	既婚	37		ティーチャー
	マーガレット・ショート	妻	〃		40	
	ジェイムズ・ショート	息子		16		生徒
	ジェーン・ショート	娘			14	〃
	アレクサンダー・ショート	息子		8		〃
	マーガレット・ショート	娘			4	
	トマス・ショート	息子		1		
	エレン・マリルヴィー	義姉妹			27	奉公人
Causey Bank	ジョージ・デニスン	世帯主	既婚			衣類販売
	㉛メアリ・A・デニスン	妻	〃		38	スクールミストレス
	□□□・デニスン	息子		10		
	ジョージ・S・デニスン	〃		2		
	トマス・デニスン	〃		2		
	メアリ・A・デニスン	娘			5	
Wall Knoll	マーガレット・ライト	世帯主	寡婦		44	
	㉜エリザベス・ライト	娘	未婚		20	ティーチャー
New Pandon St.	ジョン・シールド	世帯主	既婚	44		
	クリスティーナ・シールド	妻	〃		54	仕立屋
	㉝アニー・シールド	娘	未婚		22	ティーチャー
	アンドルー・シールド	息子	〃	18		
	P□□□・シールド	娘	〃		15	
	クリスティーナ・シールド	〃			12	

(Census of Great Britain, 1851, Enumerator's Books of Newcastleより。)

が、三二歳になる未婚の一人息子は他校の雇われ教師をしていた。⑮ドロシー・グリーンウェルは救貧法の補助を受ける「被救恤貧民《きゅうじゅつ》」(Pauper)である義姉妹の家に同居する三七歳の未婚女性であった。おそらくは、間借りした部屋を教室にしていたと思われる。㉒ダイナ・ウィルスンは四二歳になる寡婦であったが、二人の息子と二人の娘を自ら教えていた可能性もある。㉓エリザベス・サマヴィルの場合は旅行用トランクの製造人であった兄夫婦の家に身を寄せる四三歳の寡婦であった。㉙ジョン・ブライスは「読み書き教師」(Teacher of Reading and Writing)と記されていることから、雇われ教師であった可能性もあるが、デイム・スクールの教師である可能性も否定できない。いずれにせよ、ブライスの同居する三人の姉妹はお針子、奉公人をしており、生活に余裕のある教師ではなかっただろう。㉛メアリ・A・デニスンは衣料販売にたずさわる夫の家計補助、内職であったと思われる。

以上に紹介した一〇人の教師はいずれも調査時点前後の人名住所録(一八五〇、五二年)には登場しない教師であった。記述史料が存在しないかぎり断定は許されないが、町の名士録でもある人名住所録に登場しないことは彼らがデイム・スクールの教師であることの一つの有力な証である。しかし、この点はそれだけにとどまらなかった。さらに問題を突きつめていくと、人口調査表にさえ記載されないもっと深く街区のなかに埋もれている教師たちの存在が問題となってくる。表12にはオール・セインツ教区のもっとも貧困な街区といわれたサンドゲイトの教師は一人として登場してこないが、彼らが全く皆無であったとはいえない。すでに第一章でも述べたように、彼らを「発見する」ことは当時の調査員自身にとってもきわめて困難であったばかりでなく、時と場合によっては教育国勢調査同様、人口調査員と調査される側との間にある種の緊張をともなったからである。二一五六人もの人口をかかえるサンドゲイトが全くの教育的空白であったとは考えられず(表8参照)、何らかの教育機能が存在したはずである。こうして、われわれは解明のもっともむずかしい問題——共同体のなかに深く埋没する教師とはどのような者たちであったのか、共同体の教育機能は実際どのように果たされていたのか——に直面する。筆者が唯一、捉えることができたのはサンドゲイト街区に住む一人の老婆だけであった。

この学校は「歯の抜けた顔を突き出して、とても不自然な話し方をする」年老いた婦人〔氏名不詳〕が自宅の寝室を教室にしていた学校であった。懐の具合がいくらかましになるたびに教室を抜け出し、飲みにでかけるこの婦人を、当時の生徒であったウィリアム・リチャドスンは次のように回想している。

> 懐ぐあいがましになると婦人はしょっちゅう外へ出かけていった。そんなときには、彼女は二時間ほど教えてから生徒たちに威勢のいい声で言ったもんだ。「さて、おまえたち、私はちょっくら『船乗り』〔居酒屋〕へ行って一杯ひっかけてくるからね。おっと二杯かな。一〇分くらいしたら戻るよ。だけどももし遅れるようなことがあったら、私がいつもおまえたちが悪さしたときにおみまいしている罰を私に加えたっていいんだよ」と。彼女が出かけるが早いか、少年たちのなかで一番でっかいやつが飛び上がって、時計の針を二〇分ほど先へ進めてしまった。そのため、この年老いた婦人が戻ってきた時には三〇分もすぎていた。そこで彼女は「おや、私はどうやら遅刻したようだね。じゃー、しかたがない。誰か私に罰を加えたいやつはいるかい」と言った。子どもたちはわれがちにと群がってきたが、彼女はそのなかの一人だけに自分に罰を加えさせ、再び次のように告げた。「さあ、おまえたち、もう家に帰ったほうがいいよ。潮〔タイン河〕が満ちてくるとまた床が水びたしだ。今日の午後はもうここに戻ってこなくていいよ」と。[91]

教師の行状をみかねたウィリアムの両親は近所の肉屋ブライトン氏に頼み込み、息子を「記念学校」に転校させることにした。肉屋がウィリアムのために年額一ギニーを「記念学校」に寄付した結果、その推薦を受けられたのである。この話は劣悪な条件下にあったデイム・スクールが公教育学校に生徒を奪われていく一つの事例とみなされる。ここで重要なことはウィリアムの親たちのように、民衆自身が教育効果の上がらないおばさん学校を見限った事実である。民衆は彼らなりに少しでもましな教育を選択しようとしていた。ただ、ウィリアムにとって皮肉であったのは転校先が、教師の体罰に反抗した靴直しの息子ロブスンの学校であったことである。二人は奇しくも同じ教室で顔を合せることになった。こうして、最盛期には一〇〇を超えたニューカースルのデイム・スクールも一八八〇年に一六校に減少し、一九〇三年にはすっかり姿を消したといわれている。[92]

おわりに

初等教育の発展を一八世紀の末から一九世紀の後半にかけて生じた地域社会の変容とともにたどることがここでの課題であった。教育を社会現象の一つとして観察することから得られた結論はおおよそ次のようになる。

ニューカースルの教育は急速な工業発展、人口の増加、都市化のなかで発展した。教育を受けることなく街頭を浮遊し始めたおびただしい数の子どもたちに対して、伝統的な地方自治団体は十分な対策を打ち出すことができなかった。一部の慈善学校への財政補助は市の寡頭支配を覆い隠す、いわば免罪符程度にすぎず、大量の子どもを教育するにはもとより限界があった。地方自治団体の非効率、福祉サーヴィスの欠如を補ったのは、莫大な富を蓄積したジェントリー＝資本家のパターナリズムとそれを分厚く取り囲むように展開された都市中間層のボランタリズムであった。両者は縦糸と横糸のように交差しながら、行政の空白を埋めていた。ジェントリー＝資本家の社会的威信と中間層の専門能力との結合は多額の民間資金を集めるとともに、地域社会の安定に寄与し、医療、教育、文化の領域に大きな影響をおよぼした。地域を代表する医療機関であるニューカースル病院と同じく公教育を代表する「記念学校」とはこうして生まれた。しかも、この二つの組織は運営形態から利用者に対する「規則」にいたるまで類似していた。この一例をもってしても、公教育が地域の社会システムあるいは社会秩序形成の一環であったことは明らかである。

ジェントリー＝資本家と都市中間層の結合による安定した秩序のもとで、ボランタリズムは開花し、同市の初等公教育も発展した。メソディストをはじめとする同市の非国教会派は国庫補助に頼ることなく、次々に学校を開設していった。ニューカースルの公教育の特徴はしいていえば、国庫助成を頼みにしない民間資金の大きさにあった。週日学校生徒のなかに占める公教育学校生徒の比率が他の都市に比べて高かったのも、任意団体の活発さを裏付けている。しかし、これらの宗派を中心に活発に展開されたボランタリズムも決して十分なものではなかった。ウェスト・ゲイトとサンドゲイトの比較が示したように、初等教育の普及はきわめて大きな較差を含みながら進行していった。両街区の就学率の差は初等教育についての一般的な叙述や概説をほとんど無意味なものにしかねないほど極端であったが、それこそが教育のリアルな姿にほかならなかった。その最大の原因はサンドゲイトに大量に流入したアイルランドからの移住者であった。同街区における教育の普及はイギリスへの文化的同化を意味する民族的な問題でもあった。

サンドゲイトは突出した事例であるが、ボランタリズムにつきまとう限界をも浮彫りにしている。ボランタリズムは大きな役割を果たしたとはいえ、それを担う任意の組織は何らかの利害を共有する、あるいは目的を限定した集団である。これらの団体は運営がいかに開かれた民主的なものであっても、地域社会の全住民を包摂する、普遍的な目標を追求する組織ではなかった。貧困のみならず、衛生・居住環境の改善といった都市行政が担うべき課題と分かちがたく結びついたサンドゲイトの教育問題は、カトリックの任意団体が解決するには荷が重すぎた。社会の少数派や弱者の問題を解決することは、世紀の後半により開かれた公共性の実現に向かって脱皮していくことになる地方自治団体の課題であった。また、ボランタリズムに依拠しつつ、同時に偏狭な宗教主義を押しのけ、教育の普遍性を確保しようとした国家の課題でもあった。

都市社会のさまざまな差異を包み込みながら進展していった教育のあり方はプライベイト・スクールとて同じであった。とりわけ、プライベイト・スクールは拡大する貧富の差を映し出した。J・ブルースのパーシィ・ストリート・アカデミーの成功が物語っているように、都市の繁栄は意欲的な一部の教師にとって、教育市場の拡大に与《あずか》る大きな機会であった。誰もが学校を開設できる自由を享受していたのは彼らであった。一方、デイム・スクールは貧しい者たちの教育需要に応えることで都市社会のなかに新たな生存の条件を見出していた。デイム・スクールを析出するために、本章は一八五一年の教育国勢調査の結果を疑ってみることから始めた。ついで各種の人名住所録に関するM・G・メイスンの研究の検討に移り、最終的には人口センサスの調査原簿をもとにプライベイト・スクールの実数の把握に努めた。数千枚に達する調査原簿をすべて分析することは物理的に困難であり、一教区に限定せざるをえなかったが、同調査原簿はほかのどの調査よりも裨益《ひえき》するところが大きかった。人口センサスは街区のなかに埋もれるデイム・スクールが予想以上に多いこと、諸統計の暗数となっていることを改めて示唆した。デイム・スクールはここでもとるに足らない存在ではなかったし、街区共同体の教育機能は家族の教育に果たした役割とともに依然として大事な研究テーマであることを示した。

1 R. Peel, Speech on National Education, House of Commons, July 30th 1833, *Hansard*, col.173.

2 L. Colley, *Britons, Forging the Nation 1707-1837*, 1992.（川北稔監訳『イギリス国民の誕生』名古屋大学出版会、二〇〇〇年）を参照。

3 *A Plan of Newcastle upon Tyne and Gateshead 1788, engraved by R. Beilby; Plan of Newcastle upon Tyne and the Borough of Gateshead by Thomas Oliver from Actual Survey 1830*, Newcastle City Library, 1982.

4　ニューカースルの歴史についてはそれぞれの時代を代表する書物が刊行されてきた。H. Bourne, *The History of Newcastle upon Tyne: or the Ancient and Present State of that Town*, 1736; E. Mackenzie, *A Descriptive and Historical Account of the Town and County of Newcastle Upon Tyne*, 1827; J. Sykes, *Local Records or Historical Register of Remarkable Events*, 2vols, 1833; S. Middlebrook, *Newcastle Upon Tyne, Its Growth and Achievement*, 1950; N. McCord, *North East England, the Region's Development 1760-1960*, 1979. N・マコードの最後の書物は北東イングランド史であるが、ニューカースルについてもバランスのとれた叙述を与えている。一九六〇年以降、北東イングランド史研究に重要な役割を果たしてきた雑誌に*Northern History*がある。なお、この地域の歴史研究に欠くことのできない重要な人名辞典に、R. Welford, *Men of Mark Twixt Tyne and Tweed*, 3vols, 1895. がある。近世のニューカースルについては、中野忠『イギリス近世都市の展開』創文社、一九九五年を参照されたい。

5　L.T.C. Rolt, *George and Robert Stephenson: The Railway Revolution*, 1960; J.D. Scott, *Vickers, A History*, 1962, pp.3-15; P. Mackenzie, *W.G. Armstrong, The Life and Times of Sir George Armstrong*, 1983.

6　松塚俊三「タインサイドの資本家家族」『研究論集』（名古屋大学文学部）ＸＣＶ、一九八六年。

7　M. Phillips, *A History of Bankers and Banking in Northumberland, Durham and North Yorkshire*, 1894; McCord, *op.cit.*, pp.58-65.

8　An Abstract of the Treasurer's Account of Receipts and Payments, for the Borough Fund of Newcastle upon Tyne, from 1st September 1837 to 31st August 1838 (Newcastle University, Archive Teaching Units No.5, *The Tyne*, 1970).

9　松塚俊三「一八三五年の都市自治体法と地域政治史——ニューカースル・アポン・タインのwhig middling ranks」『社会経済史学』四九巻三号、一九八三年。

10　McCord, *op.cit.*, pp.80-98.

11　松塚俊三「ニューカースル文芸・哲学協会とウィリアム・ターナー」長谷川博隆『ヨーロッパ史における国家と中間権力と民衆に関する総合的研究』（科研報告）、一九八六年、六五〜七五頁。

12　Mackenzie, *op.cit.*, pp.461-600.

13　松塚俊三「イギリス近代の地域社会と『第二の科学革命』——ニューカースル文芸・哲学協会をめぐって」『史学雑誌』九八編九号、一九八九年、一〜三九頁。

14　近世後期から一九世紀にかけての都市に関する我国の研究については、長谷川貴彦「イギリス産業革命期における都市ミドルクラスの形成――バーミンガム総合病院一七六五～一八〇〇年」『史学雑誌』一〇五編一〇号、一九九六年、岩間俊彦「産業革命期リーズの都市エリート　一七八〇～一八二〇――名望家支配からミドルクラス支配へ」『社会経済史学』六三巻四号、一九九七年、小西恵美「十八世紀におけるキングズ・リン・コーポレーションの活動」『三田商学研究』三九巻四号、一九九六年、坂下史「イギリス近世都市研究に関する覚え書き」『年報都市史研究』八号、二〇〇〇年を参照。なお、パターナリズムについては、青木康「地域社会と名望家支配」『世界史への問い５　規範と統合』岩波書店、一九九〇年、久木尚志「パターナリズムと労働者」岡本明編著『支配の文化史』ミネルヴァ書房、一九九七年を参照。

15 McCord, *op.cit.*, p.102.

16 ニューカースルの初等教育史についての研究として唯一、参考になるのは、M.G. Mason, A Comparative Study of Elementary Education Tyneside Before 1870, M. Ed. thesis (Durham University), 1951.

17 Mason, *op.cit.*, p.8.

18 B. Maine and A. Tuck (eds.), *Royal Grammar School, Newcastle Upon Tyne*, 1986, chapter 2.

19 一八世紀については、J. Ellis, 'A Dynamic Society: Social Relations in Newcastle-upon-tyne 1660-1760', in P. Clark (ed.), *The Transformation of English Provincial Towns*, 1984. 一九世紀については、N. McCord, 'Tyneside Discontents and Peterloo', *Northern History*, vol.2, 1967 を参照。

20 J. Baillie, *An Impartial History of the Town and County of Newcastle upon Tyne and its Vicinity*, 1801, p.287.

21 Mackenzie, *op.cit.*, pp.443-445; D.R. Moir, *The Birth and History of Trinity House*, 1958, pp.27-31.

22 Mason, *op.cit.*, p.167.

23 M.G. Jones, *The Charity School Movement*, 1938.

24 *Ibid.*, chapter 2 を参照。

25 *Ibid.*, pp.73-84.

26 *Ibid.*, p.100.

27 人口に占める五～一〇歳人口の比率は一八五一年のセンサスでは全国平均二七％であったが、ニューカースルにはそれよりもかなり低い地域が存在した。たとえば、セント・ジョン教区は一八〇一年一九％、一八一一年二〇％、一八五一年二一％であった(anon., Newcastle Population, Newspaper Cuttings, 1784-1831, n.d., Newcastle Central Library)。

28 Mackenzie, *op.cit.*, pp.445-451.

29 Charity Commissioners, *Report on the Charities of Newcastle*,1830, pp.387-428.

30 *Ibid.*, p.411.

31 S・トリィマーは聖書のなかからとられた単語を学びやすいように短音節のものから配列した綴方の教科書をつくった。また、日曜学校運動、女子教育に尽力したことでも知られる（J. Kamm, *Hope Deferred: Girl's Education in English History*, 1965, pp.89-90, 96-98）。

32 J. Lewis, *Explanation of the Church Catechism*, 1712.

33 Mason, *op.cit.*, p.92.

34 *Ibid.*, p.95.

35 R. Johnson, 'Notes on the Schooling of the English Working Class 1780-1850', in R. Dale et al., *Schooling and Capitalism* (Open University), 1976, p.45.

36 W. Turner, *Sunday School Recommended: A Sermon Presented at Morpeth*, 1786, p.13.

37 *Ibid.*, p.15.

38 *Ibid.*, p.24.

39 *Ibid.*, pp.25-26.

40 *Ibid.*, p.30.

41 W・ターナーに関してはこのように理解されるが、広く日曜学校一般を視野に入れた場合には大いに議論の余地がある。日曜学校運動について重要な問題提起を行ったT・W・ラーカーは、日曜学校を上からの「社会統御」としてではなく、より積極的な「民衆文化の表現」と捉えた。日曜学校はフランス革命に怯《おび》える支配階級の不安を重要な誘因としていることには違いないが、それだけでは「一面的」であると彼は主張する。日曜学校は娯楽を含めた、労働者の「地域社会」(local community）のセンターであり、労働者自身が設立あるいは運営に関与したものも多いと主張した。T.W. Laqueur, *Religion and Respectability: Sunday Schools and Working Class Culture 1780-1850*, 1976; Do., 'Working-class Demand and the Growth of English Elementary Education, 1750-1850', in L. Stone (ed.), *Schooling and Society*, 1976. もっとも、これには反論もある。とくに、日曜学校の設立、運営に労働者が積極的に関与していたとするラーカーの見解にはM・ディックから反論が出されている。M. Dick, 'The Myth of the Working-Class Sunday School', *History of Education*, vol.9, no.1, 1980, pp.27-41.

42 Newcastle Sunday School Union, *First Report*, 1817, p.5.

43 Newcastle Sunday School Union, *Sixth Report*, 1823, p.10. 表4の一八二三年の数値はニューカースル日曜学校連盟が行った調査の結果である。この調査はH・ブルームが一八二〇年に提出した「教区学校法案」の基礎となった調査結果の不備を正すために連盟が独自に行ったものである。ブルームの法案は初等教育の拡充をめざすものであったが、地方税による学校の建設、国教徒教師の任用など多くの問題点をもっていた。そのため、国教会、非国教会派の両派の反撥をかい、法案は廃案となった。S.J. Curtis, *History of Education in Great Britain* (first ed.,1948), seventh ed., 1967, pp.219-222 および松井一麿「ブルーム『教区学校法案』の研究」東北大学教育学部『研究年報』第二二集、一九七四年を参照。

44 Mason, *op.cit.*, p.54.

45 Newcastle Sunday School Union, *First Report*, 1823, pp.11-13.

46 M. Sanderson, *Education, Economic Change and Society in England 1780-1870*, 1983, pp.12-13.

47 W. Cargill (a Committee of the Educational Society of Newcastle), 'Educational, Criminal, and Social Statistics of Newcastle-Upon-Tyne', *J.S.S. of London*, vol.1, 1838, pp.355-361.

48 J. Lancaster, *Improvements in Education*, first ed., 1803, pp.100-106.

49 Johnson, *op.cit.*, p.48.

50 M.M. Bowery, William Turner's Contribution to Educational Developments in Newcastle Upon Tyne, M. Lit. thesis (Newcastle Univ.), 1980, p.252.

51 *Newcastle Courant*, August 17th., 1812.

52 Royal Jubilee School, *First Report*, 1811, p.4.

53 J. Cochrane, *The Royal Jubilee School*, 1904, p.9.

54 *Ibid.*, p.8.

55 Mackenzie, *op.cit.*, p.454.

56 「道徳的機械装置」に驚嘆したのはマッケンジーだけではなかった。一八一六年に「記念学校」を訪れたロバート・オウェンも生徒たちの「表情と行動」に驚き、逆に長時間の児童労働がおよぼす、肉体的、精神的弊害に想いを寄せたといわれている。Royal Jubilee School, *Sixth Report*, p.6.

57 Mackenzie, *op.cit.*, p.453.

58 Royal Jubilee School, *Forth Report*, 1814, p.7; *Sixth Report*, 1816, p.7.

59 Mackenzie, *op.cit.*, p.455.

60 Mason, *op.cit.*, p.247.

61 *Ibid.*, p.162.

62 Mackenzie, *op.cit.*, p.447.

63 マッケンジーはピータールーの虐殺に抗議するニューカースル集会（一八一九年）の議長、「北部政治同盟」の書記であった。R. Welford, *Men of Mark Twixt Tyne and Tweed*, vol.III, 1895, pp.114-119.

64 Mason, *op.cit.*, p.186.

65 Cochrane, *op.cit.*, p.21.

66 Newcastle Sunday School Union, *Fifth Report*, 1823, p.10.

67 Cargill, *op.cit.*, pp.355-361.

68 あらかじめ各世帯に配布されていた調査票から調査員が転記したものである。Schedule と呼ばれるこの原簿を本稿では調査票と訳しておく。調査票は Tyne and Wear County Record Office および Newcastle Central Library の所蔵するマイクロ・フィルムを使用。なお、一八五一年の人口センサスについては、安本稔「初期ヴィクトリア朝イングランド工業都市の人口と家族」速水融・斉藤修・杉本伸也編『徳川社会からの展望』一九八九年を参照。

69 *Plan of Newcastle upon Tyne and Gateshead from Actual Survey by Thomas Oliver*, 1801.

70 Ellis, *op.cit.*

71 Health of Towns Commission, *Report on the State of Newcastle-upon-Tyne*,1845, pp.89-91.

72 Cochrane, *op.cit.*, p.24.

73 *Report of the Commission Appointed to Report and Advise upon the Boundaries and Wards of Certain Boroughs and Corporate Towns*, Part 2, Newcastle-upon-Tyne, 1837.

74 Ordunance Survey plans, Newcastle-upon-Tyne, Sandgate, 1862 (Newcastle Central Library).

75 ニューカースル最初の人名住所録は、W. Whitehead, *Newcastle Directory*, 1778である。

76 J. Mitchell, *Directory of Newcastle, Gateshead etc.*, 1801.

77 Cochrane, *op.cit.*, p.23.

78 Mason, *op.cit.*, p.198a, p.273a.

79 教師見習生制度の成立過程については、三好信浩、前掲書、第二章第二節「教員養成の理論と実践」、および中島直忠「英国における教員養成・教員資格への国家関与」東北大学教育学部『研究年報』第八集（一九六〇年）、浅野博夫「イギリスにおける教育国庫助成の類型と行政機構に関する考察」東北大学教育学部『研究集録』第五号（一九七四年）を参照。「改正教育令」については、大田直子『イギリス教育行政制度成立史』東京大学出版会、一九九二年、第一章、浅野博夫「イギリス・改正教育令（一八六二年）の初等教育史上の意義」東北大学教育学部『研究年報』第二三集（一九七五年）を参照。

80 Education Census〔1851〕, *Report*, p.57.

81 J.B. Williamson, *Memorials of John Bruce Schoolmaster in Newcastle-upon-Tyne and of Mary Bruce His Wife, Compiled from the Papers of Their Son John Collingwood Bruce*, 1903, pp.1-18. 著者のジョン・ブルース・ウィリアムスンはジョン・ブルースの孫。

82 *Ibid.*, p.22.

83 *Ibid.*, pp.29-31.

84 B. Maims and A. Tuck, *op.cit.*, chapter III.

85 J.B. Williamson, *op.cit.*, p155.

86 *Newcastle Magazine*, June 1821. トーマス・スペンスに関しては、松塚俊三「スペンス（Thomas Spence, 1750-1814）観の変遷――ラディカリズムから千年王国主義へ」『史学雑誌』九〇編一号、一九八一年、同「トーマス・スペンスの思想と行動――一七九〇年代のイギリス・ラディカリズムと千年王国主義」『西洋史学』第一二三号、一九八二年を参照。

87 T. Spence, *The Grand Repository*, 1775; Do., *Real Reading Made Easy*, 1782.

88 J. Bruce, *An Introduction to Geography and Astronomy by the Use of the Globes and Maps*, 1803 (Newcastle Central Library).

89 同じような事例は女子校についてもいくつか抽出される。たとえば、サヴィル・プレイスのアン・アンダースン（Ann Anderson）夫人の学校、サヴィル・ロウのキャサリン・ティディ（Catherine Tidy）夫人の学校、ハイアム・プレイスのアグネス・エリス（Agness Ellis）夫人の学校などは、皆、同じような特徴を備えていた。ブルースの学校同様、すべて市の中心街にあった点でも共通している。

90 Robert Ward, *Northumberland and Durham Directory*, 1850.

91 Cochrane, *op.cit.*, p.23.

92 Middlebrook, *op.cit.*, pp.288, 132.

第五章
民衆の教師・教育観

はじめに

本書はこれまで主としてデイム・スクールの教師について論じてきたが、彼らと公教育学校の教師は隔絶された別個の世界に生きていたわけではなかった。両者は後述するように、その出自、教師になる動機、恵まれない社会的・経済的地位、彼らを支える人間関係ひいては教師（育）像をも共有していた。相互に移動し混交する関係は公教育を国民の規範的な教育機関たらしめようとする者たちにはきわめて不都合な状態といわねばならなかった。制度としてだけでなく、教育方法においても、教師の意識の点でも、民衆の世界と一線を画す教師をどのように養成するかは公教育の帰趨を制する、決定的に重要な問題であった。[1]

イギリスの場合、この枢要な仕事は国家にではなく、国民協会や内外学校協会などの任意団体に委ねられた。シャトルワースらが立案した国立師範学校計画は早くも一八三九年に各宗派の反対にあって挫折していた。教師養成は高等教育機関が参入する一九世紀の末まで、これらの任意団体が責任を負うことになる。任意団体の傘下におかれた師範学校（Training Colleges, Normal Schools）はデイム・スクールの教師やその基盤をなす教育の民衆文化的要素の侵入を防ぐことに心をくだいた。しかし、彼らが教師にふさわしいと考える学生の選抜ははじめから苦難の連続であった。近代的な価値基準をもっていかに選び抜こうとしても、教職を生活の糧としてしたたかに利用する者たち、共同体の相互扶助の一環、慈善と考える者たち、師範学校の当局者とは全く異なる教師観、人間観によって応募者を推薦してくる者たちは後を絶たなかった。人間を評価する基準が違っていた。何をもって「リスペクタブル」であるとするかが明らかに違っていた。学生の選抜をめぐって葛藤を繰り広げた師範学校は公教育の推進者たる国家および任意団体と近世以来の民衆文化とが遭遇することによって生じた一つの「磁場」といってよい。この「磁場」は内外学校協会＝ＢＦＳＳの師範学校として知られるバラ・ロード校（Borough Road Training College）にもっとも鮮明な形をとって現われた。ロンドンのサザクからその後、移転した同校（現在のWest London Institute of Higher Education）のランカスターハウスと呼ばれる建物の一室（BFSS Archives Centre）には、書簡の形をとるおびただしい数の願書や推薦状、現場教師の手紙が保管されている[2]（図1参照）。これらは「磁場」の作用を、教師たちの生きざま、苦悩とともに明らかにするまたとない史料であった。本来なら国民協会についても検討されるべきであるが、残念ながら同協会の史料センター（Church of England Record Centre, Bermondsey, London）には同種の史料は残されていない。

1　バラ・ロード師範学校

学校の設立、運営の要となる資金の性質から学校を分類すれば、ＢＦＳＳ傘下のブリティッシュ・スクールと国教会系の学校との比率は一対八である（表1参照）。けれども、ブリティッシュ・スクールのイギリス初等教育史に

図1　BFSSが所蔵する書簡史料　（上）願書，推薦状，手前にあるのはしばしば同封されてくる裁縫の見本（子ども服の袖口）。女性の裁縫能力を見るもっとも手っとり早い習作と考えられていた。（下）書簡の一部。形状は一定せず，なかには紙片に近いものも含まれる（右下のもの）。

表1　イングランドおよびウェールズの週日制公教育学校（1851）

		学校数	生徒数	教師に関して情報が得られた学校数	教師総数	教師の内訳（男）			教師の内訳（女）		
						男性教師	教師見習生	公的補助を受けない教師	女性教師	教師見習生	公的補助を受けない教師
Ⅰ	主として，国および地方の税によって支えられる学校	610	48,824	349	1,113	368	90	164	328	53	110
Ⅱ	主として，基金によって支えられる学校	3,125	206,279	2,199	7,557	2,744	485	1,659	1,345	308	1,016
Ⅲ	主として，宗教組織によって支えられる学校	10,595	1,048,851	8,232	44,167	5,902	4,418	11,856	8,956	3,894	9,141
Ⅳ	その他の公教育学校	1,081	109,214	640	4,522	667	298	1,312	735	258	1,252
	総　計	15,411	1,413,168	11,420	57,359	9,681	5,291	14,991	11,364	4,513	11,519
Ⅲ	主として，宗教組織によって支えられる学校										
A[1]	（国教会）① 国民協会系	3,720	464,975	3,193	16,222	2,662	2,223	3,035	3,572	2,076	2,654
	（国教会）② 主教座管轄	4,851	336,532	3,526	10,568	1,674	555	1,664	3,806	914	1,955
	（非国教会）	1,510	163,685	1,232	9,805	1,074	646	3,788	1,182	434	2,681
B[2]	BFSS	851※	82,597	477	7,507	487	993	3,353	384	466	1,824

1) A. 宗派主義（Denominational）
2) B. 非宗派主義（Non-denominational）
※Ⅳに所属するブリティッシュ・スクールを含む。
（Education Census〔1851〕, *Appendix to Report, Table B*〔p.cxxiii〕, *Table E*〔cxxix〕より作成。）

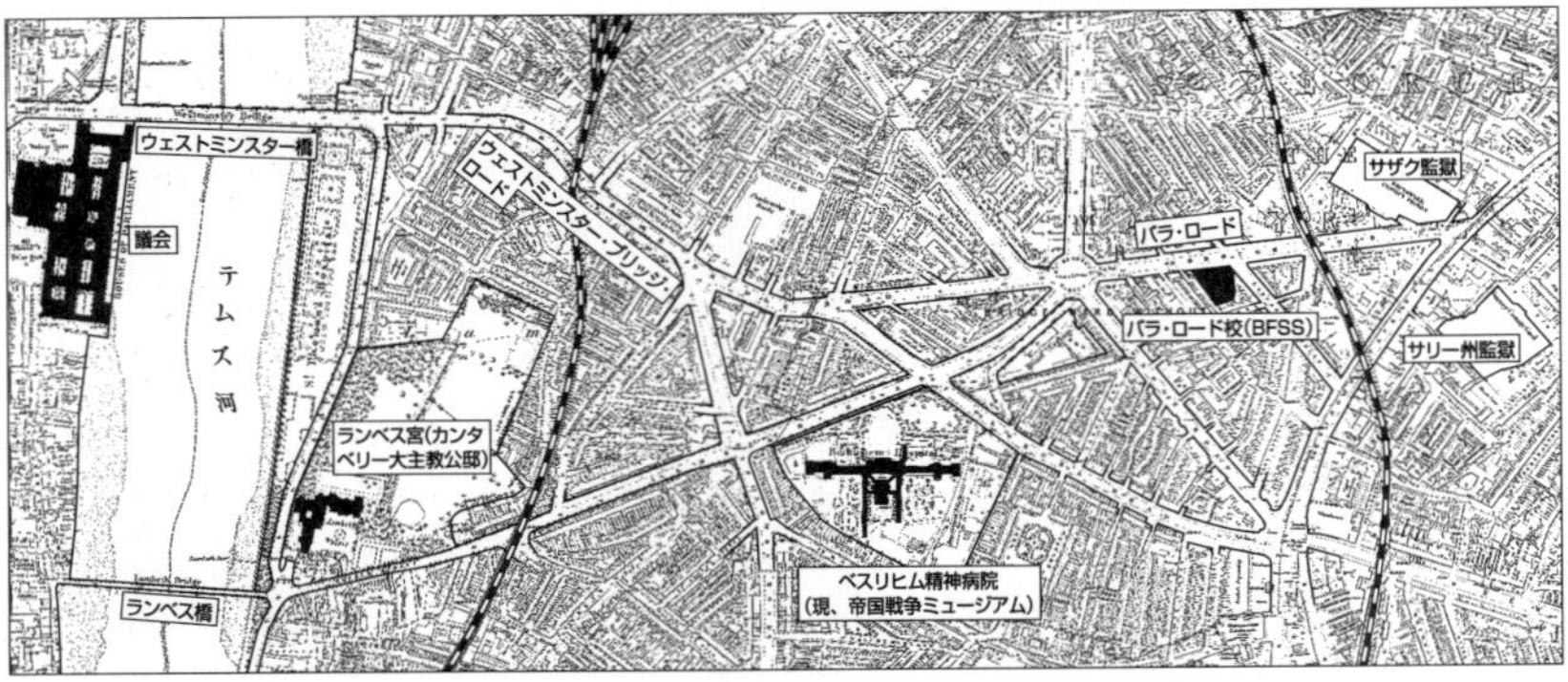

図2　ロンドン南部に開設されたバラ・ロード校（Ordnance Survey, 1872）

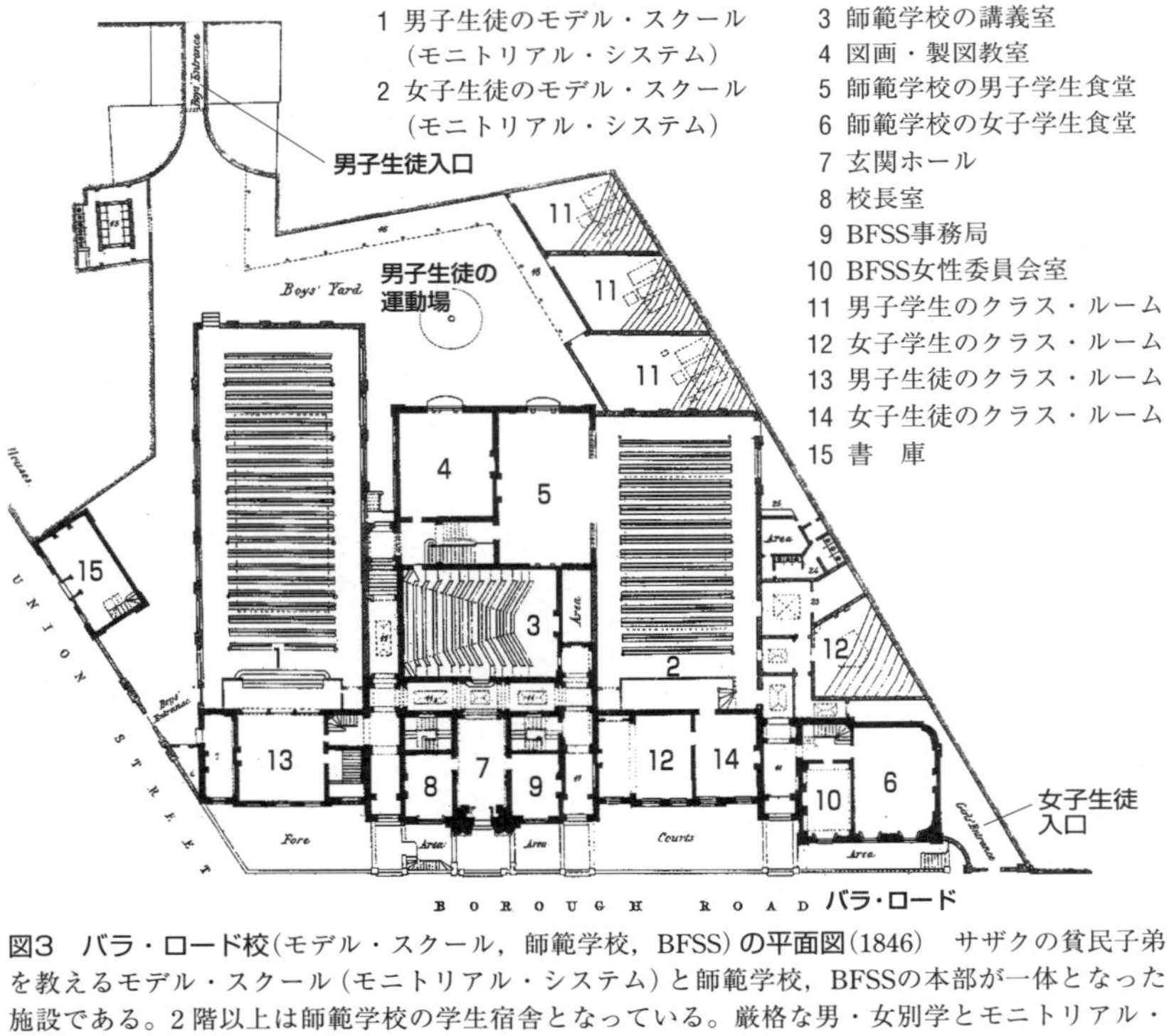

図3　バラ・ロード校（モデル・スクール，師範学校，BFSS）の平面図（1846）　サザクの貧民子弟を教えるモデル・スクール（モニトリアル・システム）と師範学校，BFSSの本部が一体となった施設である。2階以上は師範学校の学生宿舎となっている。厳格な男・女別学とモニトリアル・システムから一斉授業方式（教師が直接教えるクラス・ルーム）への変化が見てとれる。子どもたちの教室（1，2）はクラス・ルームではなく，モデル・スクールと表示されている。
（Minutes of the Committee of Council on Education, 1846, p.468）

占める位置は量的な問題に単純に還元できない重要性をもっていた。この点をいますこしＢＦＳＳの歴史を振り返りながら見ておこう。[3]

ＢＦＳＳはクェーカーであったＪ・ランカスター（Joseph Lancaster, 1778-1838）が一七九八年にロンドン南部のバラ・ロード（Borough Road）に開設した貧しい子どもたちのための学校に始まる（図2、図3参照）。ランカスターの教育方法は年長の子どもたちに教師の代役を務めさせる教育方法の目新しさと経済的合理性が人びとの関心を集め、急速に拡大していった。しかし、ランカスターの個人的努力に負うところの大きかった無償教育は借財を重ねるうちに限界に達し、訴訟問題まで引き起こした。五〇〇〇ポンドにも達した借金はバラ・ロード校の運営費の増加だけでなく、モニトリアル・システムの全国化をランカスター個人の力で推し進めようとした結果、生じたものであった。これにはランカスターが人を惹きつける自信に満ちた情熱的な性格とは裏腹に、協調性を欠く「人格上のいくつかの重大な欠陥」をもっていたことが影響していたといわれている。[4]財政的危機を救ったのはランカスターの教育方法に共感を示したＷ・アレン（William Allen, 1770-1843）らの富裕な非国教徒であり、すこし後れて運動に参加したＷ・ウィルバーフォース（William Wilberforce, 1759-1833）、Ｊ・ミル（James Mill, 1773-1836）、Ｈ・ブルーム（Henry Brougham, 1778-1868）、Ｓ・ウィトブレッド（Samuel Whitebread, 1758-1815）、Ｆ・プレイス（Frances Place, 1771-1854）、Ｊ・ヒューム（Joseph Hume, 1777-1855）らの名だたる進歩的ホイッグや急進主義者であった。彼らはジョージ三世の支持を得て、一八〇八年に「貧民の子どもたちの教育を促進する王立ランカスター協会」（Royal Lancasterian Institution for Promoting the Education of the Children of Poor）を名のると同時に、組織の目的と性格を明確にした。彼らは教育の目標を「あらゆる宗派の労働・生産諸階級の教育促進」に定めるとともに、活動の範囲を海外にまで広げるべく、一八一四年には組織の名称を「内外学校協会」（British and Foreign School Society）＝ＢＦＳＳに改めた。[5]

一八〇八年の財政危機から一八一四年のＢＦＳＳの発足にいたる時期はモニトリアル・システムがランカスター

個人の運動からより組織的な運動へと転換しただけでなく、彼らの組織的運動自体も深刻な内部対立を克服しなければならなかった時期でもある。内部対立は宗教教育の是非をめぐって起こった。ミル、ヒューム、プレイスら、ベンサムに共感をよせる者たちはいかなる宗教教育も行わない世俗教育を主張したが、協会の主流をなす非国教徒の有力者は特定宗派の教義にそった宗教教育ではなく、聖書に特定の解釈をほどこさない非宗派主義的(普遍的)宗教教育の重要性を強調した。[6] 主流派にとって、非宗派主義的宗教教育はさまざまな宗派が混在する地域社会から幅広い財政支援を得るためにも、また運動の当初から彼らに共感を示し、温情主義的な財政支援を行ってきたケント、ベッドフォード、サシックスの各公爵夫人の支持をつなぎとめておくためにも、譲れない一線であった。両者の対立はプレイスら急進派が組織を退くことで結着をみた。

　ＢＦＳＳの非宗派主義的宗教教育は信仰の自由が親たちの欠くべからざる「市民的権利」の一部であるという主張と、教育は「国家に任されるべきものではないし、特定宗派の聖職者の足下に跪《ひざまず》かされるべきものでもない」[7]という教育私事主義に根拠をもっていた。ＢＦＳＳがこうした主張を基本路線として掲げた背景には、宗派主義を標《ひょう》榜《ぼう》する国教会の教育独占に対抗して非国教会派の現実的利害を守り、同時に狭隘《きょうあい》な宗派主義を退けることによって民衆教育を国民的基盤の上に成立させるという、彼らの積極的な戦略があった。たとえばＢＦＳＳは宗派主義的な宗教教育のもたらす弊害を次のように説明する。「仮に町にウェスレー派の学校が一校あり、他に学校がなかったとしたらどうなるか。ウェスレー派以外の子どもたちは聖書の根本原理が教育されず、放置されることになる」と。[8] 民衆の無知がもたらす弊害を除去し、社会を防衛しようという時代の要請に応えるためには、国教会、非国教会派をとわず、あらゆる宗派の協力を得なければならなかった。「宗派」よりは「国」を、「教会」よりは「町」を、「会衆」よりは「地区」を重視することによって教育を「国民的なものにする」ことが彼らの主張であった。[9] 諸宗派の力を結合して教育の普及をはかろうとする、このような方式(結合方式)は国教会や一部の非国教会派(会衆派など）の宗派主義と急進主義者の国家主義的な世俗主義との中間に位置していた。それはまた、「市民的・宗教的自由の原則と矛盾することなく、同時にすべての党派やすべての宗派を結合することのできる制度」[10]を追求した枢密院教育委員会事務局長、ケイ＝シャトルワースの意向とも合致していた。前世紀以来、民衆教育に大きな足跡を残してきた諸宗派のボランタリズムに依拠しつつ、同時に宗派主義のもつ国民教育としての限界をも考慮しなければならなかったシャトルワースと枢密院教育委員会にとって、ＢＦＳＳの結合方式はもっとも望ましい、時宜《じぎ》にかなった方式であった。[11]学校数や生徒数の占める比重が小さかったにもかかわらず、ＢＦＳＳが重要な意味をもつ理由の一端もここにある。またそれゆえに、ＢＦＳＳは圧倒的な影響力をもつ国民協会とともに教育に対する国庫助成の窓口団体たりえた。

ＢＦＳＳが注目される第二の理由はバラ・ロード校内に併設された同名の師範学校（Borough Road Normal School）にある。同校の教師養成課程は助教生の一部を教育する形で一八〇五年に開始された。イングランドの師範学校はシャトルワースらが立案した国立師範学校法案が廃案となり、予定していた資金が国民協会とＢＦＳＳに配分された一八三九年より急速に整備され、一八四〇年代には体制がととのった。いまこれを一八四五年の時点で取り出したのが表2である。[12]

表2に示される二二校のうち、一八三九年以前にすでに設立されていた学校はＢＦＳＳのバラ・ロード校と国民協会のウェストミンスター校、中産階級の幼児教育に先鞭をつけたホーム・アンド・コロニアル協会（Home and Colonial Society）の師範学校、の三校にすぎなかった。残りの一九校のうち、国民協会に属するセント・マークス校、バターシー校、ワイトランド校の三校を除くと、あとはすべて主教管区の管轄する学校であり、収容力も小さかった。主教管区の学校の大半は主教座聖堂に附属する伝統的な教師養成機関であり、師範学校としての十分な独立性をもちえなかった。また、これらの学校は同じく国教会の影響下にあったとはいえ、師範学校としての制度的な統

表2　1845年当時の師範学校

A．国教会

学校名	男女	収容力	在籍者数	在学期間
(1)※セント・マークス	m	72	53	3年
※バターシー	m	約80	71	1年半
※ワイトランド	f	74	54	2年
※ウエストミンスター	m f	40 56	40 51	6～12カ月
カンタベリ	m f	4 6	4 6	とくに規定なし 6カ月が望ましい
ヨーク・リポン	m f	36 20	36 8	1年が望ましい
ダラム	m	20～26	3	平均6カ月
ウィンチェスター	m	19	19	6カ月
チェスター	m	13	10～13	2年
ブライトン	f	16	11	1年
エクセター	m	20	19	3年，ただし委員会が 承諾次第，直ちに赴任
リッチフィールド	m	26	26	2年
リンカン		(60)	1	2年
ランダフ		寄宿なし，通い	2 2	3～12カ月
ノリッヂ	m f	3 7～8	0 0	3カ月
オックスフォード	m	28	14	1年
キドゥリントン	f	40以上	10	6カ月
ソールズベリ	m	28	26	6カ月～3年
チェスター	m	70	41	1年
ウォリントン	f	35	20	1～5年

B．非国教会

(2)　バラ・ロード	m f	—	107 105	6カ月を超える者は 少ない

C．その他　ホーム・アンド・コロニアル・ソサイエティ（詳細不明）

(1)※は国民協会，その他は主教座管轄。

(2)バラ・ロード校の在学期間について。視学官であったJ・フレッチャーの報告(1846年)によると，査察当時(1845年)で，6カ月を超えて在学する者は男4人のみであった(P.R.O., Ed.17-9, p.450)。1834年の段階では最低2カ月と定められていたが実際には困難であった(H. Dunn, Select Committee, no.229)。

(*Report by Rev. Henry Moseley*〔HMIS〕, *Number of Students Actually under Institutions in Church Training Colleges*〔P.R.O., Ed. 17-8, p.214〕より作成。)

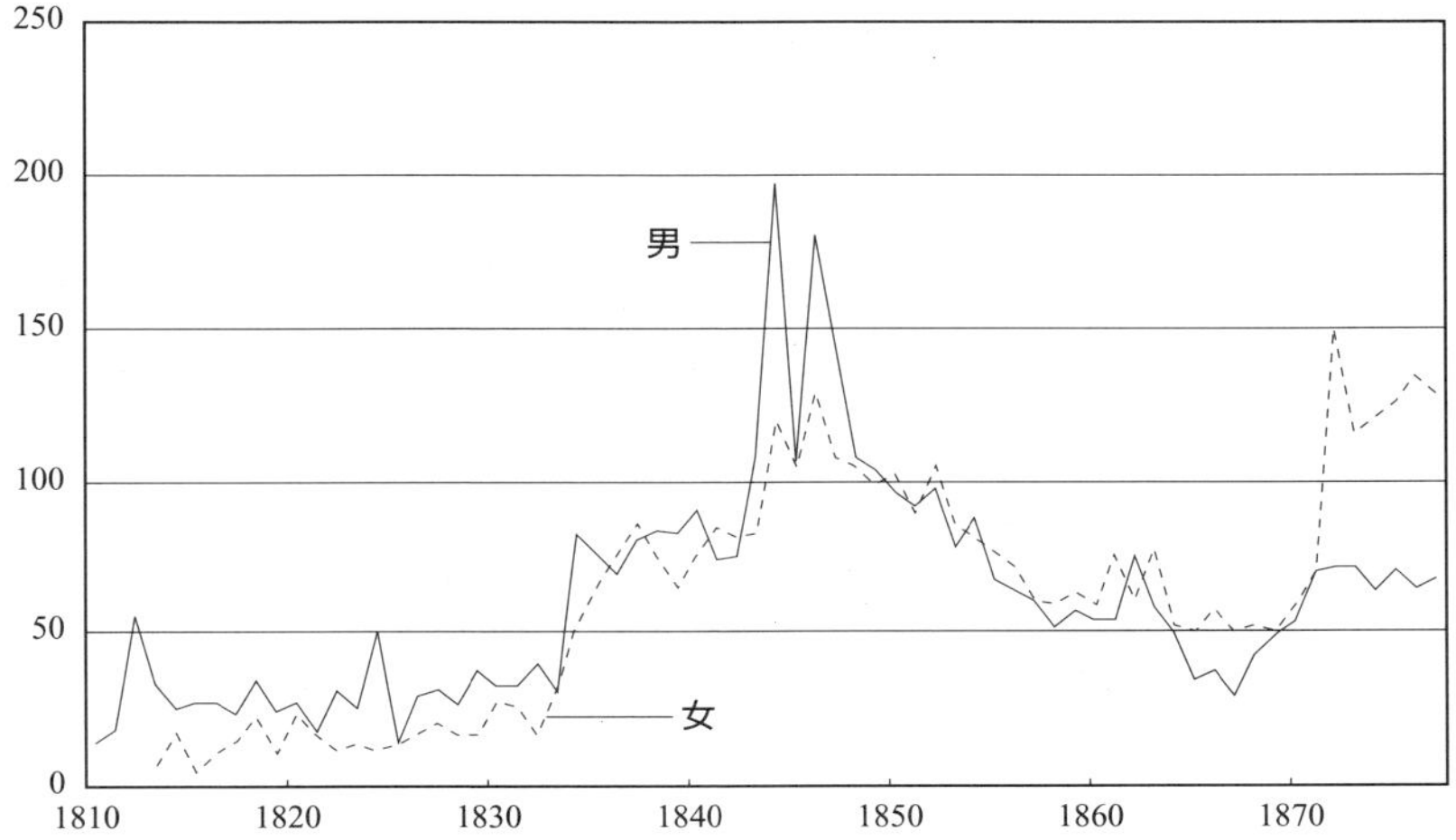

図4　バラ・ロード師範学校の学生数
（BFSS , Registers of Borough Road Training College Students, 1877より作成。）

一性はなく、性格も目標も違っていた。セント・マークス校のように私立の古典学校出身者が多く、中産階級のための学校に教師を送り出す学校もあれば、バターシー校のように農作業＝労働を重視する師範学校もあった。あるいはチェスター校のように実践的な科学技術教育を志向するものもあった[13]。

これら初期の師範学校のなかにあって、バラ・ロード校はもっとも多くの教師を送り出したことで知られる。同校はいち早く教師養成に着手し、一八五一年までには延べ三〇〇〇人を超す学生の訓練にあたった。図4は学籍簿から、入学者数の確認できる一八一〇年より一八七〇年代後半までの同校の学生数を示したものである[14]。ＢＦＳＳが大量の教師を送り出すことができた最大の理由は三カ月にも満たない学生の短い訓練期間にあった。ランカスターは当初、助教生を二、三年にわたって訓練する計画をもっていたが、協会の資金不足、年端もいかない助教生たちの能力不足、促成の教師を送り出さねばならなかった圧倒的な教師不足から成功しなかった。そのため、ＢＦＳＳは発足当初から、一定の年齢に達した成人から学生を募り、短期間でモニトリアル・システムを会得させる方針を採用した[15]。こうした方式は、次章で検討するように、多くの矛盾をかかえ込むことになったが、急増する各地のブリティッシュ・スクールその他に大量の教師を送らなければならなかった当時としてはやむをえない措置《そち》であった。

学生数は学校建設に対する国庫助成が開始される一八三三年まで、年平均、約五〇名で推移し、一八三四年から一八四二年にかけて新たな増加期を迎えた。この時期の学生数の増加は国庫助成によって拍車がかかった学校の新設が影響を与えたものと思われる。ついで、学生数は一八四三年から一八四八年にかけて急増期を迎える。これには一八四二年の新校舎の完成(収容力の増大)だけでなく、一八四六年の教師見習生制度、およびそれにともなう給料への国庫助成がもたらした教職に対する一般的な期待感が与《あずか》っていた。しかし、一八四四年(男)、一八四六年(女)をピークに学生数は減少傾向をたどり、一八六〇年代の末まで増加に転じることはなかった。なぜ学生数が急激に減少したかについては今のところ正確なことはいえないが、おそらくは一八四八年より開始される教師資格試験が学生の在学期間を長期化させ、その分だけ収容力を小さくしたことによるものと思われる。

こうした減少傾向のなかで注目されるのは一八六〇年代以降に明瞭になる男女学生比率の逆転である。この逆転現象は一八六二年に導入された「改正教育令」(Reviced Code)によっていっそう明確になった。3Rを中心とする基礎教育に教育を限定し、なおかつ子どもたちの成績に基づいて補助金を配分する措置が知的意欲をもつ教師たちの上昇志向、自尊心を傷つけた。また、あらゆる補助金を一本化し、その運用を学校理事会(school committee)に委ねる「改正教育令」の方式は、理事者の恣意性を強め、教師をいっそう従属的で不安定な地位に貶《おとし》める印象を与えた[16]。とりわけ、男たちにとって、初等学校教師がもとより社会的評価の低い、経済的にも見合わない職業であっただけに、「改正教育令」の影響は大きかった。逆に、職業選択の幅がせまかった女性たちにとっては、教職は十分とはいえないにしても数少ない自立の手段であり、「解放」を意味したともいわれる[17]。男女学生比率の逆転はバラ・ロード校に特殊な現象ではなく、教師の全国的な女性化傾向とも一致していた。教師見習生の男女比が全国的レヴェルで逆転したのは一八六一年であったし、師範学校全体の男女学生比が逆転したのは一八六四年であった[18]。こうして見てくると、バラ・ロード校の学生数の変化は、厳密な因果関係の解明にはなお多くの課題を残しているとはいえ、初期の教師養成制度がそのつどこうむった政策変更の影響をほぼ的確に反映していたと見ることができる。これがＢＦＳＳをとりあげる第二の理由である。

ＢＦＳＳをとりあげる第三の、決定的ともいえる理由はＢＦＳＳのバラ・ロード校が所蔵する膨大な書簡史料である[19]。未だもって本格的な調査がなされたことのない未整理の書簡史料は大きく二つに分けられる。一つは各地の学校（理事会あるいは個人）から寄せられた教師の派遣を要請する手紙と現場教師（卒業生）の主として転勤を要請する手紙である[20]。これらは教師の採用にまつわる学校や地域社会の事情、教師の採用条件や候補者の事情、現場教師の生活と苦悩を伝える貴重な史料であるが、分析結果については次章で論じたい。もう一つはここでの主題であるバラ・ロード校への入学願書と推薦状である[21]。これらの文書は一八五九年に印刷され、統一された形式のいわゆる「願書」が使用されるまで、すべて手紙の形式をとっており、約二万点相当の書簡が現在も活動をつづけるＢＦＳＳの「史料センター」に保管されている。これらのマニュスクリプトは教師を志願した者たちの社会的出自、家庭環境、動機と推薦者たちの推薦理由や彼らの教育観、教師像を伝えており、他に例を見ない貴重な史料である。

ここではこれらの書簡史料を使って学生を募集する側の理想とする、つまりは時代が要請する教師像と「生活の糧」を求めてバラ・ロード校に押しかけた民衆の教師像との落差、入学をめぐる両者の相克を明らかにしてみたい。この点の解明は教師養成制度史研究の空白を埋めるだけにとどまらない重要な意味をもっている。すくなくとも、従来の制度史研究が無意識のうちに前提としてきた公教育学校とプライベイト・スクールとの観念的な区別は再検討をせまられよう。両者は学校という「容器」、教育の理念と方法に多くの相違点をもっていたが、教師の社会的出自、生活の実態から見た場合には必ずしも峻別《しゅんべつ》できるものではなかった。両者に共通する社会的地位の低さや劣悪な生活条件が相互の移動を妨げなかっただけでなく、彼らには学校や教職に対する態度や利用の仕方にも共通性が認められた。おびただしい数の願書と推薦状に見られる、教職を糊口をしのぐ手段とするしたたかさや慈善あるいは相互扶助として仲間をバラ・ロード校に推薦する周囲の者たちの発想、何をもって教師にふさわしいと考えるかの基準は明らかに民衆の生活世界に根ざす者たちのものであり、双方の教師が共有していた。またそのために、公教育を推進しようとする者たちの無条件に容認しうるところではなかった。公教育学校と競合する既存のデイム・スクールに対する非難は公教育の体内に巣くう「民衆の教師」を剔抉《てっけつ》し、自らを純化することでもあった。

公教育とプライベイト・セクターの両方にまたがる民衆文化的要素を切除し、公教育学校を国民国家にふさわしい規範的な教育機関たらしめることが、国家とボランタリズム(BFSS.NA)に課せられた役割であった。教師見習生制度の導入、教師資格試験の実施などは制度そのものの進化、整備を意味しただけでなく、民衆の教育文化とでもいうべき世界から教師と教育を切り離し、文字通り公教育を確立する施策であったとみることもできる。もちろん、ここでいう民衆文化とはバラッドや民間信仰といった伝統的な民衆文化のことではなく、すでに多くの研究者が注目しているように、文化の諸手段(ここでは学校)そのものに対する民衆独自の対応のあり方、その独特な利用の仕方のことである。[22] もうすこし本章の主題に即していえば、民衆の生活世界の一部であり、彼らの「領有」するところであった教師から国家の権威や地域の公的団体によって承認され、正当性を認められる教職への転換である。

とはいっても、膨大な書簡のすべてに目をとおすことは物理的に困難であり、筆者の分析は書簡史料が保存され始める一八一七年から一八四〇年代半ばまでの約三〇年間に限定せざるをえなかった。しかし、この時期は学校の急増期に入ったイングランドの公教育が教師の確保、養成をめぐって呻吟《しんぎん》を重ねた時期であり、過渡期の教師養成をめぐる問題の本質を捉えるに十分な長さをもった時代であった。

2　教師確保の諸困難とＢＦＳＳ

ＢＦＳＳは発足の当初から、活動の重要な柱として教師養成に取り組むが、そこには幾重にも重なる大きな困難が横たわっていた。まずはＢＦＳＳの一八三〇年度前後の年次報告書から、当時の教師たちの実情と質のよい有能な教師になりうる人材を獲得することのむずかしさを述べた二つの文章を検討してみよう。

……全イングランドには二万人を下らない教師たちがいる。しかし一部のすばらしい教師を除くと、この教師たちの圧倒的多数は高潔さやリスペクタビリティをまったくもちあわせていないか、彼らの意気消沈したふがいなさの原因が何であるのか認識することさえできないでいる。それらの原因をとり除こうとする一世紀以上にわたる粘り強い改善の努力にもかかわらずである。

こうした意気消沈の必然的な結果として、他のいかなる職業にあっても許されないどころか、はるかに劣った、教師の資格に欠ける者たちが教職に侵入するというやっかいな問題が生じている。彼らは他の職業で得られるよりましな――確かにわずかではあるが――手当てを得るために侵入した者たちである。したがって、教職自体は名誉ある、興味深い職業であり、どこでもそのようなものとして評価を受けうるものであるにもかかわらず、この国では社会と自分自身に利益をもたらす教職に就くのが最善であると思われるすべての者たちに敬遠される。これは何ら驚くべきことではない。[23]〔傍点――筆者〕

……したがって、教師は読み書きができ、聡明で敬虔でなければならない。でなければ、彼らは定められた仕事を台無しにしてしまうばかりだ。しかしわれわれの協会がこれまでやってきた通常の方法ではそうした理想的な教師の候補者を見出すことは期待できそうにない。教師一般の収入の低さ、安定性を欠く地位、教師となってもふさわしい仲間を見つけられない、等々の困難が週日学校教師の職業を魅力のないものにし、教職にもっとも適していると思われる者たちの就職を妨げている。特別の誘引、奨励策が講ぜられねばならないが、そのために必要とされる十分な資金の確保はきわめてむずかしい。大勢の者たちが教師をめざして応募してきているが、彼らの動機は他の職業で失敗した後、教職という新たな職に就くことによって生活の糧を得ようとする以外の何ものでもない。そうした人びとの人的資源をまったく捨て去る余裕はないけれども、当委員会はこれらの者たちの入学を断ることが適切だと考える。応募者のなかには教育の経験をもっていると公言する者たちもいるが、教師としてのそうした経験があったところで、彼らはしばしば、学校の運営に必要な資質のすみやかな修得を可能にするにはすでにあまりにも多くの習慣を身につけてしまっている。教師の最後の人的資源は助教生としての役割を立派に務めあげた若者のなかから候補者を注意深く選び出すことである。すなわち、教えるのに必要な能力と活動力、適性、教師として大変に重要な真面目さと分別をもっていると思われる者を選び出すことである。しかしながら、これらの若者たちを教育するには大変な経費が必要である。というのは、助教生を終えた若者を当校にて数年間〔教師として一人前にするために〕養い、在学させるか、さもなくば彼らが他の職業に就いたと仮定した場合に想定される収入に相当する金額を彼らの親たちに補償しなければならないからである。委員会はこれらすべての人的資源を最大限活用するよう努め、それぞれの層の候補者たちが在学期間中、当中央学校にてあらゆる便宜を享受するよう配慮すべきである。[24]〔傍点――筆者〕

この二つの文章は当時の教師たちがかこっていた不遇と師範学校がかかえていた困難な状況を端的に示している。

一八三〇、四〇年代の学校の急増期を目前にひかえて、ＢＦＳＳが質のよい人材を教師として大量に育て、地域社会の教育需要に応えなければならなかったことはいうまでもない。その最大の障害は教師の社会的地位の低さ、恵まれない経済的条件であった。一八三四年に議会の特別委員会の証言に立ったＢＦＳＳの事務局長、Ｈ・ダン[25](Henry Dunn, 1801-76)は「優れた教師を獲得するうえでの大きな困難の一つは教職に対するひどい軽蔑である。われわれが一人の教師を田舎町に送り込む場合、彼の赴任地で教職の重要性に理解を示す知的な人物を一、二人見つけ出し、彼らに当地のリスペクタブルな人びとをその教師に紹介してもらうよう依頼するのに大変苦労する」と述べていた。[26]また、バラ・ロード校で五〇〇人の子どもたちを教えるかたわら、教師養成にもあたったＪ・Ｔ・クロスリィは「初等学校の教師はほとんど全くといってよいほど重要視されていない。事実、大変に見下されているために、知的に優れた立派な若者たちはあえて学校の教師になろうとはしない」と証言していた。[27]

教師の社会的地位の低さは他のヨーロッパ諸国とは違って、イギリスの初等教育が貧民教育としての特徴を強く帯びていたことにも原因があった。一九世紀のイギリス初等教育史を概観したＧ・サザランドも指摘しているように、「一九世紀イギリスの初等教育は特定の年齢層に属するすべての者たちに対する教育ではなかった。それは最初の段階(first stage)あるいは初等教育(primary education)と同義語ではなく、ある階級の、すなわち労働貧民の教育を意味した」からである。[28]「初等教育」という言葉自体が厳密な意味では成り立たなかった。これは一七世紀の「教育革命」以来、教育が上から徐々に浸透し、一九世紀に教育の対象として大量の貧しい者たちが残った結果である。

教師の社会的地位は一九世紀の末になっても大きく改善されることはなかった。例えば、すでに紹介したフローラ・トムスンの『ラーク・ライズからキャンドルフォードへ』のなかにも当時教師であった作者自身の屈辱的な体験が語られていた。村に赴任したフローラの体験とは、彼女をお茶に招待しようとした教区牧師夫人の次なる言葉だった。「えーと、何とかさん(フローラ)をお茶にお誘いしたいのだけど、キッチン・ティーそれともダイニング・ティーのどちらにお誘いすればいいんでしょう」というものだった。[29] 教師をサーヴァントなみに台所で接待しかねない牧師夫人の態度は、当時の教師たちがいかに軽くあしらわれていたかを象徴していた。

教師の社会的地位の低さはそのまま給料の低さを表していた。教師の給料は都市と農村の格差、学校の経営事情、宗派の資金力、性差、居住環境などの付帯条件によって違っていたが、概して薄給だった。BFSS傘下のブリティッシュ・スクールについていえば、男性教師の年平均給料は六〇ポンドから六五ポンド(一八三〇年代)であった。授業料収入の期待できる都市部の大規模校でもせいぜいが八〇ポンドであった。[30] 教師たちは、先述したクロスリィが証言しているように、「自分たちの受けとる給料では生きていけないと感じており、内職として何か他の分野で教えるかプライベイト・スクールを始める者も多かった」。クロスリィはどれほどの金額であれば教育に十分な責任を負える教師を確保できるのかとの質問に対して、「一二〇ポンドあれば才能ある教師を獲得できる」と議会で証言している。[31]

教師の社会的地位の低さと職工と変わらないとまでいわれた薄給は、BFSS当局者の危惧する、芳《かんば》しくない者たちのバラ・ロード校への侵入を避けがたいものにした。他の職業で失敗した結果、教職を最後の拠り所とする者たち、身体障害者、病弱者、失業者、その他さまざまな「事情」をかかえる者たちが教師をめざして、バラ・ロード校への入学を果たそうと試みた。教育に対する使命感をもたない、「生活の糧を得る以外の動機をもたない者たち」をいかに排除するかが当局者たちの悩みの種であった。BFSSは一八三〇年代の初めに、学生の選抜にあたっては、年齢、経歴、未婚・既婚の別、在学可能な期間、健康状態、在学中の諸経費の負担など、志願者に関する基本的な情報を願書にもり込むよう義務づけるとともに、学生を選抜する原則的な規準として次の三点を明示した。(1)宗教的信条(宗派を問わず)の確かさ、(2)活動的、精力的であること(健康および年齢)、(3)十分な能力、知識、の三点である。[32] さらにロンドンとその周辺からの応募者に対しては面接を実施した。[33]

しかし、一八三〇年代初頭から始まった学生選抜の制度化への努力にもかかわらず、彼らの基準にかなう学生の獲得は困難をきわめた。はじめから教職をめざした者たちではない、「他の職業で失敗した者たち」を必ずしも排除できたわけではなかった。先の引用文にもあるように、本来なら「彼らの入学を断ることが適切なのだが」、当時の圧倒的な教師不足、下層階級もしくは下層中産階級（商店主、職人）出身の学生しか望みえない採用事情からして、「他の職業で失敗した者たち」＝失業者の「人的資源」を全く無視するわけにはいかなかった。そのような「余裕」はなかった。将来、教師になる者として適格であるかどうかは、結局、応募者一人ひとりについて、その動機を慎重に判断するほかなかった。もっとも重要な決め手は応募者の宗教的・道徳的資質の確かさであった。これらの資質は子どもたちの宗教教育に必要であったし、バラ・ロード校での厳格な訓練に耐え、さらには将来の不遇な教師生活に耐えぬいていくうえでも必須の条件であった。一八三〇年代以降、これらの資質は応募者の所属する宗派の聖職者の推薦状によって確かめられることが多くなる。

「他の職業で失敗した者たち」のなかで、BFSSの当局者たちがもっとも警戒した者たちは「教職の経験をもった者たち」、すなわちプライベイト・スクールの教師たちである。彼らについて、事務局長のダンは「もっともお粗末な教師になるのは彼らだ[34]」と述べていたし、クロスリィも「もっとも質の悪い学生になる[35]」と断言してはばからなかった。その理由は、彼らが「学校の運営に必要な資質のすみやかな修得を可能にするにはすでにあまりにも多くの習慣を身につけてしまっている」からであった。ありていにいえば、プライベイト・スクールの教師がバラ・ロード校の訓練になじまない我流の教育方法、癖を身につけてしまっていたからにほかならない。しかも、彼らはプライベイト・スクールであっても、経営に失敗したという点では教師の落伍者だった。

BFSSが排除しようとしたプライベイト・スクールの教師たちはいうまでもなく中産階級以上の子弟を預かる名のあるプライベイト・スクールではなく、貧しいデイム・スクールの教師たちであった。デイム・スクールの教師が経営に失敗する原因は家族の不幸、本人の病気、公教育学校に生徒を奪われるなどさまざまであったが、彼らにとって、公教育学校の教師になることは経験を生かすことのできる、手近な方法であった。決して恵まれているとはいえない公教育学校の教職も、生きる術をなくした彼らにとっては、魅力あるものであったに違いない。彼らの公教育への侵入は公教育と私的教育の境界をあいまいにしただけでなく、デイム・スクールの背後に潜む民衆文化の一部を公教育のなかに持ち込むことになった。しかし、この点については次節以下で改めて詳述することにして、ここではとりあえず、公教育が純粋培養のごとく制度的拡充をみたのではなく、民衆の生活と文化のなかに棲息する教師との絶えざる交流、葛藤のなかで姿をととのえていった点を確認するにとどめたい。

きわめて厳しい客観的条件のなかで学生の選抜を強いられたBFSSにとって、どのような学生が理想的な人材であり、また実際に確保できたのだろうか。彼らにとって、本来の理想的な姿は冒頭に掲げた引用文の後半の文面が明らかにしているように、「助教生としての役割を立派に務めあげた若者のなかから候補者を注意深く選び出すこと」であった。しかし、これにも大きな障害が横たわっていた。若い助教生を入学させた場合、一面では長期間の訓練が可能となり、理想に近い教師を養成できる点で好都合であったが、寄付金に頼らざるをえないBFSSの財政事情がそれを許さなかった。さらに、長期にわたる訓練期間はBFSSだけでなく、助教生の親たちにも大きな経済的負担を強いることになった。教師にならなくても、教師以上の収入が見込める職業が他にいくらでもあり、一人前の職人や労働者になるほうが本人にとっても、親たちにとってもはるかに有利であることは目に見えていた。「彼らが他の職業に就いたと仮定した場合に想定される収入に相当する金額を彼らの親たちに補償」しない限り、有為の若者を教師にすべく、確保しておくことはきわめて困難であった。この難題を解決しようとしたのが、一八四六年に登場する教師見習生制度である。すなわち、一三歳以上の子どもたちを有給の徒弟(教師見習生)として五年間、学校の現場で訓練し、一八歳で女王奨学生(Queens Scholar)試験を受けさせ、合格した者を年間二〇~二五ポンドの奨学金付きで師範学校に送り込む方式である。

こうして、ＢＦＳＳは現実の諸条件のなかで選びうる最良の学生に到達する。最良の学生、したがって最良の教師になりうると考えられた者たちは、「知的な職工か、店舗や倉庫などで働きながら、日曜学校で教えた経験をもつ者たち」である。ダンは一八三四年の議会証言のなかで「われわれが欲しているのはこうした者たちであり、おおむね日曜学校のなかに見出される。日曜日を自らすすんで返上し、貧しい者たちの教育に無償であたる者たちは教育を好む性質をもっており、週日学校でも役立つ人間になるだろう」と述べていた。[36] 彼らの自己犠牲的精神は同じように教育経験をもつとはいえ、デイム・スクールの経営に失敗した教師たちのそれとは本質的に異なっていた。彼らの自己犠牲精神こそは貧しい者たちのなかから貧しい者たちの子どもを教え導く教師を選び出さねばならなかったＢＦＳＳのもっとも歓迎すべき者たちであった。けれども、これらの者たちについてさえ、立派な教師になる確かな保証はなく、一人ひとりについて資質と能力を慎重に審査しなければならなかった。しかも、審査するとはいっても、面接が実施されなかったロンドン以外の志願者については事実上、各地域社会の有力者からなる学校理事会の推薦に頼らざるをえなかった。

ＢＦＳＳに送られてきた願書と推薦文のなかで、圧倒的に多かったのはすでにＢＦＳＳとの間に安定した恒常的な関係が成立している各地の学校理事会からのものである。これらの書簡は候補者に関する必要最低限度の情報を簡潔に述べたものが多く、候補者本人の願書さえない場合も少なくなかった。そのため、彼らについてはデイム・スクールの教師同様、「もっとも出来の悪い者たちである」可能性も高かった。一八四五年にバラ・ロード校を視察した視学官のＪ・フレッチャー（Joseph Fletcher, 1813-52）は学校理事会があまりにも低い給料しか払えず、「教師という低い社会的地位に甘んずることができそうな人物を手近なところから選び出し、送り込んでくる」安易さを批判した。[37] しかし、どのような事情で選ばれてくるにせよ、地域社会の公的なルートに依りかかって推薦されてくる候補者に対して、ＢＦＳＳは特別な疑義が生じないかぎり、入学を拒否することは困難であった。こうした候補者の多くは地域社会の篤志家の財政的支援を約束されている場合も多く、資金不足にあえぐＢＦＳＳにとっては財政的理由からも入学を認めざるをえなかった。ＢＦＳＳがなしえたことは年次報告のなかで示した学生選抜の基準を各地の学校理事会や有力者に周知徹底させ、その効果を期待することでしかなかった。

これに対して、比較的文面の長い手紙は志願者本人に何らかの特殊な事情があるか、あるいは共同体の公的な正規のルートの推薦が得られなかったために、入学の動機や推薦の理由を特別に強調しなければならなかったものと考えられる。学校理事会などの公的ルートによらない志願者たちの願書は文面が長いだけでなく、知人、友人、家族といった身近にあって本人をよく知る者たちの推薦状を添付するのが普通であった。これらの書簡こそは志願者の動機、事情、推薦者たちの推薦理由を伝える貴重な史料である。現代の常識では捉えることのできない、民衆の教師像が明らかになってくるのも次に紹介するこれらの書簡である。またそれだけに、ＢＦＳＳの理想とする、すなわち時代の要請する教師像との落差、葛藤も鮮明になってくる。

3　選抜と排除と

応募者の事情・動機とBFSSの審査

まずは比較的文面の長い書簡を中心に、教師になろうとした者たちの事情・動機を検討し、順次、民衆の教師像を明らかにしていこう。バラ・ロード校に応募した者たちの個人的な事情・動機は、孤児、父親の死亡、大家族の扶養、本人の病気・病弱、不慮の事故、失業など雑多であったが、これらはすべて、圧倒的な貧困状態からの脱出に収斂《しゅうれん》する。彼らにとって教職はまず何よりも糊口《ここう》をしのぐ手段であったし、推薦者も同じように考えていた。一八一七年から一八四〇年前後にかけてBFSSに送られてきた願書、推薦状のなかからそのいくつかを取り出してみよう。引用は手紙の全文ではなく、応募者の個人的事情・動機に触れている部分のみを紹介する。

(1)　……彼は以前、食糧雑貨品店の店員として働いておりました。その当時はまさか解雇されるなどとは思いもよりませんでしたが、ある時、将来の金銭的保証もないまま、他の者たちと一緒に解雇されてしまいました。彼はその後、一所懸命に職を探しましたが、生きるに最低限の生活費すら満足に得られませんでした。不況でなかった時期に何らの貯えもしませんでしたので、大変な窮状に陥ることになりました。現在、彼は取るに足りない仕事についておりますが、週七シリング稼ぐのがやっとです。彼は以前、ドルリィ・レーン〔Drury Lane, ロンドン〕の日曜学校の教師として知られておりました。[38]……(J. Kingに関するD. Jaguesの推薦状、一八二一年五月七日)

(2)　……彼女の両親はチェルシー〔Chelsea, ロンドン〕でパン屋を営んでおりますが、大家族をかかえて生活が苦しく、彼女の面倒を見ることができません。この若い女性は自活を求めて、教師になることを望んでおります。加えて、彼女は子どもがとても好きですし、チェルシーの学校で教えた経験もあります。私はその学校で彼女を知りました。[39]……(S.A. Hibbert に関する F. Morton の推薦状、一八二九年九月二〇日)

(3)　……彼女は誠に立派な女性です。彼女は約八年間、私どもの家で子どもの養育係を務めてくれましたが、この度、二人の子どもを遺《のこ》して他界した姉の子どもたちの面倒をみるために我が家を去ることになりました。彼女の母親は二人の子どもの世話をするどころか、自分の生活を維持することも困難です。遺された二人の子どもたちには父親がおりますが、飲んだくれで、子どもの世話もできません。そのため、彼女は学校の教師になることを希望しております。[40]……(E. Smithに関するS. Dartonの推薦状、一八三一年六月八日)

(4)……私がブリティッシュ・スクールの教師になるべく貴委員会に申請いたしますのは、何かよき大事なことをしてみたい、生活の糧を得るべく何かができるのではないかという、ささやかな望みからです。これは神が私に課した義務であるとも感じております。私から優しかった両親を奪い、大勢の家族が遺されたことを神の摂理であると思うようになって以来、そう感じております。[41]……(S.Attwaterの願書、一八三七年一一月)

(5)……セーラ・ロウリングズはわれわれの規則に反して国教会で結婚式を挙げるまで、クェーカーの一員でありました。しかし、彼女の結婚は夫の放蕩《ほうとう》のためにきわめて不幸なものとなり、両者の合意の下に別れることになりました。……彼女は友人たちの世話になることなく、生計を立てていきたいと願っております。[42]……(S. Rowlingsに関するM. Adeyの推薦状、一八二六年三月一九日)

(6)……私は長年、彼女を知っております。彼女は一二年前に若き芸術家であった夫を亡くしました。以来、自分と娘の生計を維持するべく奮闘してまいりました。しかし、そのことがとても困難であることを知るにつれ、他の者たちのために有用な人間になろうと決意するにいたりました。[43]……(M. Banksに関するJ. Balbirniaの推薦状、一八三五年一一月五日)

(7)……私の息子、ヘンリーは数年間にわたって、四つの学校の助教生を務めておりましたが、再び同じような職につくか、地方の教師になりたいと願っております。……息子は物静かで、真面目で、人の気をそらさない、優しい子です。息子の父親はブラザワース〔Blotherworth, ヨークシア北部〕の牧師でしたが、亡くなりました。そのため、私は七人の息子と三人の娘を持つ寡婦になりました。下の二人の娘は聖職者のための慈善学校に通っておりますが、私が貴委員会のご援助をとくにお願いしたいのはヘンリーです。ヘンリーは六年間病院におりました。……彼がバラ・ロード校を訪問したところ、推薦状を書いてもらうようにとのことでしたが、彼の事情を知る者とてなく、私が筆をとった次第です。[44]（H. Martinに関する母親N.A. Martinの推薦状、一八二七年七月二八日）

(8)……過去八年間にわたって、あるとても立派な家庭のガヴァネスを務めてまいりましたが、ガヴァネスの地位は不安定で、より恒久的な仕事を選びたいと思うようになりました。そんな折、私は友人からバラ・ロード校に応募するよう勧められました。私は両親とともに財産をも奪われた孤児ですが、自分の力で生計を立てていきたいと思っております。誰の世話にもなりたくありません。[45]……（M. Masonの願書、一八三七年一二月二二日）

ここに掲げた(1)から(8)までの事例は人びとが教師になろうとした典型的な事情・動機を示している。失業(1)、大家族ゆえの生活苦(2)、家族の不幸(3)、孤児(4)(8)、別居(5)、寡婦(6)、病弱(7)、ガヴァネスとしての生活の不安定、女性の自立志向(8)、など理由はさまざまである。もちろん、ここに掲げた事例は膨大な書簡史料のなかから選ばれた典型的なものであり、応募者の事情のすべてを包括しうるものではない。また、バラ・ロード校を志望するにいたった事情は項目ごとに単純に分類できるものではなく、その多くは相互に重なる複合的なものであった。しかし、事情は何であれ、彼らにとって教師になることはまず何よりも苦境から脱出し、生活の糧を得ることであった。彼らの希望はM・メイスンの願書(8)にもあるように、「自分の力で生計を立てたいと思っております。誰の世話にもなりたくありません」という確固たる決意をもって語られることもあった。とりわけ女性の場合には家族に生じた不幸を一身に背負う場合が多く、教師になることは経済的な苦境からの脱出と同時にもろもろの負担を強いられる家族関係から自由になることでもあっただろう。

これらの願書や推薦状に対して、BFSSは応募者の家庭事情や不幸、出自といった身辺事情そのものを問題にすることはなかった。BFSSは応募者の性格や宗教的・道徳的資質、動機を確かめようとした。いまここに教師をめざす動機に疑義が生じた一つの事例を紹介することによって彼らのそうした努力の一端を跡づけてみよう。紹介するのはウィリアム・ハートリフ(William Hartlif)なるハルに住む青年の例である。彼はバラ・ロード校への入学を希望したが、何らかの理由でその動機に疑義が生じ、再調査の対象となった。最初に提出されたはずの願書もしくは推薦状が残されていないことから疑義が生じた正確な事情を知ることはできないが、調査を依頼された同じくハルに住むブリティッシュ・スクールの教師ジェイムズ・コーンウェル(James Cornwell)の手紙から、おおよそ、問題のありかを知ることができる。調査結果を伝えるコーンウェルの一八三三年一〇月一八日付、BFSS宛の手紙は次のようなものだった。

……私は彼〔ハートリフ〕の牧師でありましたウィリアム・マクファースン師と彼を教師として雇っていた日曜学校の二人の責任者に会いました。マクファースン師とこの二人の人物はハートリフが並の人びとがもつほどの知識をもちあわせていないとする点で意見が一致しております。彼らは教師になろうとするハートリフの動機の純粋さに疑問をもっているように思われます。日曜学校の責任者はハートリフが日曜学校で十分な活動力を示さず、関心も払っていないと判断しております。この点について私のなしうることは、数日前にハートリフと学校で会った際に彼が述べたことについて意見を述べる程度のことにすぎませんが、そこから次のような結論を下すにいたりました。すなわち、彼は入学を求めてくるでしょうが、私は教師として彼を推すことができないということです。といいますのも、彼はしばしば「この仕事〔日曜学校〕は指物師の仕事よりやさしい」とか、「今の仕事にはがっかりした、もっと多く稼げると思っていたのに」などと言っているからです。彼は過去数カ月間、定職がなく、そして今もそうなのですが、ブリティッシュ・スクールの教師とは全く性質の異なる職を得ようとしてきました。……昨今は応募者のなかに他の職業で失敗した後に教職をめざしてくる出来そこないの徒弟が多くいるとの批判がよく聞かれます。[46]……

ここにはBFSSが排除しようとした動機の不純な者たちの典型的な例が示されている。手紙の内容が事実であるならば、応募者のハートリフは並の知性ももちあわせない、ただ単に生活の糧を得るために教職をめざす、「出来そこないの徒弟」にすぎなかった。文中にあるハートリフ自身の言葉が調査に当たったコーンウェルの心象を著しく害したことも想像に難くない。

コーンウェルの書簡を受けとったBFSSがどのような措置を講じたのか知ることはできないが、彼らは直ちに結論を下さなかった。コーンウェルの書簡から五週間後の一八三三年一一月二三日、ハートリフは自らにかけられた疑念をおそらくは承知したうえで、次のような書簡をBFSSに送っている。

拝啓、貴重なお時間を拝借して、貴校の学生として許可していただきますよう私の願いを述べさせていただきたく存じます。もし貴校に空席があり――と言いますのも、あなた方は限られた人数の若者を採用するとお聞きしていますので――私にも機会があるとのお知らせをお寄せいただく労をご親切にもとっていただけますならば、貴委員会に私の人物評価に関する推薦状を提出したいと考えております。私が推薦状を得られる見込みのある紳士は現在の牧師でありますＷ・マクファースン師とハワース（Haworth, ウェスト・ヨークシアとランカシアの州境）のＭ・サンダーズ師、グリムズビィ（Grimsby, ハンバー河口）のＪ・マーズデン師、バラブリッジ（Boroughbridge, ノース・ヨークシア）のＪ・クローク師とＷ・レニー師でありますが、もし必要であればハルのフォート氏ほか、数名の推薦状を得ることができると思います。あなた方のご親切を信頼申し上げ、ご返事をお待ち申し上げております。[47]

敬具

ハル市、ハイ・ストリート四〇番

ウィリアム・ハートリフ

ここには、かつてコーンウェルの心象を著しく害したと思われる不遜な態度は見られず、ひたすら丁重な姿勢が窺える。むしろ、卑屈ささえ感じられた。彼は自分に対する評価を確かなものにするために推薦状の得られそうな聖職者の名前を並べ立てていた。コーンウェルに否定的な評価を伝えたハルのマクファースン師に加えて四人の聖職者の名前が挙がっていた。どのような人間関係からハートリフがこれらの聖職者を知りえたのか定かではないが、彼がバラ・ロード校への入学を果たすために懸命の努力をつづけていたことは確かである。

ハートリフは手紙で予告したとおり、多くの推薦状を翌年の六月二四日から七月一日にかけて集め、ＢＦＳＳを訪れた。彼がＢＦＳＳを訪問したことは推薦状のなかに「この手紙を持参するウィリアム・ハートリフは……」という表現がいくつか見られることから確かめられる。しかし、彼の集めた推薦状には前年に予告したとおりの聖職者によるものは見当たらなかった。彼の牧師であるマクファースン師以外の聖職者は皆、別人であった。しかし、マクファースン師の推薦状はコーンウェルが手紙のなかで伝えたハートリフに対する評価とはすこし趣が違っていた。日曜学校の教師であったハートリフの知的能力に懐疑的であったマクファースン師ではあったが、推薦状では次のように述べていた。「この書状の持参者、ウィリアム・ハートリフを七年間にわたって個人的に知っておりますが、私は彼が人並みに道徳的な青年であり、あなた方の注目と支援に値する者として推薦できます」[48]と。知的にはともかく、道徳的にはとくに問題はないというのが彼のハートリフに対する評価である。これに対して、バプティストの聖職者二人を含む他の合計一二通の推薦状は皆一様にハートリフの道徳的資質に高い評価を与えており、マクファースン師の消極的な評価を相殺して余りあるものであった[49]。しかも、「敬虔さ」「まじめさ」「誠実」を強調するこれらの推薦状には明白な特徴があった。とりわけハルの住民たちの推薦状はハートリフ個人の資質もさることながら、それ以上に三〇年間にわたってハル港の商品倉庫の監督を務めた彼の父親とその敬虔な家族の全体を評価するものが多かった[50]。応募者本人の能力や資質を彼をとりまく人間関係の総体のなかで評価しようとする姿勢をはっきりと読みとることができる。このような姿勢は、次節でも詳しく展開するように、緊密なネットワークのなかで生きる民衆にとっては当然のことであり、「敬虔」「勤勉」「誠実」といった表現も緊密な人間関係に裏打ちされた共通の体験から発する彼ら自身の言葉であった。彼らの推薦状は言葉(Testimonial)本来の意味＝人物証明に近く、それも衆人環視のものであるといってよかった。

しかし、BFSSはこうした地域住民の人物評価をそのまま鵜呑《うの》みにすることはできなかった。彼らが養成しなければならなかった教師は個人を前提とする能力(競争)主義と賞罰に貫かれたモニトリアル・スクールの教師である。個人の能力、道徳的資質を共同体的な人間関係から切り離し、厳密に審査することが彼らに課された使命であった。合計一二通もの推薦状を携えてＢＦＳＳを訪れたハートリフとＢＦＳＳ当局者との間でどのようなやりとりがなされたのか知ることはできないが、ハートリフが最終的にバラ・ロード校への入学を許可されたのもＢＦＳＳの当局者たち自らがハートリフ個人の道徳的資質を確かめえた結果であったろう。

ハートリフの事例は未だ試験制度（教師見習生→女王奨学生→教師資格試験）が整っていない草創期にあった教師養成の困難さを物語るエピソードにすぎないが、重要な示唆を与えていた。バラ・ロード校の書簡史料は制度的に未発達な段階にあっても、選抜はおざなりではなく、応募者一人ひとりの審査に最大限の注意が払われたことを示していた。むしろ制度の未発達ゆえに応募者の事情、動機の詳細を慎重に審査することになったともいえるだろう。ＢＦＳＳがいかに応募者個人の宗教的・道徳的資質にこだわり、選抜したかを示すもう一つの書簡を紹介しよう。

拝啓、先般、私はあなた〔Ｈ・ダン〕が手紙のなかでウィリアム・フィッシャーについてお尋ねになった諸点について注意深く調査いたしましたが、彼の道徳的性格は絶えず向上させられてきたと確信をもってお答えすることができます。彼の能力と知識は相当なものであるように思われます。彼は積極的な精神をもっていますし、自分のもとで子どもたちに聖書を教えたいという大変に真摯《しんし》な姿勢ももっております。彼は敬虔な家庭のなかで育ち、聖書を読み聞かされるのを習慣としてまいりましたし、自らも読んでおりました。聖書について無知ではありません。それどころか、彼は聖書に含まれている真実について自分がよりよく会得していないのではないかと後悔さえしておりますし、聖書の重要性をもっと知りたいと切に願っております。[51]……（W. Keltの書簡、一八三二年一月六日）

この書簡は何らかの事情で調査の必要が生じた応募者、ウィリアム・フィッシャーについて、ＢＦＳＳの事務局長より調査の依頼を受けたW・ケルトなる人物がその結果を書き送ったものである。調査の中心が応募者の宗教的、道徳的資質にあったことは一読して直ちに諒解できた。模範的とも思われる評価を受けたウィリアム・フィッシャーは一八三二年にバラ・ロード校の学生となった。

排除された者たち

わずか三カ月間足らずのバラ・ロード校での訓練期間からして、最初の選抜がいかに重要であったかをこれまで述べてきた。ところが、これに対して、BFSSが応募者の動機のいかんにかかわりなくはじめから排除した者たちがいた。一つは病弱者、身体障害者であり、もう一つはバラ・ロード校での宿泊費など、必要経費を賄うことのできない者たちである。前者の典型はすでに紹介した(7)の事例(二二七ページ参照)である。母親が病弱の息子の将来を案じて推薦状をしたため懇請したにもかかわらず、息子のヘンリーは入学を許可されなかった。あるいは、同じ年の七月一六日付で提出された、ロンドンの一六歳になる若者の例もこれに該当する。応募者のH・J・グリンナーは「幼少期に酔っ払いの攻撃を受けて左腕の自由が利かなくなった」不運な若者である。しかも彼の両親は被救恤貧民であった。彼を自分の学校の助教生として雇っていた推薦者のW・ミッチナーは「不具者であるグリンナーには事務員になるか教師になる以外、生計を立てる道がない」と考え、彼を「よき慈善」として採用するようBFSSに要請したが、結果は不合格であった[52]。

これらの事例は病弱、身体障害者であるがゆえに周囲の者たちが共同体の教師という役割を当てがい扶養した、いわゆるデイム・スクールの教師たちとは全く対照的であった。「健康」「健常者」を基準にそうでない者たちを排除もしくは区別することは近代の公教育学校制度一般に見られる特徴である。BFSSはそれを助教生制度という現実のシステムの必要性から説明した。

> 活発であり精力的であることが必須である。怠惰で不活発な者は決して有能な教師になることはできない。ブリティッシュ・システムに基づく学校は十分に指導されるならば、教師に要求される労力のかなりの部分を軽減しよう。しかし、それは精神と肉体の両方において、活発であり精力的たることを特別に要求するシステムが前提となっている。[53]

教師は機械的・軍隊的規律でもって子どもたちを統制し、訓練するモニトリアル・システムにふさわしい「活力に満ちた、精力的な」教師でなければならなかった。

はじめから排除の対象となった第二のグループはバラ・ロード校での訓練に必要な経費を賄う見込みのない者たちである。生活の糧を得るべく教師になろうとした者たちにとって、おそらく最大の難関もここにあっただろう。平均でも三カ月を超えない短期の訓練にもかかわらず、寄宿費、授業料などの経費は貧しい応募者には大きな負担であった。週一二シリングの授業料は一八三〇年代、四〇年代の労働者のおよそ一週間分の賃金に相当した。[54] 各地の学校理事会や地域社会の有力者の資金援助を約束された応募者とは違って、有力な後ろ盾をもたない彼らはさまざまな工夫をこらしてこの障害を乗り越えようとした。たとえば、ロンドン在住の若者、ジョージフ・カットモアに関する推薦状（一八三五年六月二五日）は、推薦者と応募者の叔父が各五ポンド、応募者の姉とその友人が併せて五ポンドの合計一五ポンドで半年間の諸経費を賄うというものであったが、ＢＦＳＳは彼の入学を許可しなかった。[55] おそらく、その理由は彼に与えられる一五ポンドがすべて「借金」であり、しかも手紙の文面にもあるように、「借金が彼をいっそう注意深くし、返済を考えて教師になるべく一所懸命、学ぶであろう」という、およそ本末転倒とも受けとられかねない推薦者の姿勢にあったものと推測される。父親が大勢の家族を遺して他界したために三カ月間の滞在費を負担することが困難になり、自ら「特別な配慮」＝減額を求めたデヴォンポート（デヴォンシア）

のT・M・ラングの場合（一八三三年三月二一日）も結果は同じであった。[56]「特別な配慮」は授業料の減額を言外にほのめかす場合が多かったが、なかには応募者の父親が「目下、私の仕事がきわめて不都合な状態にあり、経費を半額にしていただけると大変にありがたい」と、率直に減額を要請する推薦状も見られた。[57]

どんなに優秀な人材であっても、学生として採用できない苦しい財政事情がBFSSにはあった。特定宗派の教義に基づく宗教教育に反対すると同時に「政府とは結びつかず、その力にも統制にも服さない」[58]ことを主張する彼らにとって、国庫から財政援助を受けることは組織の原則を逸脱しかねない重大な問題であった。BFSSの財政は、ヴィクトリア女王やベッドフォード公爵夫人から毎年贈られる各一〇〇ポンドの寄付、有力者の遺贈、会員の年会費、支援教会組織の寄付、出版収入、子どもたちの授業料、学生の納入金などをおもな財源としており、あくまでもボランタリズムが建前であった。集められた資金はさまざまな用途に充てられたが、もっとも多額の資金が投入された部門は教師養成であり、学生からの納付金収入をはるかに上回っていた。[59]

しかし、一八三〇年以降になると、増大する教師需要に応えるだけでなく、教師の能力向上をはかるための長期訓練が必要となり、バラ・ロード校の収容能力を高めることが不可避となってきた。折しも、一八三九年の国立師範学校計画がBFSSの方針に転換をもたらすことになった。発足したばかりの枢密院教育委員会のシャトルワースが立案した国立師範学校計画が国教会、非国教会の対立によって廃案となり、用意された一万ポンドの資金が両派の師範学校に半額ずつ振り分けられることになったからである。五〇〇〇ポンドを受け入れるかどうかをめぐって、BFSSは激しい議論をたたかわせたが、結局、受け入れることに決した。[60]国庫助成＝介入に強い反発を示した会衆派はほどなくBFSSを脱会し、独自の師範学校を開設した。同資金はバラ・ロード校の新校舎建設費の一部に充てられ、一八四二年に完成をみた。また、一八四六年の教師見習生制度の導入と同時に、師範学校に対する国庫助成も開始された。バラ・ロード校での滞在経費を賄う見込みのない応募者を排除しようとしたBFSSの姿勢は、いわば財政的に見ても過渡期にあった組織の苦しい台所事情を表していた。

デイム・スクールの教師

生活苦から脱出するために教師になろうとした者たちのなかには、量的にもまとまった一群の人びと、すなわちデイム・スクールの教師たちがいた。彼らは一面で即戦力を期待できる者たちであったが、民衆世界に馴れ親しみ、そのなかに生活の糧を得てきた経緯から、BFSSにとってもっとも厄介な存在であった。彼らを篩《ふるい》にかけたBFSSは民衆文化としての教育と公教育とが交わる、せめぎあいの真っ只中にいたといってよい。次にこうした教師たちの具体例を見ることにしよう。

(9) ……学校を卒業してから私は自らの手でサザクに学校を開設いたしましたが、病気、その他の不運な条件が重なり、断念の止むなきにいたりました。最近まで同じサザクにあるナショナル・スクールの代用教員を務めておりましたが、あらゆる努力にもかかわらず、貧困が私を圧倒してしまいました。……目下、一シリングも自由になるお金をもっておりませんし、私の窮状を救ってくれそうな友人もおりません。[61]……(H.D. Manningsの願書、一八二九年六月七日)

(10) ……私の教区の、貧しいがしかし立派な教区民をここに紹介いたします。彼女は三人の子どもをかかえる未亡人としてきわめて貧しい環境にあります。彼女はこれまで、自信をもって、自ら週日学校を経営しておりましたが、周囲には同業者も多く、続けられなくなりました。……そのため、BFSSの後援する学校の教師になりたいと強く希望しております。[62]……(Mrs. Hallに関するH.W. Armstrongの推薦状、一八三二年八月二八日)

(11)　……エリザベス・ワイトフォードはバークシアのウーバン〔Woeburn〕にあるブリティッシュ・スクールで教鞭をとり、信用と評判を得ておりました。このことにつきましては、私ともう一通の推薦状を書いたM・トムスン師が証明しております。しかし、彼女は自分の落度ではなく、学校の資金不足のために解雇されてしまいました。以来、彼女はエイルズバリ〔Aylesbury, バークシア〕で学校を開いておりましたが、最近、町の男子校の教師が結婚し、町の女たちも彼の妻が男子校の一室で少女たちのための教室を開設するよう希望するようになりました。そのため、エリザベスはエイルズバリを去ることになった次第です。[63]……(E. Whitefordに関するJ. Hallの推薦状、一八三二年六月二二日)

(12)　……ウィリアム・ドースンは数年前に学校を開設しました。当初は二〇人くらいの少年たちが通っていたと記憶しておりますが、しかし、彼自身が適切な教育方法を知らなかったことと、教室が自分の生業とする靴屋の仕事場であり、生活上のこまごまとした必要を満たすための場所であったことから、生徒が減少し、学校は放棄されることになりました。

　私はこの数年来、彼をわれわれの読書クラブの一会員としてよく知っておりますが、彼はとても熱心に通ってきておりますし、自分を改善する熱意ももっております。もしふさわしい方向に導かれるならば、教育にうってつけの人物になると確信いたします。……当地の教育に理解ある友人たちは教育を普及すべく村のために何らかの方策を講じるよう努力することが必要であるし、学校を開設するに必要で十分な資金を調達できるのではないかと考えております。また、そのために彼を教師として訓練するよう人びとを説得してまいりました。その結果、彼らはドースンをバラ・ロード校で教師として訓練するのに必要な経費の負担を承

諾してくれました。64 ……(W. Dawson に関するT. Thompsonの推薦状、一八二七年一二月二一日)

ここに紹介した四人の応募者は、本人の病気(9)、同業者との競争(10)、公教育学校との競合(11)、劣悪な教育環境(12)、など理由はさまざまであったが、すべて、自らの責任において経営する学校が立ち行かなくなった経験をもつ者たちである。理由はどのようであれ、彼らにとって、公教育学校の教師は学校理事会が年契約でもって一定限度額の給料を保障しているだけでも、安定した地位とみなされたに違いない。

しかし、BFSSはすでに述べた理由からこれらプライベイト・スクール(その中心はデイム・スクール)の経営に失敗した失業者たちをすべて排除しなかったし、その余裕もなかった。ここに挙げた四人の場合をとってみても、H・D・マニングス(9)とホール夫人(10)は不合格となったが、あとの二人は入学を認められた。マニングスの場合には、彼がデイム・スクールの教師であったというより、おそらくは病気であることとバラ・ロード校の経費を賄う見込みがなかったことが不合格の理由であったろう。ホール夫人の場合は、三人の子どもをかかえる寡婦という典型的なデイム・スクール教師であったほかに、同業者に後れをとるような個人の能力が問われたものと推測される。

こうしたなかにあって、入学を認められたE・ワイトフォード(11)とW・ドースン(12)の例は注目される。ワイトフォードの例は公教育学校自体が安定した財政基盤をもっていないために、状況次第で公教育学校の教師がプライベイト・スクールの教師に容易になりえたことを示していた。公教育学校教師とプライベイト・スクール教師とは隔絶された関係にあったわけではなく、相互に交流し合う、懸隔不確かな世界に共存していた。ドースン(12)は仕事場を教場とする典型的なデイム・スクールの教師であり、しかも劣悪な教育環境から生徒が減少して経営が立ち行かなくなった、本来なら排除されてしかるべき応募者であった。彼が入学を許可された背景には、村の借地農たちを説得して、学校の建設資金とドーソンの訓練費用を調達した読書クラブの仲間たちの運動があった。いわば下からの努力による学校開設ともいうべき民衆の運動が共同体の合意を形成したのである。民衆の近隣関係のなかから起こった運動であるとはいえ、BFSSは、村のおもだった者たちの支持をとりつけ、共同体の公的承認を得た運動を尊重せざるをえなかったものと思われる。

では、全体としてどの程度、デイム・スクールの教師たちはバラ・ロード校への入学を果たすことができたのだろうか。未だ確かなことはいえないが、数少ない部分的な研究からおおよその見当はつけられる。ちなみに、一八四六年をとってみると、職業の判明する応募者のなかでもっとも数が多かったのは教師二四人(合格者九人)であり、以下、仕立職人一〇人(同七人)、靴屋六人(同五人)、食料雑貨商五人(同四人)、の順であった[65]。単年度に関する研究ではあったが、かなりの数のデイム・スクール教師が入学していたことはほぼ間違いない。

4 民衆の教師・教育観

教師になろうとする者たちの事情や動機、彼らに対するBFSSの対応についてこれまで述べてきたが、次に考えてみるべき問題は彼らを推薦した者たちの推薦理由とその背後に垣間見ることのできる彼らの教師像である。膨大な書簡群を読み進むうちに、いやおうなく脳裡に焼きつけられるのは不幸な境遇、貧困にあえぐ応募者たちに対する周囲の同情であった。同情、憐憫《れんびん》の感情は公教育の推進者が忌みきらったデイム・スクールの教師たちに対する近隣の者たちのそれとさほど変わるものではなかった。次に紹介する三つの事例はそうした周囲の者たちの感情を慈善もしくは救貧というはっきりした形で表しており、他の多くの推薦状の底流にある同様の傾向を集約的に示していた。

(13) ……この貧しい男には妻と八人の子どもがおりましたが、商売に失敗し、全く絶望的な状況に投げ出されてしまいました。彼の友人たちは同情し、一二カ月にわたって彼らを飢えから守りました。また、彼を定職に就けるよう努力もいたしましたが、かないませんでした。そこで友人たちはついに、教区に救貧を申請するのやむなきにいたりました。どのような方法で救貧が受けられるのか、未だ決定をみておりません。救貧監督官は彼が道路工事に出るか子どもたち全員を連れてワーク・ハウスに入るよう求めておりますが、いずれにせよ、多難な結果を生むことになります。結局、友人たちは彼を教師にするために、バラ・ロード校に入学させることを思いつきました。[66]……(B. Haydonに関するJ. Hansonの推薦状、一八一九年七月一五日)

(14) ……私ども、下記に署名いたしますプリマス・ドックの住民はジョージ・グランヴィルを大変に性格のよい人物としてよく承知しております。また、私どもは彼がBFSSの指定する学校の教師にふさわしい人物であり、その能力をもつ者として貴委員会に推薦いたします。彼は自分が支えなければならない大家族をもっていますが、青年時代から悩まされつづけてきた虚弱体質のため、骨の折れるいかなる仕事にも向いておりません。私どもは貴委員会の人道的配慮を賜るよう、とくにお願い申し上げる次第です。[67](G. Granvilleに関する推薦状、プリマス・ドックの学校長、同校理事、銀行家、商人、大工、金細工師、王立海軍艦長、外科医、金物商、布地商など、一五人の連署、一八二〇年二月一四日)(図5参照)

(15) ……セーラ・ロビンスンは私どもの日曜学校の教師の一人であり、当教会の一員であります。彼女はウィッカム〔ロンドン〕のトマス・ロビンスン師の娘でありました。したがって、聖職者の階層に属していることになります。彼女は幼いころ父親を亡くし、自分の力だけで生活の糧を得なければなりませんでした。ほか

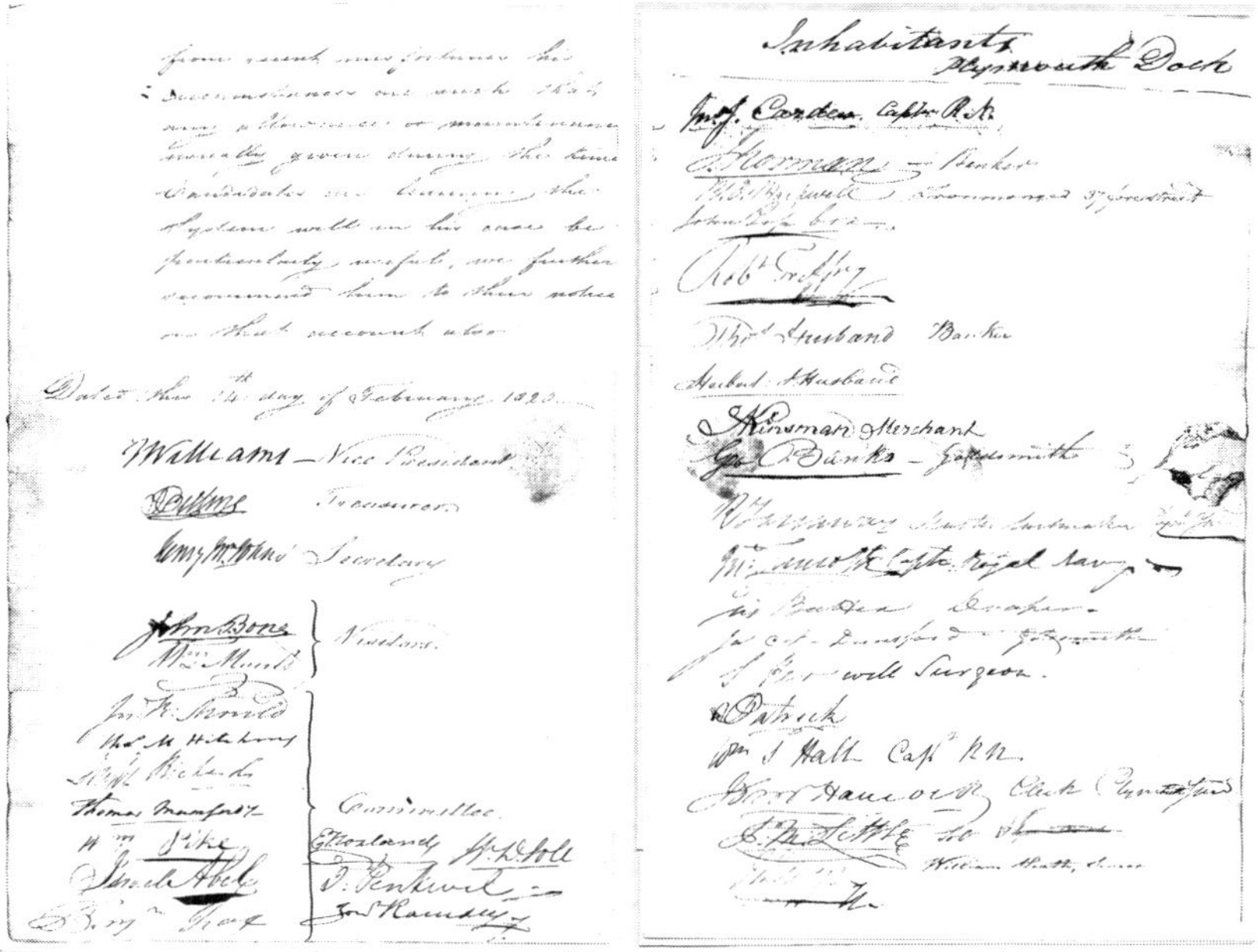
from such misfortune his circumstances are such that any allowance or maintenance usually given during the time candidates are learning the system will in his case be particularly useful, we further recommend him to their notice on that account also

Dated this 14th day of February 1823.

Vice President

Treasurer

Secretary

Visitors

Committee

Inhabitants Plymouth Dock

図5　ジョージ・グランヴィルに関するプリマス・ドックの学校関係者，住民の推薦状（後半部分）

> でもないこの点において、彼女は他の者たち以上に社会の援助が必要ですし、受けられてしかるべきです。[68]……（S. Robinsonに関するS. Plumberの推薦状、一八三四年九月五日）

ここに紹介した三つの推薦状は個人のもの、仲間たちの支援を背にするもの、あるいはどちらかというと地域社会の有力者たちの好意を反映したものなどさまざまであるが、すべて、応募者の教師としての資質や能力よりも、彼らがいかに不遇であるかを強調している。B・ヘイドン⒀は八人の子どもとともにワーク・ハウス行きを迫られていた。彼とその家族を助けようとした仲間たちが思いついた窮余の一策が彼を教師にすることだった。ここでは、教職は紛《まぎ》れもなく救貧対策の一環であった。虚弱体質で肉体労働に向かないG・グランヴィル⒁の場合には、町の有力者を含む一五人の住民が彼を「人道的配慮」から採用するように求めていた。また、S・ロビンスン(15)は昼間、奉公人として働き、日曜日に非国教会派の日曜学校で教える「敬虔」な女性であったが、早くに父親を亡くした孤児であった。彼女が通う教会の牧師であったプランバー師は彼女を教師にすることが社会の為すべき当然の援助だと考えていた。ここに示される推薦者たちの行為とその根拠はデイム・スクールを支えた民衆の行為、相互扶助の観念と本質的に変わらなかった。

とはいえ、彼らが応募者たちの教師としての資質や能力を全く無視していたわけではない。彼らは彼らなりに教師にふさわしい人間の資質や能力を考えていた。教師として、あるいは人間として何が大切かをすなおに表現した推薦文のなかに民衆が期待した教師、教師像を読み解くこともできる。その一つの例として、一八二八年の九月初旬から一〇月初旬にかけて集められた、未亡人グラティアナ・ロビンスンに関する全部で二二通の推薦状のなかから一二通を取り出して検討してみよう。ロビンスン夫人については、本人直筆の願書はなく、短文の推薦状が残されていた。推薦者たちが教師にふさわしい人物として夫人の人柄を評価している部分に注目してみよう。

(1) 一四年間にわたって彼女をよく知っておりますが、その間の彼女の振舞いは推薦にあたって咎められるようなことは全くない、立派なものでした。[69] (S. Saxon, Dartfort, 九月二日)

(2) 未亡人のグラティアナ・ロビンスンは道徳的に秀でており、信仰心も確かです。私は数年来、彼女を知っておりますが、立派な女性です。[70] (E. William, Pentonville, 九月二三日)

(3) 私は彼女の父親と母親とは二〇年来の知己であり、その関係で彼女についても子どものときから知っています。彼女の物の考え方は優れており、のみ込みも早く、進歩の可能性をもっており、優れた教師になると

思います。[71]（W. Walter, Criplegate, 九月二四日）

(4) ロビンスン夫人とは一三年来の知合いですが、先に亡くなられたご主人は長い間、私どもの信頼できる事務員でありました。私は彼女が勤勉で、物分かりがよく、優れており、あらゆる点で称賛に値する資質をもった人物であることをあらゆる機会を通じてこの目で実際に見てきました。[72]（A. Anney, Chancery Lane, 九月二五日）

(5) 数年来、彼女をよく知っていますが、彼女はあらゆる点で秀でており、その道徳的資質と能力において、幼い子どもの面倒をみるにふさわしい人物であると考えます。[73]（J. Gould, Cliff Lewes, 九月二六日）

(6) 私は立派な商工業者であった彼女の父親がサザクの聖トマス教区に住んでいたころより、一七年間、彼女を知っております。彼女の誠実さ、能力、感謝する心を確信し、推薦します。[74]（J. Kerr, St. Thomas St., 九月二六日）

(7) 私はロビンスン夫人がリューイス〔ブライトン近郊〕を離れるまでの彼女を知っておりますが、この度は彼女を高く評価しているボイズ夫人から彼女を推薦するよう頼まれました。ボイズ夫人はロビンスンさんがリューイスにいた三年間とボイズ氏の不動産に住んでいたころのことを知っております。ロビンスン夫人の夫はボイズ氏のパートナーでありました。したがって、ボイズ氏はロビンスン夫人の本当の性格を知るもっともよい機会をもった人物であります。ボイズ氏は彼女の性格が全幅の信頼にたるものと確信しております。[75]

（差出人不詳、Brighton, 九月二七日）

(8) 私は彼女を幼少のころより知っていますが、彼女は子どもを教えることがとても好きです。いついかなる時も礼儀正しく身を処してきた人であると信ずるにたるあらゆる理由があります。もう一点、付け加えさせていただくなら、彼女はあなた方が必須であると判断されている敬虔な人格の持主であります。[76]（E. Cox, St. Thomas St., 九月二九日）

(9) 彼女は私の教会に定期的に通ってくる信者の一人です。私は彼女のために書かれた紳士、淑女のきわめて多数の推薦状を見て、彼女があなた方の教育方法を学び、教師になるにふさわしい人物であると確信いたしました。[77]（H.G. Watkins, St. Swithins, 九月二九日）

(10) 数年来、彼女を知っておりますが、私は彼女がしっかりとした宗教的信条の持主であり、すばらしく落ち着いた人物であることを高く評価しています。また、彼女の一般的な気質がとても好感のもてるものであることも、幾多の機会を通じて認めうるところであります。[78]（D. Humphrey, Pentonville, 一〇月一日）

(11) 私は彼女を幼少のころから知っており、あらゆる点で、あなた方の恩寵を受けるにふさわしい人物であると何のためらいもなく断言できます。彼女の友人たちも大変、立派な者たちであり、私は彼らを三〇年以上も前から知っております。[79]（J. Hanley, London Road, 一〇月一日）

(12) 彼女の人柄は気立てのよさ、勤勉、思慮深さ、落ち着きが結びついたものであり、これらは青少年の教育に欠くことのできないものです。[80] (M. Lowell, Mill Lane, 一〇月二日)

個々の推薦状は文章も短く、断片的な情報しか伝えていないが、全部の推薦状をつなぎ合わせることによって、おおよそ次のような、グラティアナ・ロビンスンの人物像、彼女の生い立ちと人間関係を描くことができた。ブライトン近郊のリューイスにいた幼少期のほんの一時期を除いて、人生の大半をロンドン南部、サザクのセント・トマス教区で過ごした彼女は商工業者の娘であった。その後、職業はわからないが、チャンセリー・レーンのJ・ボイズ氏のもとで事務員として働いていた夫と結婚し、彼女もチャンセリー・レーンのボイズ氏の所有する不動産に移り住んだ。チャンセリー・レーンに住んでいた間、近くのセント・スウィシンズ教会(国教会)に通っていたこともH・G・ウォトキンズ師の推薦状(9)から確認される。彼女が教師になろうとした最大の動機は夫が死亡し、二〇歳の若さで未亡人になったことであった。年齢から判断して、おそらくは、結婚後間もなくして夫を亡くしたものと思われる。若くして夫を亡くした彼女に対する周囲の者たちの印象は鮮烈であり、そのことは大半の推薦状が一八二八年の九月二三日から一〇月二日までの一〇日間に集められた事実からも窺えた。推薦状というよりはむしろ人物を証明する嘆願書に近かった。また、短期間に集められたために、推薦状は彼女をとりまくもっとも緊密な人間関係と彼らの彼女に対するすなおな感情を表現することになった。二二通の推薦状はグラティアナが育ったロンドン・ブリッジの南岸に位置するセント・トマス教区と夫とともに移り住んだロンドン・ブリッジ北岸のセント・スウィシンズ教区から集められた。前者は彼女自身と彼女の父親の交友関係を反映しており、後者は主として亡くなった夫の職場を媒介にした人間関係であった。推薦者の約三分の一が、女性であることも大きな特徴である。

推薦状を通覧して、まず指摘されることは推薦者たちが候補者個人を彼女をとりまく人間関係の全体から評価しようとしていることである。推薦者たちにとって大事なことは彼女に対する周囲の者たちの評判だけでなく、自分たちをも含めて、彼女がいかに「立派な」人間たちに囲まれているかであった。たとえ本人をよく知らなくとも、彼女をとりまく人間が信頼に足る評判のよい人間であれば、それだけで十分な推薦理由となりえた。グラティアナの場合には、父親が「立派な商工業者」であったし、「彼女の友人たちも大変、立派な者たち」であった。さらには、聖スウィシンズ教会の主任牧師であったウォトキンズ(9)のように、多数の推薦状を見て、彼女が教師となるにふさわしい人物であると確信する者もいた。

推薦状のもう一つの特徴はどれ一つとしてグラティアナの教師としての具体的な教育能力、すなわち、読み、書き、算術に触れていないことである。識字率が急速に上昇しつつあった当時の社会にあって、それらの能力はすでに前提とされており、あえて言及する必要がなかったとも考えられるが、グラティアナ本人の願書がないので確かなことはいえない。それらに代わって強調されているのは推薦者たちが経験的に見聞きした事実から得られた本人の人柄のよさであった。彼女の人柄を評価する表現は、「道徳的に秀でている」「きちんとしていて折り目正しい」「感謝する心をもっている」「物の考え方は優れており、のみ込みも早い」「勤勉で物分かりがよい」「いついかなる時も礼儀正しく身を処してきた」「敬虔なる人格の持主」「すばらしく落ち着いた人物」「気質がとても好感がもてる」「気立てがよい」など実に豊富である。こうした表現はグラティアナにかぎらず、どの推薦状にも共通して見られる特徴であり、ほかにも、「気立ても人柄もよい」「物静か」「人の気をそらさない」「品行方正」「人に優しい」「真面目」「試練と闘っている」「貧困と闘っている」「身持ちがよい」「妻として母として立派に責任を全うしている」など、さまざまな表現を見出すことができる。

これらの表現を考察するにあたって、重要なことはいつの時代にも見られる抽象的で、儀礼的な表現として片付けないことである。教師としての具体的な能力に言及するよりも、信頼のおける人物であるかどうかの判断にはじめからプライオリティをおく彼らの姿勢は人と人との信頼関係をつないで生きている者たちの偽らざる心情から発しており、きわめて自然なものである。教師である前に近隣の人間関係のなかで信頼に足る人物であることが必須の要件であった。一見、抽象的にみえる表現が実はそうでない理由は次のことからも説明された。一つには、推薦者の大半が彼女もしくは家族との交流の時間的長さを異口同音に強調していることである。「彼女を幼少のころから知っている」とか、「二〇年来の知己である」といった言葉は単なる枕詞でも、物理的な時間の長さを示す表現でもなかった。もし仮に、彼らに自由に話させたとすれば、止めどもなく、延々と、具体的な事実を挙げて、彼女の人となりと彼女との関わりを語ったであろうことは容易に想像できた。付き合いの時間的長さに比例したであろう経験的事実の重みが先に掲げたさまざまな表現を抽象的、儀礼的なものとして看過しえないもう一つの理由である。

多様な経験的事実に裏打ちされた先の表現の数々をあいまいで、抽象的な、客観性に乏しい人間評価の基準と考えるのは、人間の多様性を捨象し、断片的な知識の量や数値化された尺度によって人間を評価することに慣れ切ってしまった現代人の発想であり、現代への扉を開きつつあったＢＦＳＳの態度であった。ＢＦＳＳにとって、幾年にもわたって応募者の人となりを見聞きしてきたとする人びとの「確信」ほど不確かなものはなく、彼らはそれに対して「客観的」な基準を対置しなければならなかった。ＢＦＳＳにとって、推薦者たちの暗示する、多様で具体的な経験的事実は選抜上の「客観性」を欠くあいまいなものであり、逆に数量化されやすい３Ｒのような能力や教会への出席が「客観的」、具体的なものであった。これは明らかに、人間評価の尺度をめぐる転倒、ないしは矮小《わいしょう》化であった。この転倒のなかから、公教育を担う教師が大量に養成されていった。また、彼らは多様な経験が重要な意味をもつ世界から切り離されることによって、貧しい者たちを馴致《じゅんち》、教導する存在となりえた。一八四〇年代の後半に始まる教師見習生制度と教師の資格試験制度はこうした転倒の制度的表現と見ることもできる。グラティアナは結局、バラ・ロード校への入学を許可されなかった。

一方、推薦状の文面に記される表現自体が民衆独自の言語、文化的習慣を示すか否かについては慎重な考慮も必要である。人柄を表すもろもろの表現は推薦者の属する階層のいかんにかかわりなく使用された時代の共通の語彙、与件と考えられる側面をもっていた。あるいは、上からの規範化の浸透と軌を一にする表現もすくなくなかったと思われる。しかし、ここでも重要なことは共通の語彙が含意することがら、あるいはその根底にある人びとの経験である。たとえば、「リスペクタブル」(立派な、尊敬に値する)という形容詞は推薦状に幾度となく登場する言葉であったが、その意味するところは中産階級の価値判断の基準を示すというには、あまりにも生々しい、苦汁に満ちた人びとの生き方そのものを示す場合が多かった。そのことは、たとえば、グラティアナとほぼ同じころに不合格となったF・リーに関する推薦状の「リスペクタブル」という言葉の使い方にも現れていた。

……彼女は母親が長く重病であったために、日々の金銭的苦労と闘わねばなりませんでした。私は彼女が誰からの援助もなく、貧困と闘う姿を毎日のように見てまいりました。彼女の行動はこれ以上になく立派(respectable)なものでした。彼女は過去六年間、私の家で家族の者たちと一緒に働いてくれています。洋裁師として確かな腕前をもち、お針子としても失敗などしたことはありません。[81]……(F. Leeに関するE. Smithの推薦状、一八二七年五月三一日)

このリーという女性は「苦汗労働」の名で知られる裁縫業に従事する、イースト・エンド(ロンドンの貧民街)の住民である。別の推薦状によると、「無知ゆえに破滅させられている者たちの教育にあたりたい[82]」というのが、彼女のたっての希望であった。彼女の雇主であったエリザベス・スミスが「リスペクタブル」であるといっているのは、中産階級的な立居振舞いや生活の様式ではなく、「誰からの援助もなく貧困と闘う姿」をさしてのことだった。

言葉の背後にある多様な経験の重みが明らかにされたところで、最後に、ＢＦＳＳの採用基準を十分に認識していただけでなく、それとは全く異質な自らの体験を採用されるにふさわしい資格として堂々と主張した事例を紹介しておこう。四枚にわたって繊細、華麗な文字で綴られたフランシス・ジョーンズの願書（図6参照）は、それだけでも高度な読み書き能力をもっている証であったが、ＢＦＳＳ当局者の心を動かすことはなかった。

> ＢＦＳＳの一八三三年度報告、付録№4には、教師になるのに必要な要件として、次のような資格が必要であると書かれております。すなわち、第一に宗教的信条の確かさ、第二に活動的、精力的であること、第三に十分な能力と知識、とあります。第一の点につきましては、私が子どものころより通っておりますグリニッジのバプティスト、Ｉ・Ｏ・スクワイアー師の推薦状が証明してくれております。私の祖父と父は二代にわたってこの教会のおもだった後援者でありましたし、私も洗礼を受けた教会の一員として子どものころより通っております。……あとの二つの点につきましては、すでにバラ・ロードの委員会に提出致しましたように〔過去に一度、願書を提出したが不合格になっている〕、私は大家族のなかで育ち、小さい時から活動的で、人の役に立つようならされております。加えて、私は自らの手で、一一人の子どもを育て上げた母親であります。私は一一人の子どもをもっぱら自分の手で教育いたしました。あなたがたはそのようなことは不可能だとお考えになるかもしれませんが、……しかし、それらのすべては大家族の幸福にとって必須のことだったのです。[83]
>
> （Frances Jonesの願書、一八三八年、月日不詳）〔傍点——筆者〕

この願書をしたためたフランシスはロンドン有数の造船業者の未亡人であり、一一人の子どもに自ら教育をほどこ

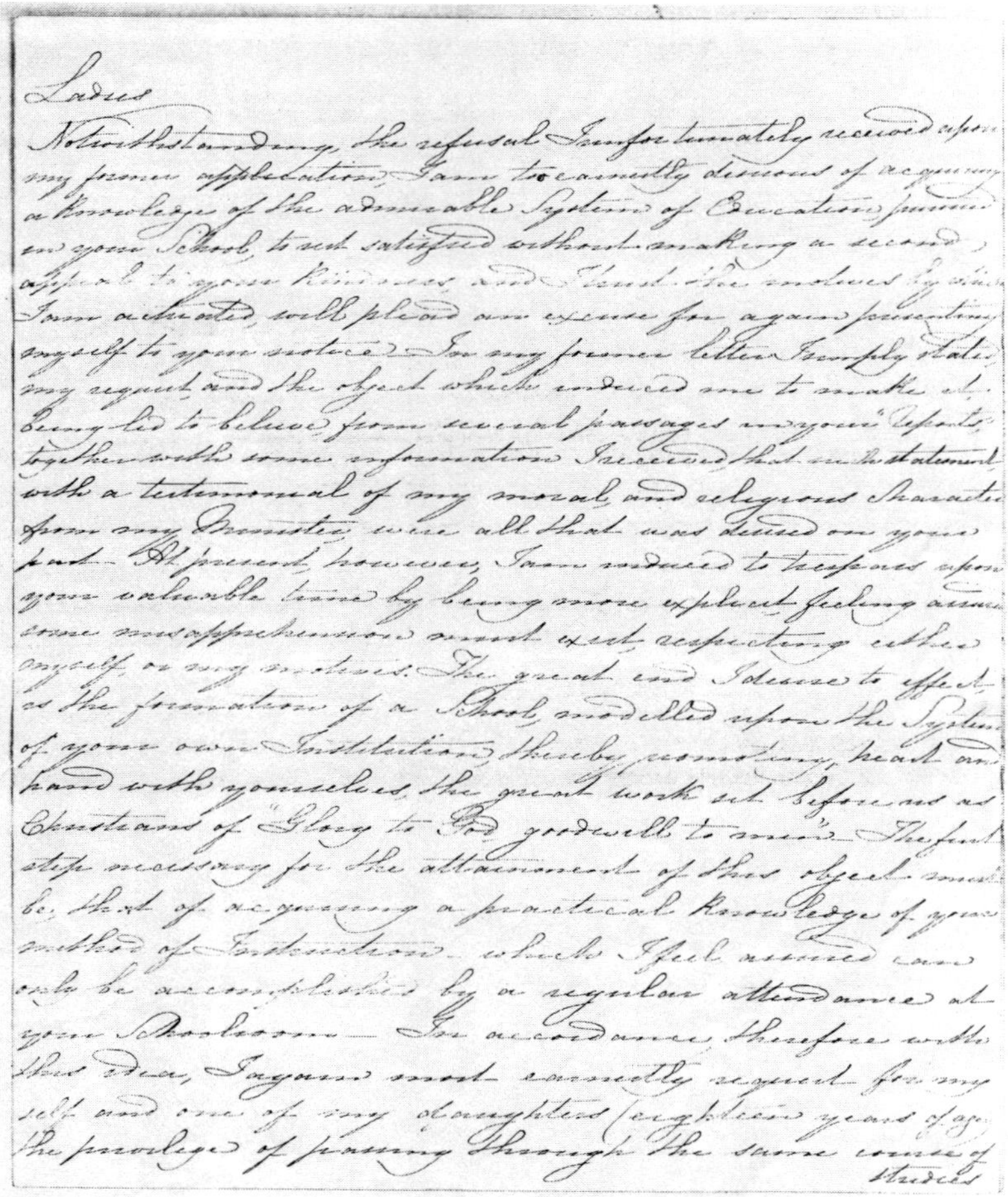
Ladies

Notwithstanding the refusal I unfortunately received upon my former application, I am too earnestly desirous of acquiring a knowledge of the admirable System of Education pursued in your School, to rest satisfied without making a second appeal to your kindness and I trust the motives by which I am actuated will plead an excuse for again presenting myself to your notice. In my former letter I simply stated my request and the object which induced me to make it, being led to believe from several passages in your Reports, together with some information I received that such statement with a testimonial of my moral and religious Character from my Minister, were all that was desired on your part. At present, however, I am induced to trespass upon your valuable time by being more explicit feeling assured some misapprehension must exist respecting either myself or my motives. The great end I desire to effect is the formation of a School, modelled upon the System of your own Institution thereby, cooperating hand in hand with yourselves, the great work set before us as Christians of "Glory to God goodwill to men." The first step necessary for the attainment of this object must be, that of acquiring a practical knowledge of your method of Instruction — which I feel assured can only be accomplished by a regular attendance at your Schoolroom — In accordance therefore with this idea, I again most earnestly request for myself and one of my daughters (eighteen years of age) the privilege of passing through the same course of studies

図6　フランシス・ジョーンズの願書（一部）

す余裕のある、明らかに中産階級の女性であった。しかも、ブリティッシュ・スクールの教師になるというより、自ら学校を開設するためにモニトリアル・システムを学びたいとしている点で、他の貧しい応募者たちとは同一に扱うことができない特殊性をもっていた。そして、おそらくはそのことが不合格の理由でもあっただろう。しかし、大家族のなかで懸命に兄弟姉妹の世話をし、母親として子どもを立派に育て上げた経験を教師になるのにふさわしい資質、資格とする考え方は明らかに下層階級に属する者たちの願書や推薦状にも共通する発想であった。フランシスの願書には七通の推薦状が付けられていたが、強調点は皆、同じであった。「妻として、母として実にさまざまな試練を経てきた信頼のおける人物です[84]」とか「特別に困難な状況のなかでも、妻および母としての義務を厳密に果たしてきた[85]」といった言葉の数々は、階級の差をこえて人びとの共感を得る人間観であり、民衆文化としての教育がかつてもっていた自然な姿であった。

おわりに

ＢＦＳＳに寄せられたおびただしい数の願書と推薦状は、これまで内外の研究者がほとんど踏み込むことのなかった教師志望者と彼らを支えた者たちの意識や行為に光を当てることになった。書簡史料から明らかになった事実は、ともすれば、複雑、精緻な制度化をとげた現代社会から過去を見がちなわれわれの常識を覆さずにはおかなかった。そこには、教師という職業ひいてはバラ・ロード師範学校をも糊口をしのぐ手段として、したたかに利用しようとする者たちがいたし、孤児、失業、病弱、身体障害、家庭の不幸など、さまざまな理由によって生活が立ち行かなくなった者たちに、救貧あるいは相互扶助として教職をあてがおうとする推薦者たちが見出された。そして、教師としての能力を問う前に、いかに人間として信頼に足る人物であるかを日常生活の経験的事実から堂々と主張する応募者や推薦者たちがいた。

公教育学校の教師はバラ・ロード師範学校の史料に見る限りでも、その出自、教師になる動機、彼らを支える人間関係、教職の捉え方(教師像)において、デイム・スクールの教師と大差はなかった。すくなくとも一九世紀の前半まで、両者は隔絶された、別個の世界に生きていたわけではなく、民衆の生活と文化に根ざす教育のあり方を共有していた。両者は依然として相互に移動し、混交する関係にあった。これまで、こうした過渡期の構造が見過ごされてきた原因は養成課程も含めて、教師の実態を十分に明らかにしてこなかった初等教育史研究のあり方にあったというべきだろう。公教育は彼らと競合する既存のデイム・スクールに非難の矛先《ほこさき》を向けるだけでなく、自らの体内に侵入しようとする「民衆の教師」を排除しなければならなかった。デイム・スクールに代表されるプライベイト・スクールの下位部分と公教育の両方にまたがる民衆の教育文化を切除することは、ボランタリズム(BFSS)と国家の双方に課せられた共通の課題であった。バラ・ロード校の初期の歴史がこうした課題を困難な条件のもとで遂行した苦闘の歴史であったことはこれまでに見てきたとおりである。生活世界における人びとの多様な経験、人びとが紡《つむ》ぎ出す信頼を拠り所とする民衆の教師像に対して、バラ・ロード校は個人主義、能力主義、徳目、客観的な知識を対置し、国民国家の規範的な教育機関にふさわしい教師をつくろうとした。

草創期の教師養成をこのように捉えることによって、民衆の文化として機能した教育を解体する近代的諸制度の役割もおのずと明らかになってくる。教師の養成についてはすくなくとも二つの制度が画期をなした。一八四六年に導入が決定され、五〇年代に効果が現れてくる教師見習生制度と一八四八年より実施される教師の資格試験制度である。前者は有給の徒弟として採用された一三歳以上の子どもを五年間、学校現場で訓練し、修了時に女王奨学生試験を受けさせ、合格者を師範学校に送り込む制度である。この制度は見習生だけでなく、現場で彼らを指導する教師および師範学校に入学した学生にも政府が定額の補助金を与える画期的な制度であった。しかし同時に、この制度は援助と引き替えに見習生と学生を徹底した能力主義、試験体制のなかにたたき込むことになった。見習生は毎年、視学官の実施する試験を受けなければならなかったし、バラ・ロード校の学生にいたっては毎週、試験が課せられた。さらに、これらの全過程を無事、通過したとしても、最後に教師資格試験の関門が待ち受けていた。しかも、資格試験ははじめから三つの等級に分けられていただけでなく、試験の成績が教師となった場合の賃金補助の格差と連動していた。女教師の場合にはさらに試験の内容から補助される賃金の額にいたるまで明らかな性差別が加わった。師範学校の女子学生は資格試験に際して、教授法、通史、代数、三角法、図形の計算法、高等数学、天文学初歩、物理といった科目の試験を免除されるとともに、女子学生独自の試験科目として家政や模範的な女性の生涯に関する試験が課せられた。[86] 教師養成の全過程を貫く徹底した試験体制は教師養成を知的訓練を重視する方向に切り換え、民衆の生活と文化に根ざす教師のあり方を根底から変えた。

一連の制度改革はバラ・ロード校にも確実な変化をもたらした。応募者の経済的貧しさ、BFSSの資金難から学生の長期かつ知的な訓練が困難であったバラ・ロード校でも、奨学生に対する国庫補助によって学生の長期訓練が可能になった。視学官の査察をBFSSが受け入れた一八三九年以降、バラ・ロード校は科学や「有用知識」を重視するカリキュラムを整えるとともに、教授法(Art of Teaching)や教育学(Pedagogy)を標榜するようになる。[87] 教育学あるいは「科学としての教育」は学生の道徳的・宗教的資質の向上と「有用知識」とを結びつける要として意識されるようになった。一八四五年には学生たちの受講科目も、男子の場合、文法、作文、地理、数学、代数学、幾何学、自然哲学、自然史、教育学におよび、教育実習の方法も学生一人ひとりがクラスを担当するいわゆる一斉教授方式(simultaneous method)に重点がおかれるようになった。バラ・ロード校の建物の平面図(図3参照)にもその変化は現れていた。貧しい人的資源のなかから、道徳的に優れた若者を一人ひとり篩にかけた苦難の歴史は過去のものとなり、試験・資格体制の巨大な歯車のなかにのみ込まれていった。その結果、人びとのなかでどんなに信頼を得た者であろうと、またどんなに豊かな人生経験を積んだ者であろうと、試験が要求する客観的な知的能力の基準を満たさない限り、教師になることはできなくなった。書簡の形をとる願書や推薦文も一八五九年には姿を消し、ごく簡単な印刷物の用紙に替えられた。もはや、そこからは教師になろうとした者たちの人となりを知ることはできなかった。しかし同時に、試験・資格制度はどんなに貧しく、不幸な境遇にあろうとも、それを理由に人を排除しなくなった。教師という職業はかつて生活する者の身近にある、多かれ少なかれ共同体的世界の仕事であったが、いまや個人の職業選択に委ねられるようになり、教師個人が国家と相対するようになった。「長期の一八世紀」はここでも終りをつげていた。

1　教員養成に関する基本的な研究には次のようなものがある。L.E. Jones, *The Training of Teachers in England and Wales*, 1924; R.W. Rich, *The Training of Teachers in England and Wales during the 19th Century*, 1933; A. Tropp, *The School Teachers*, 1957; P.H.J.H. Gosden, *The Evolution of Teacher's Assosiations to the Development of School Teaching as a Professional Occupation*, 1972. なお、初等教育学校教師の実態に触れた数少ない研究の一つに、P. Horn, *Education in Rural England 1800-1914*, 1978 がある。教師養成全般に関する文献目録は、M. Berry, *Teacher Training Institutions in England and Wales, A Bibliographical Guide to Their History*, 1973 を参照。この分野の研究は一部の研究を除くと、個別の師範学校史であるか、教師養成の制度史もしくはプロフェッションとしての教職の確立をめざす教師たちの運動史であることが多かった。こうした研究からは教師の生きざま、教師のリクルートと養成の実態、子どもや親たちとの関係などは十分に伝わってこなかった。明らかに、教師の地位と生活を具体的な経験レヴェルにおいて捉える第一次史料の蒐集と分析、彼ら教師たちを環境に働きかける主体として捉える視点、教師を民衆の生活、経験のなかで捉える視点が欠けていた。

2　ＢＦＳＳ史料センター（The British and Foreign School Society Archives Centre, 以下B.A.Cと略記）が所蔵する史料のなかで量的に膨大であるだけでなく、他に類を見ない重要な史料はおよそ五万点に達するかと思われる未整理の書簡である。書簡はほぼ四つに分類される。(1)Letters from Teachers, 1830-1896 (2)Letters from Schools (School Committee), 1830-1896 (3)Applications, 1817-1858 (4)Testimonials, 1817-1858 本章が使用するのは(3)と(4)である。(1)と(2)については第六章を参照。

3　ＢＦＳＳの歴史に関しては、創立一〇〇周年を記念して刊行された H.B. Binns, *A Century of Education, 1808 -1908,* 1908 がある。また最近ではＢＦＳＳ史料センターの前館長 G.F. Bartle が著した *A History of Borough Road College,* 1976 がある。

4　G.F. Bartle, *op.cit.,* p.1.

5　J. Fletcher (HMIS), Report on the Normal and Model Schools of British and Foreign School Society, *Minutes of the Committee of Council on Education,* 1846, p.451 (P.R.O., Education 17-6).

6　G.F. Bartle, *op.cit.,* pp.10-11.

7　J. Fletcher, *op.cit.,* p.455.

8　*Ibid.*, p.452.

9　*Ibid.*, p.451.

10　J.P. Kay-Shuttleworth, *Recent Measures for the Promotion of Education in England,* 1839, p.235.

11　三好信浩、前掲書、第二章「ケイ・シャトルワースの公教育論」参照。

12　Rev. H. Moseley (HMIS), Report on St. Mark's College, Chelsea, One of the Training Schools of National Society, *Minutes of the Committee of Council on Education,* 1846, p.214 (P.R.O., Education 17-8).

13　R.W. Rich, *op.cit.,* p.81. および M. Seaborne, 'Early Theories of Teacher Education', *British Journal of Educational Studies,* XXII, 1974.

14　BFSS, Registers of Borough Road Training College Students (Male Students 1810-1877, Female Students 1813-1877, BFSS Archives Centre, file no.004-06), 1877.

15　J. Fletcher, *op.cit.,* p.457.

16　「改正教育令」は教育を需要と供給の経済原則に従わせただけでなく、「教育のされすぎ」「うぬぼれを生じさせる」として教師養成の現状を批判した。教師を本来あるべき低い社会的地位に固定するねらいをもっていた (A. Tropp, *op.cit.*, chapter VI)。「改正教育令」の評価については異論もある (J.A. Marcham, 'The Revised Code of Education 1862: Reinterpretations and Misinterpretations', *History of Education,* vol.10, no.2, 1981, pp.81-99)。なお、日本では、世俗的な教育に国庫助成を限定した

「改正教育令」を「近代公教育制度」成立の画期として位置づけた大田直子の研究（前掲書）がある。大田は教育行政と教育の質を切り離すことなく、統一的に把握することから、教育への国家介入の質を問うている。

17 M.J. Illing, Pupil Teachers and the Emancipation of Women 1870-1905, M.A. Thesis (London Univ.), 1978.

18 C.B. Briffin, The Role and Status of Nineteenth-Century Elementary Schoolmistresses, M.A. Thesis (London Univ.), 1985, p.8.

19 ＢＦＳＳ史料センターが所蔵する史料の概要については、G.F. Bartle and G.P. Collins, 'The British and Foreign School Society Archives Centre', *History of Education,* vol.10, no.3, 1981, pp.179-181 ; G.F. Bartle, 'The Records of the British and Foreign School Society at Borough Road', *The Journal of Administration and History,* XII, no.2, 1980, pp.1-6.

20 Schools Correspondence, 1830-1868 (BFSS Archives Centre, file no.326-328).

21 Applications and Testimonials〔Men〕, 1817-1858 (BFSS Archives Centre, file no.416-436) ; 〔Women〕, 1817-1858 (file no.437-449). これらの願書、推薦状については、以下に示す三編の部分的な研究がある。G.F. Bartle, 'Early Applications for Admission to the Borough Road Normal College', *History of Education Society Bulletin,* no.14, 1974; Do., 'Early Applications by Women Candidates to the Borough Road Normal College', *History of Education Society Bulletin,* no.18, 1976 ; C.F. Hickey, An Analysis of Applications to the Borough Road Normal School (Student's Report, West London Institute of Higher Education), n.d.

22 さしあたっては、柴田三千雄「序章」『シリーズ世界史への問い６ 民衆文化』岩波書店、一九九〇年、喜安朗『近代フランス民衆の〈個と共同性〉』平凡社、一九九四年、一一二〜一一四頁（ミッシェル・ド・セルトーの『日常的実践』についての注）、北原敦「日常的実践の歴史学へ」『思想』一九九五年二月号、松塚「学校をみずからのものに」竹岡敬温・川北稔編『社会史への途』有斐閣、一九九五年を参照。

23 BFSS, *Annual Report,* 1830, pp.3-4.

24 *Ibid.*, 1829, pp.14-15.

25 G.F. Bartle, 'Henry Dunn and the Secretaryship of the British and Foreign School Society, 1830-1856', *Journal of Educational Administration and History,* XVIII, no.1, 1986.

26 Report from the Select Committee on the State of Education, Minutes of Evidence, 1834, p.21 (*P.P., Education Poorer Classes,* vol.6, p.33).

27 *Ibid.*, p.86（*P.P.*, 86）.

28 G. Sutherland, *Elementary Education in the Nineteenth Century*, 1970, pp.3-4.

29 F. Thompson, *Lark Rise to Candleford*（1st.pub., 1939）, Penguin, 1973, p.190.

30 Report from the Select Committee on the State of Education, Minutes of Evidence, 1834, p.22（*P.P.*, p.34）.

31 *Ibid.*, p.87（*P.P.*, p.99）.

32 BFSS, *Annual Report*, 1833, p.5; Do., *Annual Report*, 1838, p.152.

33 面接の内容については、J・フレッチャーが一八四五年に行ったバラ・ロード校に関する最初の報告書（J. Fletcher, *op.cit.*, p.471）から、おおよその見当がつけられた。それによると、面接では(1)健康状態について、肉体的欠陥の有無、天然痘の病歴と種痘の有無が確かめられた。ついで、(2)知識については、「不快な口調〔方言〕をまじえることなく、なめらかに読むことができるかどうか」「正しく書けるかどうか」「四則、地理、歴史に関する一般的な知識をもっているかどうか」が問われた。

34 Report from the Select Committee on the State of Education, Minutes of Evidence, 1834, p.23（*P.P.*, p.35）.

35 *Ibid.*, p.82.

36 Report from the Select Committee on the State of Education, Minutes of Evidence, 1834, p.23（*P.P.*, p.35）.

37 J. Fletcher, *op.cit.*, p.475.

38 Testimonial of J. King by D. Jagues, May 7, 1821, BFSS Archives MSS.

39 Testimonial of S.A. Hibbert by F. Morton, September 20, 1829, BFSS Archives MSS.

40 Testimonial of E. Smith by S. Darton, June 8, 1831, BFSS Archives MSS.

41 Application of S. Attwater, November, 1837, BFSS Archives MSS.

42 Testimonial of S. Rowlings by M. Adey, March 19, 1826, BFSS Archives MSS.

43 Testimonial of M. Banks by J. Balbirnia, November 5, 1835, BFSS Archives MSS.

44 Testimonial of H. Martin by N.A. Martin, July 28, 1827, BFSS Archives MSS.

45 Application of M. Mason, December 22, 1837, BFSS Archives MSS.

46 The Letter of J. Cornwell addressed to H. Dunn, October 18, 1833, BFSS Archives MSS.

47 Letter of W. Hartliff addressed to H. Dunn, November 23, 1833, BFSS Archives MSS.

48 Testimonial of W. Hartliff by Rev. J. Mcpherson, June 3, 1834, BFSS Archives MSS.

49 Testimonial of W. Hartliff by M. Raley, June 30, 1834, BFSS Archives MSS; Testimonial of W. Hartliff by E. Theobald (Baptist Minister), June 27, 1834, BFSS Archives MSS.

50 Testimonial of W. Hartliff by G. Watson, June 28, 1834, BFSS Archives MSS; Testimonial of W. Hartliff by E. Stainbark, June 20, 1834, BFSS Archives MSS.

51 Letter of M. Kelt addressed to H. Dunn, January 6, 1831, BFSS Archives MSS.

52 Testimonial of H.J. Greener by W. Mitchiner, July 1, 1827, BFSS Archives MSS.

53 J. Fletcher, *op.cit.*, p.468.

54 J.S. Neele, 'The Standard of Living 1780-1840: A Regional and Class Study', in A.J. Taylor (ed.), *The Standard of Living in Britain in the Industrial Revolution*, 1975.

55 Testimonial of J. Catmore by R. Forster, June 25, 1835, BFSS Archives MSS.

56 Application of T.M. Lang, March 21, 1833, BFSS Archives MSS.

57 Testimonial of R. Pitman by S. Pitmam, April 7, 1836, BFSS Archives MSS.

58 J. Fletcher, *op.cit.*, p.455.

59 *Ibid.*, pp.466-467.

60 *Ibid.*, p.459.

61 Application of H.D. Mannings, June 7, 1829, BFSS Archives MSS.

62 Testimonial of Mrs. Hall by H.W. Armstrong, August 28, 1832, BFSS Archives MSS.

63 Testimonial of E. Whiteford by J. Hall, June 22, 1832, BFSS Archives MSS.

64 Testimonial of W. Dawson by T. Thompson, December 21, 1827, BFSS Archives MSS.

65 Hickey, *op.cit.*, pp.13-14.

66 Testimonial of B. Haydnon by J. Hanson, July 15, 1819, BFSS Archives MSS.

67 Testimonial of G. Granville by the Inhabitants of Plymouth Dock, February 14, 1820, BFSS Archives MSS.

68 Testimonial of S. Robinson by Samuel Plumber, September 5, 1834, BFSS Archives MSS.
69 Testimonial of G. Robinson by S. Saxon, September 2, 1829, BFSS Archives MSS.
70 Testimonial of G. Robinson by E. William, September 23, 1829, BFSS Archives MSS.
71 Testimonial of G. Robinson by W. Walter, September 24, 1829, BFSS Archives MSS.
72 Testimonial of G. Robinson by A. Anney, September 25, 1829, BFSS Archives MSS.
73 Testimonial of G. Robinson by J. Gould, September 26, 1829, BFSS Archives MSS.
74 Testimonial of G. Robinson by J. Kerr, September 26, 1829, BFSS Archives MSS.
75 Testimonial of G. Robinson (anon.), September 27, 1829, BFSS Archives MSS.
76 Testimonial of G. Robinson by E. Cox, September 29. 1829, BFSS Archives MSS.
77 Testimonial of G. Robinson by H.G. Watkins, September 29, 1829, BFSS Archives MSS.
78 Testimonial of G. Robinson by D. Humphrey, October 1, 1829, BFSS Archives MSS.
79 Testimonial of G. Robinson by J. Hanley, October 1, 1829, BFSS Archives MSS.
80 Testimonial of G. Robinson by M. Lowell, October 2, 1829, BFSS Archives MSS.
81 Testimonial of F. Lee by E. Smith, May 31, 1827, BFSS Archives MSS.
82 Testimonial of F. Lee by J. Mardyce, May 30, 1827, BFSS Archives MSS.
83 Application of F. Jones, 1838, BFSS Archives MSS.
84 Testimonial of F. Jones by T. Fry, 1838, BFSS Archives MSS.
85 Testimonial of F. Jones by S. Verteel, December 3, 1838, BFSS Archives MSS.
86 General Examination of Training Schools, Jane1849, *Minutes of the Committee of Council on Education,* 1849-1850, pp.cccliii-ccclxxv.
87 BFSS, *Report,* 1835, pp.5-7; *Report,* 1845, pp.41-53.

第六章　自由主義国家と教師

はじめに

初等公教育は教職にふさわしい優れた人材の確保に呻吟《しんぎん》を重ねたが、その原因は応募者の経済的貧しさ、任意団体の資金難だけではなかった。根本的な原因は初等学校教師の社会的地位の低さ、恵まれない経済的条件にあった。ときに職工以下とまでいわれた彼らの給与がすべてを物語っていた。シャトルワースも一八四六年に率直に次のように語っている。「教師の給与はしばしば農業労働者のそれよりも劣っており、ごく普通の技能を身につけた職工の給与に近づくこともきわめてまれである。しかも、こんな給与ですら、貧しい者たちの収入から支払われるわずかな授業料に大きく左右されたし、不作や失業、ストライキ、生徒たちの病気、あるいは最悪の場合には、悲惨な結果をもたらす教師自身の病気によって減額されやすかった」[1]と。シャトルワースらが打ち出した改善策は、前章で述べた教師見習生制度と年額一五ポンドから三〇ポンドの範囲で資格試験の合格者に支給される給与補助制度であった。これらの制度はそれ以前の状態に比べれば明らかに改善であった。バラ・ロード校への入学者の急増に見られるように、教職に対する社会一般の期待が高まったことも事実である。しかし、補助金制度も教師に対する社会の評価、彼らの社会的地位を根本的に改善するには程遠かった。

給与補助はあくまでも補助であり、政府が有資格教師の給与を全額支給するものではなく、支給額とほぼ同額あるいはそれ以上の金額を従来どおり授業料、寄付金に期待するというものであった。[2] 教師の給与が実際に満足のゆくものになるかどうかは依然として赴任地の学校の財政事情、地域社会の事情次第であった。シャトルワースらが改善を要すると考えたのは教師の給与が貧しい親たちの収入から捻出される授業料に左右される現実であった。そうした状態は「教師の全収入をもっとも知性に欠ける者たちの気まぐれに委ねる」ことにほかならず、教師を貧民の知的、道徳的指導者にするには不都合だった。[3] 親や子どもが教師を見下すようでは学校は規範的教育機関たりえなかった。

しかしその一方で、シャトルワースは教師の社会的・経済的地位が必要以上に高くなることにも危惧の念を懐《いだ》いていた。自らが設立した模範的な師範学校であるバターシー校での「実験」以来、彼は教師が広い知識と教養を身につけることによって自惚《うぬぼ》れ、「不満の種」を宿す危険性を繰り返し強調している。バターシー校に関する枢密院教育委員会の報告書（一八四二年）のなかで、彼は「師範学校で訓練を受けた教師は貧民の子どもたちに対する思いやりのある敬虔な教師ではなく、懐疑のなかに精神を埋め、心のなかに社会への不満の種を宿す教師になりやすい」[4] と述べている。彼の理想とする教師は金銭欲にとりつかれたり、ただ単に専門職としての地位の上昇をはかる「思い上がった」教師ではなく、知性と使命感、自己犠牲、キリスト教的慈愛と奉仕の精神とを併せもつ教師であり、農夫とさほど変わらない社会的地位に甘んじて、彼らを道徳的に教え導く教師であった。シャトルワースにとって、教師の地位の改善は彼らが教え導く者たちからほどよい尊敬を受ける程度の改善であり、それ以上ではなかった。

依然として民間の資金力に多くを期待した給与補助制度やシャトルワースの教師観を参照すると、一見、劇的な変化と思われてきた一八六二年の「改正教育令」についても改めて再検討をせまられる。民衆教育そのものに対する保守派の反発、クリミア戦争による国庫支出の増大、基礎教育（3R）重視などを背景に成立する「改正教育令」は、すべての公的補助を一元化し、一定の出席日数に達した一一歳以下の子どもたちの3Rの成績を基に、「出来高払い」(payment by results)を行うという点で、明らかにそれまでの制度を一新するものであった。[5] しかも一元化された補助金は一人ひとりの教師や教師見習生に対してではなく、学校の経営責任者に運用が一任されたために、教師の地位や生活条件は以前にもまして学校の理事会との個別交渉に左右されることになった。こうした措置は教育と教師が需要と供給の自由競争原理のもとにあることを改めて人びとに強く印象づけた。一〇〇〇件を超す反対請願が示すように、「改正教育令」は一八三三年以来の補助金政策をわずか三〇年たらずでもとのもくあみにするかのような印象を与えた。従来の教育史研究もこの変化を自由主義的な政策原理への転換と受けとめてきた。しかし、「改正教育令」は、これまでにも繰り返し述べてきたように、一八三三年以来の一連の政策が民間の資金力への依存を前提にしていたことから必ずしも根本的な転換と見ることはできなかった。むしろ、国家介入の初発から一貫する政策原理の再確認とみなされた。われわれが留意すべきは第二章で論じた一九世紀の自由主義国家の性格である。ナポレオン戦争の終結とともに崩壊する財政軍事国家は、社会政策の基本を諸個人と任意団体のもつ力を最大限に発揮させ、人的・物的資源をより効果的に動員する、またその限りで必要最小限の介入を行う高度な戦略をもつ国家に変わっていた。一見、劇的な変化に見えた「改正教育令」は国家本来の戦略を再確認するものであり、子どもを社会化する諸力を文字通り社会一般から引き出そうとするものであった。

　初等学校教師の社会的地位の低さや劣悪な生活条件も以上に述べた自由主義国家の性格、政策の基本的な枠組から生じた矛盾である。国家が教師を保護しない原則に立つ以上、教師は自らの力で道を切り開かねばならなかった。とりわけ、まだ資格をもたない多くの現場教師にとっては、事態はいっそう深刻であった。第五章の表1に示されるように、教師のおよそ半数は公的補助を受けていなかった（一八五一年）。そして、こうした問題は一つの焦点を結んだ。子どもたちの学校への定着、就学期間の長期化とともに深刻な教育問題であった教師の頻繁な移動＝転勤がそれである。地域社会や個別の学校事情に翻弄されつづけた教師たちは、時代の公理と化したレッセ＝フェールを逆手《さかて》にとり、より有利な雇用条件を求めて移動を繰り返すことで活路を見出そうとした。これら教師たちの生きざま、苦悩をＢＦＳＳが所蔵するもう一つの書簡史料群である現場教師の書簡から明らかにしてみたい。[6]

1　教師の採用方法

書簡史料は、バラ・ロード校に各地の学校理事会（school committee）から寄せられた教師派遣要請文と現場教師（卒業生）の手紙とからなる。教師の派遣を要請する手紙は給与、居住環境、教える科目、学校の状況など、採用条件を簡潔に知らせてくるものが圧倒的に多かった。文面が簡潔であったのは、地域の有力な後援者からなる各学校の理事会とＢＦＳＳとの間にすでに安定した恒常的な関係が成立しており、必要最低限度の情報を送れば用を足すと考えられていたからだと思われる。要請を受けたＢＦＳＳは文面を検討し、条件に見合った候補者をバラ・ロード師範学校の在校生のなかから選び出し、推薦した。まずは、各校の理事会すなわち地域社会主導の教師採用方式であったことが注目される。

筆者にとって興味深かったのはこうした型通りの実務的な手紙ではなく、しばしばそのなかに紛れ込む比較的長文の手紙である。これらの手紙は採用する側に普段とは違う何か込み入った事情が生じた場合か、現場の教師が個人的な問題を直接、バラ・ロード校に持ち込むケースが多かった。後者は学校理事会という公式ルートを通さずに個人の事情を訴えていること自体が正常ではなかった。これら長文の書簡の一つ一つを検討することによって、われわれは教師採用の実態、当時の教師たちが直面していたさまざまな困難や苦悩を理解することになる。

とはいえ、およそ二万点に達するかと思われる教師派遣要請文と現場教師の書簡すべてに目をとおすことは物理的にも困難である。ここでは問題の射程が一九世紀末までおよぶことを自覚しつつも、分析の中心をＢＦＳＳの発展に寄与するところの大きかったＨ・ダン[7]の事務局長時代（一八三〇〜五六年）の書簡に限定せざるをえなかった。

ダンがＢＦＳＳの事務局長として活躍した時代は各地に師範学校が次々に誕生し、イギリスの教師養成がまがりなりにも軌道に乗っていった時代である。非国教会派唯一の師範学校であり、あらゆる師範学校のなかで歴史がもっとも古くかつ規模の大きかったバラ・ロード校の卒業生も飛躍的に増加した。ダンが事務局長を務めた二七年間に、同校に在籍した学生は男二三八四人、女二一三二人を数えた。[8]

各地の学校理事会とＢＦＳＳとの関係は「友好的な通信と相互援助の関係」であって、ＢＦＳＳが学校理事会を指導する関係ではなかった。[9]ＢＦＳＳは地域社会の力を引き出す「組織者」にすぎず、視学官に国庫助成金で建てられたブリティッシュ・スクールの査察を行わせる場合でも、指導ではなく、地域社会の教育への貢献を促す「助言」が建前であった。[10]こうした関係はＢＦＳＳの掲げる非宗派主義（nondenominationalism）に起因していた。「侵すことのできない親の信仰の自由に抵触することなく運営される学校は組織、運営のいかんにかかわりなく、ブリティッシュ・スクールとみなされる」と彼らが述べているように、宗教教育が重きをなす当時の教育は国家や中間団体にすぎないＢＦＳＳにではなく、市民たる親に、したがって地域社会に委ねられるべき性質のものであった。[11]

しかし、それ以上に両者の実際の関係に大きな影響を与えていたのは学校教育に必要な資金源であった。すでに述べたように、多くの学校が民間資金によって建てられており、国庫助成を受けた学校でも建設費の二分の一はあらかじめ民間で準備されていなければならなかった。しかも、建設後の教師の給与、住居、学校の教材・備品など、通常経費は一八四〇年代以降、徐々に国庫助成が導入されたとはいえ、依然として地域社会から捻出される寄付金や授業料に依存していた。依存の程度は学校によって違っていたけれども、民間資金なしに学校経営が成り立たなかったことは以下に紹介する多くの書簡に明らかである。

学校が地域社会の資金力に依存する以上、教師の任免はもとより、任用期間、給与、住居、労働条件にいたるまで、各学校の理事会が決定権を握るのも当然のことである。教師の地位、生活条件は彼らと学校理事会との間で個別に取り交わされる雇用契約次第であった。しかし、彼らは形式上の契約者にすぎず、実際には、理事会の提示する条件に異議を差しはさむほど強い立場にはなかったし、契約内容が守られる保障もなかった。さらに、契約とはいっても、正規の契約書があるわけではなく、ほとんどの場合、あらかじめ各地の学校理事会がＢＦＳＳに送った書簡にそった口約束が交わされる程度のことであった。筆者の見た限りでは、当事者間に正規の契約関係が結ばれたことを示す「契約書に署名した」という文言を書簡史料から見つけることはできなかった。おそらくは、教師の派遣を要請する学校理事会の書簡が契約書に近い効力をもち、ＢＦＳＳも彼らの提示する雇用条件に変更を加える力をもっていなかったと思われる。ＢＦＳＳの史料センターにこの種の書簡が大量に残された最大の理由も書簡が契約書に準ずるものであったからにほかならない。

教師の地位にもっとも大きな影響を与えた「契約条件」は雇用期間であるが、おおむね一年ごとに更新されている。このことは雇用期間を明示したいくつかの書簡から了解されるだけでなく、解雇通知からも明らかである。解雇通知のなかには、「クリスマスまで」あるいは「一二月まで」とするものが多かった。「契約」解消の期日が明示されない場合にあっても、「雇用の定めがない包括的な雇用は一年間の契約であるとみなされた」という当時の慣行に従ったものと推測される。[12]「契約」が破棄される場合には、「双方いずれの側にあっても、三カ月前の事前通告が必要」[13]といった良心的な取決めも書簡のなかには見出されるが、わずかにすぎない。逆に、雇用者側の都合で反《ほ》故《ご》にされるケースがいくつも見られた。学校理事会の一方的な解雇通告を受けた教師に対して、ＢＦＳＳがなしえたことは彼らをバラ・ロード校に再入学させ、改めて雇用先を斡旋《あっせん》することだった。不確かな雇用期間は、契約主体というには程遠い不遇をかこつ教師たちの生活を象徴していた。

2 不遇をかこつ教師の給与

初等学校教師の給与が一般に低かったことについてはすでに述べたが、書簡の分析から注目されるのはその格差の大きさである。筆者の調査した限りでも、年額一〇ポンドから七〇ポンドまで、大きな差が認められた。この較差は年齢、性差など、教師の側の条件にもよるが、根本的には各学校の財政事情、授業料収入を期待できる生徒数に起因していた。この点をより具体的に明らかにしているのがノーフォークシア、ディス(Diss)の学校理事会から寄せられた書簡(一八五五年)である。[14] 当地の理事会がＢＦＳＳに示した採用の条件は年四〇ポンドの給与のうち、半分を授業料で賄い、残りを理事会の財源から支給するというものであったが、その場合の二〇ポンドは自発的な寄付次第であった。さらに、仮に四〇ポンドを確保できたとしても、「この金額では有能な男性教師の獲得が困難である」と考えた理事会は、教材、備品などに対する政府の補助金を得るために視学官の査察下に入ることを希望していた。

調査の限りでは、給与が定額で固定されていた事例はすくなく、大部分の教師は出席のままならない子どもたちの不確かな授業料収入の影響を受けていた。概して、大都市の規模の大きな学校ほど教師に有利であった。多額の授業料収入が期待できる都市部の学校への転勤を希望する再入学申請が多くなるのもそのためである。経験豊かな野心的教師だけでなく、窮乏にあえぐ大部分の教師にとって、都市はそれだけでも十分に魅力的であった。このことは事務局長のダン自身も認めている。一八三四年に下院特別委員会の証言に立った彼は、二五〇人の生徒から徴収された授業料収入だけで、給与が年額八〇ポンドに達した教師の事例を紹介していた。[15] この授業料収入に加算される学校理事会からの給付を足した給与の総額は、一八五一年の『教育国勢調査報告』に見られるランカシアの教師の平均給与、男五五ポンド一八シリング、女三〇ポンド一四シリングをはるかに上回っただろう。[16] また、一八六一年のニューカースル委員会の『報告』に見られる有資格教師（三六五人）の平均給与、九四ポンド三シリング七ペンス、同女性教師（一九七二人）の平均給与、六二ポンド一三シリング一〇ペンスをも上回ることは確実であった。[17]

逆に生徒数がすくなく、地域社会の資金力にも限りのある農村部の小さな学校では、教師は多額の授業料収入を期待することはできず、薄給に甘んじなければならなかった。さらに、こうした一般的な事情に加えて、教師の能力不足、理事会と教師とのトラブル、理事会が熱意を欠くなどの諸事情が重なった場合には、生徒数の減少は都市部の学校以上に深刻であった。学校の存続が危ぶまれることも珍しくはなかった。たとえば、サフォーク、ハーレストン（Harleston）の教師であったロバート・バロウ（Robert Burrough）は一八四七年にそうした諸々の事情を次のように訴えていた。

……学校の学期は秋の収穫期に終了しますが、その時点で学校理事会との契約も最終的に終ります。それが彼らにとっても、私にとっても望むところであることは事実です。もしあなた方〔BFSS〕の賛同が得られますなら、別の学校を指定していただくために、もう一度あなた方の監督下に置いていただくこと〔再入学〕が私の希望であります。現在の学校は学期の終りに閉鎖が予想されますし、またそのように伝えられてもおります。

理事会は学校を存続させるに足る資金を集めることは困難であると考えておりますし、その関心もないように思われます。……理事会のある者たちは学校訪問を怠ったばかりか、幾度か傍《そば》を通り過ぎたにもかかわらず、私に対して丁寧な物言《ものいい》をしたことがありません。理事会がこのように教師との間に溝をつくり、教師や学校の関心事を知るように努めないかぎり、学校は効果的に運営されるはずがないと確信いたします。学校には全員で一一三名の子どもたちが在籍していることになっていますが、着任以来、出席者が四五人を超えたことはありません。私が赴任するとき、あなた方は授業料収入が年四〇ポンド近くになるといわれましたが、今年は二〇ポンドを切るのではないかと心配しております。寄付金が大変に限られており、財政的な保障がありませんので、どれほどの給与が得られるのか私にはわかりません。返信をお寄せ下さい。[18]

このほかにも、理事会が財政難を理由に女教師を解雇したために裁縫が教えられず、女生徒が減り、結果的にもう一人の男性教師の給与をも減額せざるをえなかった事例もあった。[19]

教師の給与が授業料収入の影響を強く受けていた事実は、彼ら公教育学校の教師をデイム・スクールの教師たちに、概念ではなく実態として近づけることになる。[20] 両者は制度的に区別されるが、不安定な授業料収入に依存している点で、共通する困難をかかえていた。こうした現実は両者の垣根を越える相互移動を促した。デイム・スクールの経営に失敗して、公教育に活路を見出そうとする者たちは後を絶たなかったが、同時にその逆のケースも数多く見られた。バラ・ロード校の教師であったJ・T・クロスリ(Crosley)は一八三四年の議会証言のなかで、能力ある公教育学校の教師が「自分の裁量で大きな収入が得られるプライベイト・スクールを設立したがっている」こと、あるいは「収入の足しにプライベイト・スクールの経営に携わっていた」事実を明らかにしている。[21]

教師の給与問題をさらに複雑にしていたのは男性教師と女性教師との格差である。一八三〇年代におけるブリテイッシュ・スクールの男性教師の給与は、ＢＦＳＳの当局者によれば、平均で五〇ポンドから六〇ポンドであった。これ自体、「大変に見下されたものであり、かなりの学識ある者たちは教職に就こうとしないだろう」[22]といわれるほどであったが、女性教師の給与はそれ以下だった。正確な統計数値は得られないが、ダンの事務局長時代の書簡に見る限りでは、彼女らの給与はおよそ、平均四〇ポンド程度であったと推測される。このことは、一八四〇年に女性教師の給与の相場を尋ねたある書簡にダンが四〇ポンドと書き添えていることからも窺い知ることができた。[23]この金額をおおよその目安とすると、ブリティッシュ・スクールの女性教師の給与は男性教師よりも、平均で一〇ポンドから二〇ポンド低かったことになる。

女性教師の採用は財政基盤の弱い学校にとっては好都合であった。女性教師は安上がりにつくだけでなく、女性の心得と考えられていた裁縫を教えることで、親たちの期待に応えることができたからである。しかし、これにはリスクもともなった。経験豊かな女性教師が得られればよいが、三カ月にも満たない訓練を終えたばかりの若い女性教師の場合には、教室の秩序を保ち、親や学校の支援者に満足を与えることは容易でなかった。書簡に見るかぎり、能力の不足を理由に彼女らが解雇される事例の大半は、３Ｒを教える能力の不足というより、教室の秩序を保ちえなかったことが原因であった。こうしたリスクを避け、同時に財政的にも見合う方策として歓迎されたのは、夫婦もしくは兄弟姉妹に学校を任せることである。例えば、グロスターシア、ブラックニー（Blackny）から寄せられた書簡がそうした事情をよく伝えている。ブラックニーの教師であったＡ・エルヴィ（Elley）は前任者であったターナー夫妻の夫の死去にともない当地に赴任したのであるが、一八五四年に次のような書簡をＢＦＳＳに送っている。

……最初の一年間は前任者の未亡人が午前中、学校を手伝い、午後は少女たちの裁縫の面倒を見てくれていました。しかしその年の終りに、学校理事会は私の給与を支払ったうえに、ターナー夫人の面倒を見るほどの財政的余裕がないことを知るようになりました。その結果、彼女は今年の初めに学校を辞めざるをえなくなりました。以来、学校は私だけで運営され、午後の裁縫指導は村の女性に手伝ってもらっております。……今までのところ、状況は良好に推移しており、学校の資金も諸経費を賄うに十分なものになってきているように私には思われます。しかるに理事会は再び、教師資格を有する妻帯者の採用を望んでおります。そのため、理事会はある既婚男性教師と契約交渉を行い、私にはクリスマスまでに辞めるよう通告してきております。[24]……

この書簡からは、新たに採用されようとしている教師夫婦の給与の額を知ることはできないが、学校の財政事情から、女性教師の給与を夫である男性教師のなかに組み入れようとする意図が十分に察せられる。同じような事例はほかにもいくつも見られた。ヨークシア、シャドウェル (Shadwell) の教師であったW・ジェイコブ (Jacob) の手紙のように、彼の妹が手伝うことを条件に、年収七〇ポンドで新しい学校に移ることが明記される場合もあった。[25] いずれにせよ、妻または姉妹の賃金を男の賃金のなかに組み入れる、いわゆる「家族賃金」(family wage) が不安定で、不足しがちな学校財政を支えたことは確かである。また、このような雇用の形態が当時、珍しいことでなかったことは、バラ・ロード校に提出された願書のなかに夫婦によるものが相当数あったことからも確認された。男性教師のなかに取り込まれる女性教師の地位は、貧しくとも独立して学校を営むデイム・スクールの教師たちとは対照的であった。

3 教師の居住環境・共同体

教師の生活を語る場合に、是非とも触れなければならない問題に、住居、家具・調度品、菜園、同居者の有無など、居住環境がある。これらは教師の社会的地位にかかわる問題でもあり、枢密院教育委員会も深い関心を払った。その証拠に、教育に対する国庫助成は学校建設資金の補助から教材への助成(一八四三年)を経て、一八四五年には教師の住宅建設にも拡大された。[26] 政府が教師の住宅建設に補助金を支出するようになった直接の理由は学校理事会の財政負担を軽減することにあったが、さらにその背後には、居住環境からも教師の地位を明確にしようとする意図が窺われる。この点で興味深いのは、当時、枢密院教育委員会の委員長であったウォーンクリフ卿の次なる発言である。「学校教師には住居が与えられねばならないが、それは社会的標準以上の地位を彼らに与えるような大きすぎる家屋であってはならない。しかし同時に、彼らは小屋のごときものから連れ出され、彼らよりも下位にいる者たちが子どもを教える教師にほどよい尊敬の念をいだかせるように配慮された、いくらかましな住居に移されるべきである。」[27] この発言の趣旨は教師の住居が「大きすぎる」ことを問題にしているのではなく、生徒の親たちの住居よりいくらかましな、「ほどよい尊敬の念をいだかせる」居住環境を教師に与えることだった。要するに、ウォーンクリフのまわりくどい発言は教師たちが劣悪な居住環境にあることを認めるものだった。

実際のところ、BFSSに寄せられた書簡から描きうる住居の平均像は「寝室と居間の二部屋で、小さな菜園がついている」程度のものであった。[28] これはC・ブロンテの小説『ジェーン・エア』の主人公が村の教師として、年収三〇ポンドで住みついた「小屋」を彷彿《ほうふつ》させる。ジェーンの「小屋」は「白塗りの壁と砂をまいた床のある小さな部屋で、四脚のペンキ塗りの椅子、テーブル、柱時計、それに二、三枚の大皿、デルフト焼の茶道具一組を入れた食器戸棚が置いてあった。その上に、台所と同じ大きさの寝室があって、樅材《もみ》の寝台と小さいながらもわずかばかりのわたしの衣類を入れるには大きすぎる簞笥《たんす》が据えてあった」[29]。主人公の「小屋」の前を通りかかった教区牧師の「たぶんここの設備が……あなたの期待を裏切ったことでしょう。どれも実にお粗末なものですからね」という一節は、おそらく、当時の教師たちの実感でもあったろう。しかし、それでも、『ジェーン・エア』の主人公はまだしも恵まれたほうであった。一八二七年にBFSSに書簡を寄せたロンドンの教師、C・ブランド(Bland)は「部屋の調度品に要する重い出費」を学校理事会に負担させるために、すでに口約束されていた一〇ポンドの給与の増額をなかなか切り出せずにいた[30]。この教師の場合には、年二〇ポンドという給与の低さに加えて、生活に必要な調度品すら満足に揃えられてはいなかった。

教師の居住環境が一九世紀を通じて、十分な改善を見なかったことについては、農村の教育を研究したP・ホーンも認めている。彼女は『イングランド農村の教育、一八〇〇～一九一四』のなかで、雑誌『学校教師』(*School Master*)の編集者が一八九四年に行った講演を紹介している。それによると、教師たちのなかには、調度品どころか「鼠《ねずみ》や虫がはいまわる、かつての馬車置き場や羊毛を納めておく納屋」を住居としていた者たちもいた。あるいは、「とても冷たく、乾き切った部屋のなかで、外套の類を身の回りにかき集め、暖炉の前に座って冬をすごす」教師もいた[31]。劣悪な居住環境が身体をむしばみ、疾病の原因になることは目に見えていた。教師の派遣を要請する書簡のなかには、前任者の病気によるものが多く見出された。

ところで、教師の居住環境については、教師一般の問題に解消できない、女性教師特有の問題も認められた。女性教師の派遣を求める書簡のなかには、「同居者として、敬虔で信頼できる女性を付ける」[32]とか、「立派な家庭に寄宿させる」[33]ことを条件にする書簡がいくつか見出される。こうした文面の背後には、女性をひとりにしておくべきではないとする、特別な配慮が働いていた。この点で興味深いのは一八六八年にH・W・ベレイアーズ(Bellairs)が著した『教会と学校、あるいは聖職者の生活の知恵』であろう。国教会の聖職者であり、勅任視学官でもあった彼は、教区牧師の日常生活の手引きともいうべきこの小冊子のなかで、孤独に陥りやすい教師たちを慰撫《いぶ》することが聖職者の務めであると述べるとともに、女性教師の採用に関して、次のように注意を促している。「未婚の女性教師を採用する際には、契約する前にひとりで住むことにならないよう、契約の条件を調《ととの》えるべきである。多くの学校管理者はこの点に全く無頓着であるために不幸なスキャンダルを生じさせている」と。[34] ベレイアーズの忠告からは、若い女性教師が服装、言葉遣いから日常の所作にいたるまで周囲の視線を浴び、男性教師以上に行動の自由を奪われていたことが察せられる。女性教師たちもまた、J・パーヴィスの指摘する階級的差別と性差別の「二重の重荷」を背負わされていた。[35]

契約時の居住条件にはさまざまな付帯条件がつけられるのが普通であり、そのなかでも重要な意味をもったのは菜園である。菜園のほとんどは小さなものだったが、なかには一エイカーにおよぶものもあった。[36] 菜園は給与を補《ほ》塡《てん》しただけでなく、特別な意味をもっていた。シャトルワースが強調してやまなかったように、園芸や耕作は孤独に陥りやすい教師たちの「気休め」になるとともに、彼らに子どもたちの親の生活を理解させるうえでも必要であると考えられていた。耕作に携わることで肉体労働に親しみ、農民のよき助言者になることは、すでに師範学校の段階から一貫して追求されてきた重要な教育目標でもある。例えば、バターシー校、セント・マークス校など、バラ・ロード校とともにこの時代を代表する師範学校は「農作業」を日課としており、一日、四~五時間の作業を学生に義務づけていた。国教会の監督するセント・マークス校を視察した視学官のJ・アレン(Allen)は、「農作業は彼らが教師としてだけでなく、農民の助言者、友人として活動するようになるとき、自信という肩書きを加えることになろう」と述べている。[37] また、バターシー校で実際に牛、豚、羊を飼育し、教材としたシャトルワースもその重要性を次のように強調していた。「彼ら教師は知的な作業と比較して、労働者が日々、携わる骨の折れる労働を軽蔑するようなことにはならないであろう。自らも属し、かつ教えることを義務づけられている階級と結びついている自らの地位を過って過大に評価することもないし、またそのような知識に導かれる危険性もないだろう。農夫の子どもたちの教師たるものは、子どもたちの父親が日々、辛い労働によってか、あるいは知識の不足によって、果たせないでいる義務をいわば父親に代わって遂行する位置にある」と。[38]

農作業や家畜の飼育が期待どおりの成果をあげたのかどうかわからないが、教師のなかには農民との交流を深めていった者たちもいた。ホーンはすでに紹介した著書のなかで、地域の園芸協会の役員になることによって、村人との交流を深め、収穫期に穀物の計量を手伝ったり、土地の測量に一役かうようになった教師の例を紹介している。一度、農民との良好な関係を築いた教師には、村の事務仕事、遺言状の作成、簡単な法律相談、推薦状の作成、手紙の代筆、祭やクラブの世話など、実にさまざまな仕事が待ち受けていた。[39] しかし、共同体との接点に生ずる仕事のなかには、本人の意志ではない半ば義務として重くのしかかる仕事も多かった。とりわけ、日曜日の礼拝への出席、子どもたちのコーラス指導、オルガン演奏は教師を物理的にも精神的にも拘束した。世俗化の進行著しい一九世紀末にあっても、これらの仕事がいかに重荷であったかは、一八九一年に全国初等学校教師組合が組合員一二〇〇人に実施したアンケート調査が物語っている。アンケートに応じた教師の三分の一が学校に居つづけるかどうかはオルガン演奏やコーラス指導など、「校務外の義務次第である」と答えていた。[40]

地域の共同体と教師との関係については、農村部の学校と都市部の学校との比較など、なお検討すべき課題も多いが、今日までのところ、研究者の評価はおおむね否定的である。ホーン、W・T・ラーカー、J・ラグロらも一様に認めたように、初等学校教師たちの社会的孤立感は深かった。ラーカーは教師たちが「社会から疎外されていると考えていた」と述べていたし、[41] ラグロは地域社会における教師の役割を国際的に比較した結果、一九世紀イギリスの公教育学校教師たちの社会的地位の低さ、孤立感の深さを改めて確認することになった。[42]

4 「職分を全うするにふさわしい人間でありつづけることを願って」

不遇をかこつ教師にさらに追討ちをかけることになるのは、結婚による家族の増加、本人もしくは身内の病気、突然の解雇である。例えば、一八三四年にバラ・ロード校での訓練を終え、教師となったW・コウルズ(Coles)は結婚後の生活の苦しさを次のように訴えている。

……バラ・ロード校を卒業してからほぼ一年になりますが、私は今日にいたるまで、一週間一二シリング〔年間約三一ポンド〕を超える給与をもらったことがありません。私は当地で結婚し、現在、子どもがひとりおります。私の給与がまったく不十分なものであることは直ちにご諒解いただけるでしょう。事実、もし妻が実入りのよい洋裁師の仕事についていなかったら、私どもの生活は立ち行かなかったでしょう。しかし、最近では、妻の家事仕事が増え、彼女の収入に頼れなくなっているのが実情です。[43]……

生活苦の原因はさまざまであったが、彼らの生活を一挙に深刻なものにしたのは本人もしくは家族の病気である。ロンドンの教師、H・フォースター(Forster)は妻子が重い病気を患い、生活苦からBFSSに生活費を無心していた。[44]また、「長く、厳しい冬の間、閉じ込められていることが妻の健康に大きな禍《わざわ》いとなっている」と考えたウェイクフィールドの教師J・ウォーリィ(Worley)は、暖かい南部地方への転勤〔再入学〕をBFSSに懇請していた。[45]病気はわれわれの想像する以上に多くの教師を苦しめていた。

望んだわけではない、人生の突然の変化のなかで、影響がもっとも深刻だったのは「契約」の解消=解雇である。

書簡から明らかになる解雇の理由は、おおよそ、(1)学校の資金不足、(2)教師の能力不足、(3)学校理事会の専横、気まぐれ、(4)給与についての折り合いがつかず、「契約」の更新がなされなかった、などに分けられるが、実際には、病気やスキャンダル、人間関係の確執《かくしつ》をも含む、複合的な理由によるものが多かった。(1)については、すでに随所で述べたので、ここでは(2)以下について検討してみよう。なお、(3)と(4)は教師自らが「契約」を破棄し、転勤もしくは辞職を申し出る事例を含んでいる。

(2)教師の能力不足による解雇は、「学校理事会および周囲の人びとに十分な満足を与えていない[46]」といった漠然とした理由によるものもあれば、レスターシアの若い女教師のように、「少年たちを秩序正しく制御する能力に欠け、落着きがなかった[47]」と具体的な事由に触れるものもあった。同じような事例は一八四七年に、ニューポートのある学校理事会から寄せられた書簡のなかにも見出される。彼らの言い分によれば、教師ニコルズは「ときおり、文法を間違えたり、綴りをたがえるなど、初歩的な教育の不足を数々の事例で示した[48]」。これらの解雇理由のなかで、おそらく、時代を象徴していたのは教室の秩序を保つ能力の欠如であろう。粗野な民衆の子どもたちに道徳と規律をたたき込むことを主眼とするモニトリアル・システムにあって、子どもを統御できないということは致命的であり、周囲からもそのようにみなされただろう。

若い教師にとって、粗野な子どもたちを躾《しつ》けることがどれほど困難なことであったかは、すでに何度か紹介したフローラ・トムスンの自伝的小説『ラーク・ライズからキャンドルフォードへ』(一九三九年)が生き生きと伝えている。師範学校を出たばかりの新前の女性教師、マティルダ・アン・ヒッグズが教室で自分の名前を告げるが早いか、子どもたちは「まるで遠慮を知らない粗野なセンス」を目一杯働かせて、「彼女、今なんていったの、ヒッグズなのピッグズなの?」といって、教室中を騒ぎ回った。子どもたちは彼女の鞭《むち》を隠し、インク壺に水を入れ、不必要なばかげた質問を繰り返すばかりだった。ある時には、この「小さな野蛮人たち」が起こした喧嘩が彼女の制御できないものになり、ついにはというより決まって、「ガリヴァー」のような教区牧師が入ってきて、子どもたちをどやしつけるのだった。騒ぎが収まると、この牧師は子どもたちに向かって、目上の者に対する感謝と畏敬の気持をもつことの大切さを静かに説いて聞かせた。[49] フローラのこの話はオックスフォードシアのナショナル・スクール（国民協会の学校）での出来事を描いたものであるが、日常世界における牧師と教師の関係を伝えるものとしても興味深い。

(3)学校理事会の専横、気まぐれによって教師が解雇された事例の代表的なものには、次のようなものがあった。

……ロス（Ross）の学校に勤めるようになってから約二カ月ほど前までは、私と学校理事会との関係はとても良好な、気持のよいものでした。しかし、約二カ月前にアダムズ大佐が理事会に再び現れました。あなた〔ダン〕は彼がどんな人物かよくご存知のはずです。以来、私は快適ではいられなくなりました。大佐は何の落度も発見できないにもかかわらず、気にいらないからという理由で、私と同僚の女教師二人をできるだけ早くに解雇するといっております。[50]……

この手紙は一八四七年にノサンバーランドの片田舎に赴任した教師、J・モリス（Morris）のものである。このような理不尽ともいえる解雇は特別なことではなく、視学官も認めるかなり広範囲におよぶ厄介な問題であった。例えば、ランカシア、ウェストモーランド、カンバーランドの学校視察（一一〇校）を担当した視学官のW・J・ケネディ（Kennedy）師は一八五一年の報告書のなかで、次のような苦言を呈している。

……教師の地位が学校当局者の独断や気まぐれに左右されないようにすべきである。私はかつて次のような教師がいたことを知っている。その教師は年間一〇ポンドの寄付をしている支援者の気まぐれで、理事会の内内の約束にもかかわらず辞めさせられてしまった。支援者が寄付金を引き揚げると脅したのである。あまりにも従属的な教師の地位は多くの有能な者たちが教職に就くことを妨げている。……ある特定の個人の気まぐれで教師が首にされるようでは、下層階級の者たちが教育に高い評価を与えないのも当然である。[51]……

ケネディの報告は教師に対して同情的であったが、逆に、視学官の個々の学校に対する評価が学校理事会に教師を解雇する口実を与えることもあった。視学官の評価は必ずしも公平であるとは限らなかった。先述したフローラ・トムスンの小説に登場する視学官のように、「子どもに対する愛情も理解もない」「冷酷で皮肉に満ちた」視学官もいた。偏見に満ちたその視学官は、はじめから「子どもたちを憎しみの目で見下し、教師に対しては、軽蔑のまなざしを向けた[52]」。

孤立する多くの教師たちは学校当局者の専横や気まぐれに翻弄され、なす術を知らなかった。しかし、こうした教師像は彼らの苦悩に裏付けられた真実には違いなかったが、すべてを説明してはいなかった。不遇を強いられた教師たちは組織に頼ることなく、自らの力で、日々、活路を見出そうとしていた。そうした事例は(4)の給与について折り合いがつかずに辞めたり、解雇された教師たちの再入学の形をとる転勤要請のなかに見出される。次に紹介する三つの書簡はすべて、一八四七年にＢＦＳＳに届けられた教師たちの再入学要請である。

(a)　……六週間以内にハルステッド(Halstead)の学校を去らねばならなくなったことをお知らせ申し上げます。私は学校の資金が少なく、現在もらっている年四五ポンドの給与を継続することが不可能であるとの理由で、理事会より解雇を通告されました。また、留まることは私自身にとりましても、もはやよいことではないと感じております。もう一度、バラ・ロード校に新しい職場を紹介していただけるよう願っております。……もし可能であればロンドンかその近郊が望ましいのですが。[53]……

(b)　お手紙にて、ホウドゥン（Howden）のブリティッシュ・スクール理事会の決定をお知らせします。彼らは、私が提示された条件を受け入れないとの理由で、解雇を申し渡しました。……彼らが提示している条件は年一〇ポンドで学校の運営を私に任せるというものです。加えて、彼らは教室の設備、備品の修理をも私に期待しております。……その後、財政を担当するエルストン氏は理事会に対して、もうこれ以上の提案をする意志のないことを通告致しました。彼は一〇ポンドを超える額を提示するようなことになれば、会衆派教会本来の仕事が果たせなくなると考えております。私どもの理事会は学校が設立された直後に私の給与の増額を約束しましたが、その約束も果たしませんでした。……私は自分が教師としての職分を全うするにふさわしい人間でありつづけることを願って、別の学校の教師に任命していただけますよう、願書〔再入学〕を提出します。[54]〔傍点──筆者〕

(c)　現在、私がもらっている給与は年五〇ポンドというきわめて低いものでありますが、私がカンドゥル（Cundle）のブリティッシュ・スクールに着任して以来なしてきた同校への貢献は増額に値するものであると思います。私は給与の増額を理事会に申し入れましたが、彼らはそれを実現できそうにありません。私はそんな貧弱な金額には耐えられませんので、自ら辞職の通告を行うことも止むをえないと感じました。ブリティッシュ・スクールの教師としての私の資格があなた方の信頼に足るものであると確信し、貴委員会（General Committee, BFSS）とかかわりのある別の学校に職を斡旋していただくよう、切にお願いする次第です。[55]

これら三つの事例に共通しているのは、彼ら教師たちが学校当局者の提示する条件に必ずしも唯々諾々《いいだくだく》として従ってはいなかったことである。解雇されるにせよ、自ら辞職するにせよ、彼らは「教師としての職分を全うするにふさわしい人間」として、あるいは学校への「貢献」に誇りをもち、困難な状況に立ち向かった教師たちである。自らの生活を自らの手で守り、活路を見出す、いわば彼らの常套手段がバラ・ロード校に再入学の形をとる転勤であった。よりよい条件を求めて頻繁に移動する、一見消極的に映る教師たちの対応に、一九世紀初等公教育がかかえていた構造的な矛盾を見ることもできるし、やがて教師たちが専門職としての社会的地位を築いていくうえでの糧となる、貴重でしたたかな経験と見ることもできる。

5 諸矛盾の結節点、教師の移動——結びにかえて

教師たちの生活をめぐる問題状況を主として一九世紀前半を中心に見てきたが、そこには具体的な解決をせまられる問題が山積していた。教師の社会的地位の低さ、不確かな任用期間、劣悪な経済条件と居住環境、学校理事会の専横や気まぐれ、教師個人の能力不足、病気、孤独、女性教師特有の問題、等々、すべて改善を要する問題であった。もちろん、公教育政策の中枢にいた枢密院教育委員会も無策であったわけではない。しかし、すでに第二章で述べたように、政府は根本的には教育においても、民間の努力に依存する自由主義政策を貫いた。その結果、教師の地位と生活は彼らが赴任する学校や地域の事情に、言い換えれば、学校当局者と個々の教師の努力に還元されることになった。その意味では、上記の諸問題も一九世紀イギリス自由主義国家の民衆教育に対する基本的な姿勢が必然的に生み出した結果であった。そして、これらの諸問題は生身《なまみ》の教師をとおして見た場合、一つの焦点を結

んだ。すなわち、頻繁に繰り返される彼らの移動＝転勤である。教師の移動は彼らがレッセ＝フェールを逆手にとってしたたかに活路を見出そうとする手段だった。教師の絶えざる移動はブリティッシュ・スクール、ナショナル・スクールを問わず、子どもたちの不定期出席とならぶ、初等公教育形成期の根幹に位置する問題であった。

彼らの移動がいかに深刻な事態となっていたかは、一八五一年〔報告は五二年〕にヨークシアのナショナル・スクールの視察を担当した視学官のF・ウォトキンズ(Watkins)師とG・R・モンクレーフ(Moncreiff)師の報告が如実に物語っている。

……類似の欠陥〔教師の頻繁な移動〕はほとんど皆、同じ原因、すなわち世俗的な生活条件の改善をはかりたいという彼らの希望によるものです。このことについては、一昨年、枢密院教育委員会に行った報告書のとおりでありますが、きわめて憂慮されるほどに増加してきており、もう一度、ここに言及しなければならない次第です。子どもたちの就学期間が短いにせよ、教師の頻繁な交替は学校の発展のみならず、当局者たちにとっても、間違いなくたいへんに厄介な問題になっております。この件に関する学校当局者たちの不満はしごく当然のことであります。あらゆる地方から、あらゆる方面の人びとの不満が聞こえてまいります。この重大な欠陥が私の担当した地区でどの程度、広がっているかは次の事実からご想像願えるでしょう。すなわち、今年度、私は二三五校の査察を行いましたが、何と九〇人の教師が替わっておりました。これは三八％の学校で教師の変更があったことを意味します。私〔ウォトキンズ〕に報告された限りですが、九〇件の交替のうち、三四件は教師の側のやむをえない事情と学校当局者の事情とによるものでしたが、残りの三分の二は教師の任意、自発性によるものと見てさしつかえないでしょう。そのおもな理由はより高い給与、よりよい条件、とにかく替わりたい、視学官の査察をきらう、といったものでありました。……ある女子校では、牧師が私に、一二カ月の間に四人の女教師が交替した事実を教えてくれました。そのほかにも、一年間に教師が二度も交替した学校がいくつかありますし、私の関心をひいた二つの事例では、教師が偽りの推薦状でもって転校してきている始末です。そのうちのひとりは教員免許状をもった教師でした。教師の頻繁な交替から生ずる弊害についてはもはや指摘する必要はありますまい。時間の消耗、教育方法の変更、教師と生徒との共感の欠如は火を見るよりも明らかです。こうした弊害を是正するためには、免許をもった教師に、学校当局側に反対がなければ、二年ないし三年、同じ学校に留まるよう義務づけることも、理にかなったことであるように思われます。[56]

もはや屋上屋を架す必要はないであろう。一つの州で、しかもたった一年の間に三八％の学校で教師が交替したという事実は、偶然の結果ではなく、明らかに教育政策の構造的な矛盾を示していた。さらに注目すべきは、この報告が教育制度史上、画期的な方策であるとされる教師見習生制度や教師資格試験が導入された後の実情報告であったことである。制度上の大きな変更にもかかわらず教師を学校に定着させることがいかに困難であったかを示していた。

公教育の推進者たちにとって、教師の頻繁な移動は「時間の消耗、教育方法の変更、教師と生徒との共感の欠如」など、どの点を捉えても見過ごされることではなかった。教師の度重なる移動が教育の質的低下につながることを数字でもって示す視学官もいた。同じく、一八五一年にリンカンシア、ノーサンプトンシア、レスターシア、ノッティンガムシアの視察報告を書いたJ・J・ブランドフォード(Brandford)は、「著しく質が低下している三九校の最大の問題点は教師の移動である。三九校のうち二九校までが一年の間に教師の移動を経験していた。交替には正当な理由もあるが、私の恐れているのは交替が教師の側のただ単に移りたいという希望から、あるいはあまりの安易さから生じていることである」、と注意を喚起している。[57] ブランドフォードもウォトキンズらと同様、教師の移動をくいとめる何らかの公的規制が必要であると考えていた。ウォトキンズらが二〜三年間、同じ学校に留まることを教師に義務づけようとしたのに対し、ブランドフォードは国教会聖職者の任用制度に似たシステムの導入を想定していた。いずれにせよ、彼らの発想は「世俗的な生活条件の改善」にのみ心を動かす教師の「安易さ」に非難の矛先が向けられており、道徳的、自己犠牲的精神を強調したシャトルワースの教師観に近かった。

これらに対して、すでに紹介した視学官のケネディは同じ問題を別の角度から見ていた。「教師の直面する試練や諸困難に深い同情の念を禁じえなかった」ケネディは、教師たちの移動が「由々しき問題である」とする点では先の者たちと認識をたがえるものではなかったが、移動の原因を教師たちの苦悩に満ちた生活にまで降り立って考えようとする姿勢が違っていた。彼によれば、絶えざる移動の原因は「職務を誠実に果たせば果たすほど疲労と不安を感じる」教師たちの仕事の現実であり、「自分たちの労働の見返りを期待できない」「誰からも評価されない」教師の存在そのものだった。彼は「教師が満足していた例を一つとして見出せなかった」とまで言い切った[58]。ケネディが事態の打開策として想定したのは、男性教師一〇〇ポンド、女性教師六〇ポンドを最低限度として給与の平準化をはかることと、「教師が学校を辞めることも学校理事会が辞めさせることも勝手にはできない」新しいシステムであった。

しかし、結果的には、これら視学官の漠然とした提言はどれも実現されることはなかった。政府はレッセ＝フェールを貫き、教師たちは自らの力で自らを守るべく、不遇な状況と格闘した。BFSSに残された再入学＝転勤を求める数多くの書簡はすこしでもましな条件を求めて移動する教師たちのひたむきな姿を映し出していた。彼らにとって、移動は「職分を全うするにふさわしい人間でありつづける」ための必死の努力であり、家族の生活を守りぬく確固たる決意の表れであった。これは彼らが教えた子どもたちの親の姿でもあっただろう。

1 J.P. Kay-Shuttleworth, *Four Periods of Public Education*, 1862, p.474.

2 *Ibid.*, p.476.

3 *Ibid.*, p.476.

4 *Ibid.*, pp.401-402.

5 「改正教育令」をめぐる当時の論争、教師たちに与えた影響については、A.Tropp, *The School Teachers*, 1957, chapter VI を参照。

6 ＢＦＳＳ史料センターが所蔵する史料については第五章の注２を参照。

7 ダンはバラ・ロード校でランカスターから教えを受けた生徒の一人であった。G.F.Bartle, 'Henry Dunn and the Secretaryship of the British and Foreign School Society, 1830-1856', *The Journal of Educational Administration and History*, vol.XVIII, no.1, 1986.

8 Register of Borough Road Training College Students (Male Students 1810-1877, Female Students 1813-1877), 1877, BFSS Archives MSS.

9 BFSS, *Annual Report*, 1844, p.10.

10 J. Fletcher, Report on the Normal and Model Schools of British and Foreign School Society, *Minutes of the Committee of Council on Education*, 1846, p.454.

11 *Ibid.*, p.455.

12 森建資『雇用関係の生成』木鐸社、一九八八年、一〇〇〜一〇三頁。

13 The Letter of F. Macdonald, March 5, 1855, BFSS Archives MSS.

14 *Ibid.*.

15 Minutes of Evidence Taken before the Select Committee on Education, 1834, p.22 (*P.P., Education, Poorer Classes*, vol.6, p.34).

16 Report of Education Census〔1851〕, p. cxl (*P.P., Population*, vol.11, p.152).

17 *Newcastle Commission*, vol.1, 1861, pp.64-67.

18 The Letter of R. Burrough, July 24, 1847, BFSS Archives MSS.

19 The Letter of P. Aston, August 7, 1847, BFSS Archives MSS.

20 松塚俊三「民衆文化としての初等教育　一九世紀イギリスのおばさん学校」長谷川博隆編『権力・知・日常』名古屋大学出版会、一九九一年、同「イギリス初等教育の歴史的構造　一九世紀ニューカースルの公教育学校とプライベイト・スクール」(上)(下)、福岡大学『人文論叢』二四巻、一・二号、一九九二年。

21 Minutes of Evidence Taken before the Select Committee on Education, 1834, p.87 (*P.P., Education, Poorer Classes*, vol.6, p.99).

22 *Ibid.*, p.86 (*P.P.*, p.98).

23 The Letter of G. Turner, June 21, 1840, BFSS Archives MSS.

24 The Letter of A. Elley, November 16, 1854, BFSS Archives MSS.

25 The Letter of W. Jacob, May 21, 1854, BFSS Archives MSS.

26 *Minutes of the Committee of Council on Education*, November 22, 1843 (P.R.O., Ed.17-1, pp.9-10).

27 Journal of Education, II, 1844, p.337, quoted by J. Hurt, *Education in Evolution*, 1971, pp.70-71.

28 例えば、The Letter of E.N. Row, October 10, 1840, BFSS Archives MSS.

29 C・ブロンテ、大久保康雄訳『ジェーン・エア』(下)新潮文庫、一九六〇年、二三二～二三三頁。

30 The Letter of C. Brand, June 21, 1827, BFSS Archives MSS.

31 P. Horn, *Education in Rural England, 1800-1914*, 1978, p.154.

32 The Letter of M.J. Wright, October 19, 1854, BFSS Archives MSS.

33 The Letter of R. Kade, July 27, 1847, BFSS Archives MSS.

34 H.W. Bellairs, *The Church and the School, or Hint on Clerical Life*, 1868, pp.120-121.

35 J. Purvis, 'The Double Burdens of Class and Gender in the Schooling of Working-Class Girls in Nineteenth Century England, 1800-1870', in L. Burton and S. Walker (eds.), *School and Teaching*, 1981.

36 The Letter of J. Taylor, December 14, 1849, BFSS Archives MSS.

37 J. Allen, *Report on St. Marks' College, Chelsea, the Training Establishment of Masters for the National Society*, 1842 (P.R.O., Ed.17-6, p.83).

38 Kay-Shuttleworth, *op.cit.*, p.313.

39 P. Horn, *op.cit.*, pp.162-169.

40 *Ibid.*, pp.192-193.

41 W.T. Larqueur, *Religion and Respectability; Sunday Schools and Working Class Culture 1780-1850*, 1976, p.194.

42 J.Laglo, 'Rural Primary School Teachers as Potential Community Leaders ?, Contrasting Historical Cases in Western Countries', *Comparative Education*, vol.18, no.3, 1982, p.238.

43 The Letter of W. Coles, April 16, 1834, BFSS Archives MSS.

44 The Letter of H. Forster, July 25, 1827, BFSS Archives MSS.

45 The Letter of J. Worley, June 25, 1847, BFSS Archives MSS.

46 The Letter of M.J. Wright, October 19, 1854, BFSS Archives MSS.

47 The Letter of S. Trewer, March 25, 1840, BFSS Archives MSS.

48 The Letter of R. Kade, July 27, 1847, BFSS Archives MSS.

49 F. Thompson, *Lark Rise to Candleford*, Penguin Books, 1973 (1st. pub., O.U.P., 1939), pp.185-186.

50 The Letter of J. Morris, September 20, 1847, BFSS Archives MSS.

51 *General Report for the Year 1850, by the Rev.W.J.Kennedy*〔HMIS〕, *on the Schools Inspected by Him in the Countries of Lancashire, Westmoreland and Cumberland, and in the Isle of Man*, 1851 (P.R.O., Ed.17-14, p.443).

52 F. Thompson, *op.cit.*, p.189.

53 The Letter of J. Hielder, July 10, 1847, BFSS Archives MSS.

54 The Letter of P. Aston, August 7, 1847, BFSS Archives MSS. この手紙からは、会衆派 (Congregationalist) が国家の教育介入を一切拒否し、援助を受けなかった事情を知ることもできる。

55 The Letter of W. Hosier, May 26, 1847, BFSS Archives MSS.

56 *General Report for the Year 1851, by the Rev.Watkins*〔HMIS〕, *on the Schools Inspected by Himself and the Rev.G.R.Moncreiff*〔HMIS〕, *in the County of York*, 1852 (P.R.O., Ed.17-16, p.121) .

57 *General Report for the Year 1851, by the Rev.J.J.Blandford*〔HMIS〕, *on the Schools Inspected by Him in the Counties of Lincoln, Northampton, Durby, Leicester, Nottingham, and Rutland*, 1852 (P.R.O., Ed.17-16, pp.290-291).

58 W.J. Kennedy, *op.cit.*, p.443.

あとがき

いつの頃から教育史に関心をもつようになったのか確かなことは言えないが、おそらくは地域史研究が素地になったように思われる。「意味ある細部」を求めて地域史研究に着手したのは今から二〇年ほど前のことになる。人びとの生きていた空間、地域からイギリス近代社会の成立ちと変化を解明できないか、あれこれ考えた末のことであった。選んだ地域はトマス・スペンス(ラディカリズム、千年王国論)ですこしは馴染みのあった北東イングランドのニューカースルである。以来、同地域の政治史、経済史、宗教史、炭鉱史、科学史など、あらゆる事象に関心を向けた。あるときはアームストロング・ヴィッカーズ社に興味をもち、経営史をやろうとしたこともあった。北東イングランドのクェーカーの歴史にも興味を懐《いだ》いた。地域史研究というのは都合のよい史料だけを全国から集めて論理を構成するわけにはゆかない複雑さと、同時にすべての事象が人間を通じてつながってゆく面白さをもっていた。何よりも、地域史研究はものごとを総合的に見ることの大切さを教えてくれた。都市史やメソディズムに関する翻訳(共訳)もそうした中から生まれた。私にとって、教育史は当初からイギリス近代史の一部であった。おそらく、その直接のルーツはニューカースル文芸・哲学協会についての研究であっただろう。文芸・哲学協会は一九世紀前半の北東イングランドの教育についてあれこれと論じており、私もいつの日か、教育にも目を向けなければならないと思うようになっていた。折しも、歴史学は近代国民国家の統合のシステムを問うようになり、教育が重要な位置を占めるようになっていた。村岡健次氏の主宰する科研(大英帝国の社会と教育)グループに加えていただき、多彩なメンバーから刺激を受けたのもその頃である。こうしていつしか地域史から遠ざかるようになってしまったが、本書の第四章が地域史研究と教育史研究とを架橋する役割を果たすことになった。私の地域史研究そのものは依然として未完のままであるのだが。

しかし、私の教育史研究はこうした研究経過とは別のところに、もう一つの淵源をもっている。長い間考えもおよばなかったが、本書をまとめる過程で次第にはっきりと意識されるようになった。本書はリテラシィをテーマの一つとしており、人びとの多様な学習経験を手繰《たぐ》り寄せているうちに、私の父母の体験をも引き寄せることになった。私事にわたって恐縮であるが、両親のことにも触れておきたい。私が中学一年生になったある日、父は私に向かって、英語の教科書をしばらく貸してくれないかと言った。当時の父は労働組合の「専従」をしており、「機関紙」の編集や「闘争ニュース」をつくるのにアルファベットが必要だというのが理由であった。教科書の表紙の裏側にはアルファベットの大文字、小文字、筆記体の一覧表が載っていた。父の目的はこの『ジャック・アンド・ベティ』の表紙の裏側にあった。英語の教科書の中で、私がその表題をはっきり記憶しているのは後にも先にもこの一冊だけである。ボール紙の固い表紙と、他の教科書とは違った光沢のある薄い紙のページの感触を覚えている。農村から出てきて労働組合運動に身を投じた父にとって、「組合」は知識や文化を伝えてくれる「学校」であった。「左翼運動」が何かしら新しい知識や文化を伝えてくれそうな、教育的(啓蒙的)な力をもっていた遠い昔の話である。

母は母で、私に興味深い自分の体験を語ってくれたことがあった。娘時代に博多のとある「お屋敷」に奉公に上がった昭和一〇年代のことである。軍国主義教育すら満足に受けられなかった母は、その口惜しさも手伝って、「お屋敷」にインテリアとして飾ってあった本を手当たり次第に読むようになった。この経験がもとで、母は書くことを覚え、奉公中の出来事を綴った分厚い三冊の日記を残した。私が本書で展開したことは、歴史的な脈絡を度外視すれば、およそ半世紀ほど前の日本ならどこにでもあったごく普通の話である。こう考えると不思議と気持ちが落ち着いた。長い旅の末に元のところに戻ってこれた安堵感のようなものである。この気持ちを両親への謝辞としたい。

E・P・トムスンの『イギリスにおける労働者階級の形成』から研究らしきものを始めて今日に至るまで、実に多くの方々のお世話になった。先生、友人、知人、同僚、研究会の仲間、すべての人に心より感謝申し上げる。これらの方々からは、社会科学の目的はすべからく現実世界の変革にあると固く信じていた、およそ知的とは言われない私の内なる「文革」時代から、学問が「わが所有とも血とも肉とも」(漱石)なることがどういうことか考えさせられている今日まで、刺激や励ましをいただいた。世界は変化し、学問にも幾多の流行があろうけれども、これらの方々からこうむった学恩に応えるために、いましばらく「血となり肉となる」ことの意味を考えつづけよう。小さなこだわりから始まった本書を一つの手がかりとして、そして大学の一教師として。

最後に、本書の出版に際して、直接お世話になった方々にお礼を申し上げる。出版の労をとっていただいた近藤和彦氏には不思議な縁を感じている。近藤氏にはくしくも本書の始まりと終りに立ち会っていただくことになった。また、早くから現実の教育と教育史の接点で苦闘されてきた安原義仁氏からはいろいろな示唆を与えられた。原稿の打込みには卒業生の近藤典之君、佐伯貴子さん、在校生の稲本千草さん、樋口真由美さん、院生の溝口伸浩君に協力していただいた。原稿を細部まで丁寧に見ていただき、適切な助言をしていただいた山川出版社ともども感謝申し上げる。(本書は出版に際して福岡大学学位論文出版助成金を受けた。末尾ながら感謝申し上げる。)

二〇〇一年三月

松塚俊三

地域の世界史　全12巻　全巻完結

1	地域史とは何か	濱下武志／辛島　昇 編
2	地域のイメージ	辛島　昇／高山　博 編
3	地域の成り立ち	辛島　昇／高山　博 編
4	生態の地域史	川田順造／大貫良夫 編
5	移動の地域史	松本宣郎／山田勝芳 編
6	ときの地域史	佐藤次高／福井憲彦 編
7	信仰の地域史	松本宣郎／山田勝芳 編
8	生活の地域史	川田順造／石毛直道 編
9	市場の地域史	佐藤次高／岸本美緒 編
10	人と人の地域史	木村靖二／上田　信 編
11	支配の地域史	濱下武志／川北　稔 編
12	地域への展望	木村靖二／長沢栄治 編

松塚 俊三　まつづか しゅんぞう
1946年，愛知県生まれ
1980年，名古屋大学大学院文学研究科博士課程満期退学
現在，福岡大学人文学部教授
共訳書：P. J. コーフィールド『イギリス都市の衝撃1700-1800』三嶺書房，1989；R. F. ウィアマス『宗教と労働者階級——メソディズムとイギリス労働者階級の運動』新教出版，1994；P. J. コーフィールド「イギリス・ジェントルマンの論争多き歴史」『思想』№873，1999；R. オルドリッチ『イギリスの教育——歴史との対話』玉川大学出版部，2001

歴史《れきし》のなかの教師《きょうし》
近代イギリスの国家と民衆文化

2001年7月30日　1版1刷　発行
2003年10月10日　1版2刷　発行

著　者　松塚俊三《まつづかしゅんぞう》
発行者　野澤伸平
発行所　株式会社 山川出版社
〒101-0047　東京都千代田区内神田1-13-13
電話　03(3293)8131(営業)　8134(編集)
振替　00120-9-43993
印刷所　株式会社 シナノ
製本所　山田製本印刷株式会社
装　幀　菊地信義

 ISBN4-634-67360-6
・造本には十分注意しておりますが，万一，乱丁本などがございましたら，小社営業部宛にお送りください。送料小社負担にてお取り替えいたします。
・定価はカバーに表示してあります。

索　引

●ア

アイルランド　126
　――の教科書　96
アソシェーショナル・カルチャー　142
アレン，W.　209
１ペニー郵便　79
移動＝転勤　281
イングランドの師範学校　211
　――文盲率　118
印紙税　78
ウィトブレット，S.　209
ウィール，N.　107
ウィルキンスン，J.　49-51
ウィルバーフォース，W.　209
ヴィンセント，D.　42, 122
ウェスト・ゲイト　172
ウェストミンスター　18, 21, 29, 31
　――のデイム・スクール　20, 23
ウォー，A.　27
ウォトキンズ，F.　281
応募者の事情・動機　224
オークリィ，H.F.　62
おばさん学校 ⟶ デイム・スクール
オール・セインツ教区の教師　187
オルドリッチ，R.　10

●カ

改正教育令　214, 262
学務委員会　61-63, 87
学校化社会　73, 74
学校理事会とBFSSとの関係　264
カーティス，S.J.　6, 123
ガードナー，P.　4, 5, 7, 8, 26, 103
カミン，P.　43, 53, 55, 56
願書と推薦文　223
基礎教育法　36, 62
記念学校　162-165, 167
キャップ，B.　114, 117
教育革命　75
教育国勢調査（教育センサス）　38, 40
『教育における改善』　126
教科書　95
教師資格試験　253
　――制度　47, 48
教師の解雇　275
　――給料　220
　――居住環境・共同体　271
　――採用方法　263
　――社会的地位　219
　――任用期間　265
教師見習生制度　46, 222
キリスト教知識普及協会　74, 147, 148
キングストン・アポン・ハル　18
クーパー，T.　84
グラッドストーン　94
グリーン，A.　88, 91
クレッシィ，D.　118, 119
クロスリィ，J.T.　219
ケイ=シャトルワース，J.　17, 42, 59, 88, 260, 261
ケネディ，W.J.　277, 283
公教育　15-17
　――学校　42
　――学校の拡充　38
　――学校の増加　44
　――の発展　33
公共性　10, 12, 16
工場法　86
声の文化　73
国民協会　16, 36, 37
国立師範学校案　90
国家の介入　92
国庫助成　36, 44
子どもたちの社会化　96, 97
コモン・デイ・スクール　19, 20, 23-26
コリー，L.　94
コルト=ウィリアムズ，E.W.　65

●サ

最小限国家 91, 102
財政軍事国家 10, 91
サイモン，B. 6
サンドゲイト 174
サンドン法 61
『ジェーン・エア』 271
ジェンキンス，J. 46
慈善学校の教育内容 152
自尊心・独立心 55
児童雇用調査委員会報告 26, 27, 41
児童労働 85, 86
磁場 11, 17
市民的公共性 142
シャルチェ，R. 115
就学強制(強制就学) 62, 64, 87
就学督促委員会 61, 63-65, 87
19世紀の自由主義国家 262
授業料の徴収 167
女王奨学生 222
女性教師の給与 269
初等学校教師の給与 266
シルバー，H. 5-7
身体技法 11, 122, 125
身体の規律化 58
人名住所録 185
枢密院教育委員会 88
スクリブナー，B. 107
スコウフィールド，R. 120
スパッフォード，M. 113
スペンス，T. 182
スマウト，T.C. 120
スミス，A. 92
スミス，F. 124
セーン，P. 94
選抜と排除 224
1851年の教育国勢調査 33, 38, 40
ソーシャル・コントロール論 6
ソルフォード 18, 30

●タ

大衆読者層 78, 79
脱学校論 98
ターナー，W. 154
ダポート，C.D. 62
ダン，H. 219
治安判事 63-65
チャップブック 79, 84, 111-114
チャップマン 84, 111, 112
中央教育協会 88
中流階級論 106
懲罰 57
勅任視学官 90
デイム・スクール 4-10, 18-20, 23, 24, 27, 33, 45, 46, 102-105, 186-188,193, 194, 196
——という呼称＝表象 26
——の教師 59, 60, 236
——の蔑称化 33, 34
——の終焉 61
道徳革命 157
道徳的機械装置 165
読者共同体 115
トムスン，E.P. 8
トムスン，F. 80, 219, 276
ドーントン，M. 91

●ナ

内外学校協会 16, 36, 37
ニューカースル 135
——委員会 17, 45, 46, 48, 49, 52, 53, 57
——市の財政 139
——日曜学校連盟 157, 159
——のオールド・チャリティ・スクール 149, 150
——の化学工業 138
——の寡頭支配 147
——の金融業 138
——のジェントリー=資本家 139
——の慈善学校 147
——の初等教育の普及 170
——の初等公教育 143

――の人口 150
――の製鉄業 138
――の石炭業 135
――のセント・ニコラス慈善学校 150
――の造船業 138
――の中産階級 141
――の鉄道業 138
――の都市化 135
――の日曜学校運動 154
――の任意団体 141
――のプライベイト・スクール 177

●ハ

排除された者たち 233
パーヴィス，J. 273
バーク，P. 10
――以降のイギリス民衆文化論 105, 106
パーシィ・ストリート・アカデミー 181
パターナリズム 140
ハート，J.S. 6
バート，T. 48
パート・タイマー 86
パートナーシップ 74
バーミンガム 18, 32
――のデイム・スクール 24
バラ・ロード師範学校 211, 214, 220
バリントン=ウォード，M.J. 62, 63, 65
バルフォア，A.J. 89
半識字 11, 104, 125
BFSS 205, 209
――の書簡史料 215
――の史料センター 215
ヒギンスン，J.H. 4, 103
ピープス，S. 112
誹謗中傷文書 116, 117
ヒューム，J. 209
ピール，R. 16, 94, 133
フィンズバリ 24, 32
フォスター，W.E. 94
フォックス，A. 116
プライベイト・アドヴェンチャー・スクール 34, 35
プライベイト・スクール 9, 17, 18, 171, 177-179, 196, 221
――の教師 236-238, 268
――の分類 19
ブラック体 119
フランスの初等公教育 88
ブルース，J. 179-183
ブルース，J.C. 180, 183
ブルースの学校 179-183, 185
ブルーム，H. 88, 89, 209
プレイス，F. 209
プロイセンの教育 87
ブロードサイド（大版の片面刷） 82, 83
プロフェショナリゼーション 46
文明化の使命 125
ペドラー 111-113
『ペニー・マガジン』 96
ベル方式とランカスター方式の差異 161
ベレイアーズ，H.W. 272
ホウカー 111-113
ボウステッド，J. 35
ホジスン，W.G. 45, 47
ボランタリズム 90, 194, 195
ホーン，P. 272

●マ・ヤ

マコード，N. 142
マス・エデュケーション 157, 159, 160
マックウィリアム，R. 109
マッケンジー，E. 164
マドラス・スクール 125
マン，H. 33, 45
マンチェスター 18, 30
――のデイム・スクール 24, 25
マンデラ法 61
ミクロストリア 72
ミッチ，D.F. 75
三好信浩 6
民衆の教師・教育観 239
民衆文化 10
「民衆文化」の概念 105
民衆文芸 11, 111, 112
民衆本 111

ミル，J.　209
ミル，J.S.　92
メイスン，M.G.　153
メディアの普及　78, 79
モア，H.　148
モニトリアル・システム　57, 58, 123, 124, 160
モンクレーフ，G.R.　281
有用知識普及協会　96

●ラ・ワ

ラーカー，T.　121
ラットランド　18, 31
——のデイム・スクール　23, 24
ランカスター，J.　57, 58, 126, 209
リヴァプール　18, 30
——のデイム・スクール　24, 25
リヴィジョニスト　108
リテラシィ　75, 77, 118
——の急激な上昇　75
労働者階級プライベイト・スクール　4, 26, 29
労働者のライフ・サイクル　42
ロバーツ，R.　81
ローバック，A.　89
ローバック法案　16, 94, 133
ロンドン　18, 19
——のデイム・スクール　24, 25
ロンドン統計協会　18, 19
ワイトブレッド　89
ワット，T.　107

参考文献

I 史　　料

J.S.S. ……*Journal of the Statistical Society of London,* vol.1 (1839) -

C.E.C. ……*Children's Employment Commission, Reports from Commissioners, Appendixes,* 1842, 1843.

Education Census〔1851〕…… *Reports and Tables (Parliamentary Papers, Population,* vol.11, Irish University Press).

Census of Great Britain, 1851 …… Enumerator's Books of Newcastle, Newcastle City Library, Tyne and Wear County Record Office.

C.C.E. …… (1) ***Minutes of the Committee of Council on Education***, 1839-1858.
(2) ***Reports of the Committee of Council on Education***, 1859-1899.

Newcastle Commission …… *Reports of Commissioners Appendixes to Inquire into the State of Popular Education in England,* 7vols., 1861.

Newcastle Charity Commission, Report on the Charities of Newcastle, 1830.

Newcastle Sunday School Union, *Reports*, 1817-1850.

Royal Jubilee School of Newcastle, *Reports*, 1811-1850.

BFSS ……The British and Foreign School Society, *Annual Reports*, 1814-

B.A.C. ……The British and Foreign School Society Archives Centre.
(1) Registers of Borough Road Training College Students, Male Students 1810-1877, Female Students 1813-1877, file no.004-06.
(2) MSS: School Correspondences, Letters from School Committees and Teachers, 1830-1858, file no.326-328.
(3) MSS: Applications and Testimonials, Men1817-1858, Women1817-1858, file no.437-449.

II 欧文文献(同時代の文献を含む)

Aldrich, R., *Education for the Nation*, 1996.(松塚俊三・安原義仁監訳『イギリスの教育』玉川大学出版部　2001)

Altick, R.D., *The English Common Reader, A Social History of the Mass Reading Public 1800-1900*, 1957.

Amussen, S., 'The Gendering of Popular Culture in Early Modern England', in T. Harris (ed.), *Popular Culture in England 1500-1850*, 1995.

Anderson, R.D., *Education and the Scotish People 1750-1918*, 1995.

Armstrong, W.A., 'The Use of Information about Occupation', in E.A. Wrigley (ed.), *Nineteenth Century Society*, 1972.

Baillie, J., *An Impartial History of the Town and County of Newcastle upon Tyne and Its Vicinity*, 1801.

Ball, N., *Her Majesty's Inspectorate 1839-1849*, 1963.

Barry, J., 'Literacy and Literature in Popular Culture: Reading and Writing in Historical Perspective', in T. Harris (ed.), *Popular Culture in England 1500-1850*, 1995.

Barry, J. and Brooks, C. (eds.), *The Middling Sort of People: Culture Society and Politics in England, 1500-1800*, 1994. (山本正監訳『イギリスのミドリング・ソート』昭和堂 1998)

Bartle, G.F., *A History of Borough Road College*, 1976.

――, 'The Records of the British and Foreign School Society at Borough Road', *The Journal of Administration and History*, XII, no.2, 1980.

――, 'Early Applications for Admission to the Borough Road Normal College', *History of Education Society Bulletin*, no.14, 1974.

――, 'Early Applications by Women Candidates to the Borough Road Normal College', *History of Education Society Bulletin*, no.18, 1976.

――, 'Henry Dunn and the Secretaryship of the British and Foreign School Society 1830-1856', *The Journal of Educational Administration and History*, XVIII, no.1, 1986.

Bartle, G.F. and Collins, G.P., 'The British and Foreign School Society Archives Centre', *History of Education*, vol.10, no.3, 1981.

Bell, A., *The Madras School, or Elements of Tuition: Comprising the Analysis of an Experiment in Education, Made at the Male Asylum, Madras*, 1808.

Bellairs, H.W., *The Church and the School, or Hint on Clerical Life*, 1868.

Berry, M., *Teacher Training Institutions in England and Wales, A Bibliographical Guide to Their History*, 1973.

Binns, H.B., *A Century of Education, 1808-1908*, 1908.

Bishop, A.S., *The Rise of a Central Authority for English Education*, 1971.

Bourne, H., *The History of Newcastle upon Tyne: or the Ancient and Present State of that Town*, 1736.

Bowery, M.M., William Turner's Contribution to Educational Developments in Newcastle Upon Tyne, (M. Lit. thesis, Newcastle Univ.), 1980.

Briffin, C.B., The Role and Status of Nineteenth-Century Elementary Schoolmistresses, (M.A. thesis, London Univ.), 1985.

Bruce, J., *An Introduction to Geography and Astronomy by the Use of the Globes and Maps*,

1803.
Burke, P., *Popular Culture in Early Modern Europe*, 1978.
——, *A Social History of Knowledge*, 2000.
Burnett, J. (ed.), *Destiny Obscure, Autobiographies of Childhood, Education and Family from the 1820s to the 1920s*, 1982.
Capp, B., 'Popular Literature', in B. Reay (ed.), *Popular Culture in Seventeenth-Century England*, 1985.
——, *Astrology and the Popular Press: English Almanacs 1500-1800*, 1979.
Carlyle, A. (ed.), *New Letters of Carlyle*, I, 1909.
Central Society of Education, *First Publication Papers*, 1837.
Charlton, K., 'False Fond Books Ballads and Rimes, An Aspect of Informal Education in Early Modern England', *History of Education Quarterly*, no.27, 1987.
Cochrane, J., *The Royal Jubilee School*, 1904.
Colley, L., *Britons, Forging the Nation 1707-1837*, 1992. (川北稔監訳『イギリス国民の誕生』名古屋大学出版会　2000)
Collins, J., The Training of Elementary School Teachers in England and Wales, 1840-1890, (Ph.D.Thesis, London Univ.), 1985.
Cooper, T., *The Life of Thomas Cooper*, first pub., 1872, Victorian Library edition, 1971.
Cressy, D., 'Literacy in Context: Meaning and Measurement in Early Modern England', in J. Brewer and R. Porter (eds.), *Consumption and the World of Goods*, 1993.
Cunningham, H., *Leisure in the Industrial Revolution*, 1980.
——, 'The Metropolitan Fairs: A Case Study in the Social Control of Leisure', in A.P. Donajigrodzki (ed.), *Social Control in Nineteenth Century Britain*, 1977.
Curtis, S.J., *History of Education in Great Britain*, 1948.
Daunton, M., Delegation and Decentralization: the British State and Civil Society in the Nineteenth Century, (unpublished paper), 1997.
Dick, M., 'The Myth of the Working-Class Sunday School', *History of Education*, vol.9, 1980.
Donajgrodzki, A.P. (ed), *Social Control in Nineteenth Century Britain*, 1977.
Dyhouse, C., *Girls Growing Up in the Late Victorian England and Edwardian England*, 1981.
Ellis, J., 'A Dynamic Society: Social Relations in Newcastle-upon-Tyne 1660-1760', in P. Clark (ed.), *The Transformation of English Provincial Towns*, 1984.
Fox, A., 'Ballads, Libels and Popular Ridicule in Jacobean England', *Past & Present*, no.145, 1994.
——, *Oral and Literate Culture in England 1500-1700*, 2000.

Gardner, P.W., *The Lost Elementary Schools of Victorian England*, 1984.
Golby, J.M. and Purdue, A.W., *The Civilization of the Crowd: Popular Culture in England 1750-1900*, 1984.
Goldstrom, J.M., *The Social Content of Education 1808-1870: A Study of the Working-Class School Reader in England and Ireland*, 1972.
——, 'The Content of Education and the Socialization of the Working-Class Child 1830-1860', in P. McCann (ed.), *Popular Education in the Nineteenth Century*, 1977.
Gomersall, M., *Working-Class Girls in Nineteenth-Century England: Life, Work and Schooling*, 1997.
Gordon, P. and Lawton, D., *Curriculum Change in the Nineteenth and Twentieth Centuries*, 1978.
Gosden, P.H.J.H., *The Evolution of Teacher's Associations to the Development of School Teaching as a Professional Occupation*, 1972.
——, *The Development of Educational Administration in England and Wales*, 1966.
Green, A., *Education and State Formation*, 1990.
Grosvenor, I., Lawn, M. and Rousemaniere, K. (eds.), *Silences and Images, The Social History of the Classroom*, 1999.
Harris, J., *Private Lives, Public Spirit: Britain 1870-1914*, 1994.
Harris, T. (ed.), *Popular Culture in England 1500-1850*, 1995.
——, 'Problematising Popular Culture', in T. Harris (ed.), *Popular Culture in England 1500-1850*, 1995.
Hendrick, H., *Children, Childhood and English Society 1880-1990*, 1997
Higginson, J.H., The Dame Schools of Great Britain, (MA thesis, Leeds Univ.), 1939.
——, 'Dame Schoools', *British Journal of Educational Studies*, vol.12, no.2, 1974.
History of Education Society, *Biography and Education*, 1980.
Hopkins, E., *Childhood Transformed, Working-Class Children in Nineteenth-Century England*, 1994.
Horn, P., *Education in Rural England 1800-1914*, 1978.
Horner, W.B., 'Writing Instruction in Great Britain: Eighteenth and Nineteenth Centuries', in J.J. Murphy (ed.), *A Short History of Writing Instruction*, 1990.
Houston, R., 'The Literacy Myth?: Illiteracy in Scotland, 1630-1760', *Past & Present*, no.96, 1982.
Humphries, S., *Hooligans Or Rebels?, An Oral History of Working-Class Childhood and Youth 1889-1939*, 1981.(山田潤・P・ビリングズリー・呉宏明監訳『大英帝国の子どもたち』柘植書房　1990)
Hurt, J.S., *Education and the Working Classes from the Eighteenth to the Twentieth*

Century, History of Education Society, Guide to Sources in the History of the Education, no.8, 1985.
——, 'Bibliographical Essay on the Education and the Working Classes', *Bulletin of the Society for the Study of Labour History*, no.30, 1975.
——, *Childhood, Youth, and Education in the Late Nineteenth Century*, 1981.
——, *Outside the Mainstream: A History of Social Education*, 1988.
——, 'Drill, Discipline and the Elementary Ethos', in P. McCann (ed.), *Popular Education in the Nineteenth Century*, 1977.
Illing, M.J., Pupil Teachers and the Emancipation of Women 1870-1905, (M.A. thesis, London Univ.), 1978.
Innes, J., 'Moral & Politics', in E. Hellmuth (ed.), *The Transformation of Political Culture: England & Germany in the Late Eighteenth Century*, 1990.
Johnson, R., 'Notes on the Schooling of the English Working Class 1780-1850', in R. Dale, G. Esland and M. MacDonald (eds.), *Schooling and Capitalism*, 1976.
——, 'Educational Policy and Social Control in Early Victorian England', *Past & Present*, no.49, 1970.
——, 'Really Useful Knowledge: Radical Education and Working Class Culture', in J. Clarke et al. (ed.), *Working Class Culture*, 1979.
Jones, L.E., *The Training of Teachers in England and Wales*, 1924.
Jones, M.G., *The Charity School Movement*, 1938.
Laglo, J., 'Rural Primary School Teachers as Potential Community Leaders?, Contrasting Historical Cases in Western Countries', *Comparative Education*, vol.18, no.3, 1982.
Lancaster, J., *Improvements in Education*, 1803.
Laqueur, T.W., *Religion and Respectability, Sunday Schools and Working Class Culture 1780-1850*, 1976.
——, 'The Debate: Literacy and Social Mobility in the Industrial Revolution in England', *Past & Present*, no.64, 1974.
——, 'The Cultural Origin of Popular Literacy in England 1500-1850', *Oxford Review of Education*, vol.2, no.3, 1976.
——, 'Working-Class Demand and the Growth of English Elementary Education, 1750-1850', in L. Stone (ed.), *Schooling and Society*, 1976.
Leinster-Mackay, D.P., 'Dame Schools: A Need for Review', *British Journal of Educational Studies*, vol.XXIV, no.1, 1976.
Mackenzie, E., *A Descriptive and Historical Account of the Town and County of Newcastle Upon Tyne*, 1827.
Mackenzie, P., *W.G. Armstrong, The Life and Times of Sir George Armstrong*, 1983.

Maclure, J.S., *Educational Documents, England and Wales, 1816 to the Present Day*, 1986.
Maine, B. and Tuck, A. (eds.), *Royal Grammar School, Newcastle Upon Tyne*, 1986.
Marcham, J.A., 'The Revised Code of Education 1862: Reinterpretations and Misinterpretations', *History of Education*, vol.10, no.2, 1981.
Mason, M.G., A Comparative Study of Elementary Education Tyneside Before 1870, (M. Ed. Thesis, Durham Univ.), 1951.
McCann, P. (ed.), *Popular Education and Socialization in the Nineteenth Century*, 1977.
McCord, N., *North East England, the Region's Development 1760-1960*, 1979.
——, 'Tyneside Discontents and Peterloo', *Northern History*, vol.2, 1967.
McWilliam, R., *Popular Politics in the Nineteenth-Century England*, 1998.
Middlebrook, S., *Newcastle Upon Tyne, Its Growth and Achievement*, 1950.
Mill, J.S., *On Liberty*, 1863.（塩尻公明・木村健康訳『自由論』岩波文庫　1971）
Mitch, D.F., *The Rise of Popular Literacy in Victorian England*, 1992.
Moir, D.R., *The Birth and History of Trinity House*, 1958.
Murphy, J., *The Religious Problem in English Education*, 1959.
Nelson, N. and Calfee, R.C. (eds.), *The Reading-Writing Connection*, 1998.
Phillips, M., *A History of Bankers and Banking in Northumberland, Durham and North Yorkshire*, 1894.
Pinchbeck , I.and Hewitt, M., *Children in English Society*, vol.1: *from Tudor Times to the Eighteenth Century*, 1969.
Pollock, L.A., *Forgotten Children:Parent-Child Relations from 1500 to 1900*, 1983.（中地克子訳『忘れられた子どもたち』勁草書房　1988）
Purvis, J., 'The Double Burdens of Class and Gender in the Schooling of Working-Class Girls in Nineteenth Century England, 1800-1870', in L. Burton and S. Walker (eds.), *School and Teaching*, 1981.
——, *A History of Women's Education in England*, 1991.（香川せつ子訳『ヴィクトリア時代の女性と教育』ミネルヴァ書房　1999）
——, *Hard Lessons, The Lives and Education of Working-Class Women in Nineteenth-Century England*, 1989.
Reay, B., *Popular Cultures in England 1550-1750*, 1998.
Rich, R.W., *The Training of Teachers in England and Wales during the Nineteenth Century*, 1933.
Roberts, R., *A Ragged Schooling*, 1976.
Rolt, L.T.C., *George and Robert Stephenson: The Railway Revolution*, 1960.
Ronald, H., *Britain's Imperial Century, 1815-1914*, 1976.
Sanderson, M., 'Literacy and Social Mobility in the Industrial Revolution in England',

Past & Present, no.56, 1972.

Savage, M. and Miles, A., *The Remaking of the British Working Class 1840-1940*, 1994.

Schofield, R.S., 'The Dimensions of Illiteracy 1750-1850', *Explorations in Economic History*, vol.X, no.4, 1973.

Scott, J.D., *Vickers, A History*, 1962.

Scribner, B., 'A History of Popular Culture Possible?', *History of European Ideas*, no.10, 1989.

Seaborne, M., 'Early Theories of Teacher Education', *British Journal of Educational Studies*, vol.XXII, 1974.

——, *The English School: Its Architecture and Organization 1370-1870*, vol.1, vol.2, 1977.

——, *School in Wales 1500-1900: A Social and Architectural History*, 1992.

Selleck, K. J.W., *James Kay-Shuttleworth*, 1994.

Shoemaker, R.B., *Gender in English Society 1650-1850*, 1998.

Shuttleworth, J.K., *The Social Condition and Education of the People in England and Europe by Joseph Kay*, vol.2, 1850.

——, *Recent Measures for the Promotion of Education in England*, 1839.

——, *Four Periods of Public Education*, 1862.

Silver, H., *Education as History*, 1983.

——, 'Aspects of Neglect: The Strange Case of Victorian Popular Education', *Oxford Review of Education*, vol.3, no.1, 1977.

Simon, B., *Studies in the History of Education 1780-1879*, 1960.（成田克矢訳『イギリス教育史』Ｉ　亜紀書房　1977）

Smith, F., *A History of English Elementary Education 1760-1902*, 1931.

——, *The Life and Works of Sir James Kay-Shuttleworth*, 1923.

Smout, T.C., 'Born Against Cambuslang: New Evidence on Popular Religion and Literacy in Eighteenth-Century Scotland', *Past & Present*, no.97, 1982.

Spence, T., *The Grand Repository*, 1775.

——, *Real Reading Made Easy*, 1782.

Spufford, M., *Small Books and Pleasant Histories*, 1981.

——, 'First Steps in Literacy: The Reading and Writing Experiences of the Humblest Seventeenth-Century Spiritual Autobiographers', *Social History*, vol.4, no.3, 1979.

——, 'The Pedlar, the Historian and the Folklorist: Seventeenth Communications', *Folklore*, 105, 1994.

Stephens, W.B., *Regional Variations in Education during the Industrial Revolution*, 1973.

Stone, L., 'The Educational Revolution in England, 1560-1640', *Past & Present*, no.28, 1964.（佐田玄治訳『エリートの攻防』御茶の水書房　1985）

Sutherland, G., *Elementary Education in the Nineteenth Century*, 1970.
――, *Policy-Making in Elementary Education 1870-1895*, 1973.
Sykes, J., *Local Records or Historical Register of Remarkable Events*, 2vols, 1833.
Thane, P., 'Government and Society in England and Wales, 1750-1914', in F.M.L. Thompson (ed.), *The Cambridge Social History of Britain 1750-1950*, vol.3, 1990.
Thomas, K., 'The Meaning of Literacy in Early Modern England', in G.Baumann (ed.), *The Written Word: Literacy in Transition*, 1986.
Thompson, F., *Lark Rise to Candleford,* (first pub., 1939), 1973.
Thompson, F.M.L., 'Social Control in Victorian Britain', *The Economic History Review*, 2nd. series, vol.XXIV, no.2, 1981.
Tropp, A., *The School Teachers*, 1957.
Turner, W., *Sunday School Recommended: A Sermon Presented at Morpeth*, 1786.
Underdown, D., 'Regional Culture?, Local Variations in Popular Culture during the Early Modern Period', in T.Harris (ed.), *Popular Culture in England 1500-1850*, 1995.
Vincent, D., *Bread, Knowledge and Freedom: Study of Nineteenth-Century Working Class Autobiography*, 1981.（川北稔・松浦京子訳『パンと知識と解放と』岩波書店 1991）
――, 'The Decline of Oral Tradition in Popular Culture', in R. Storch (ed.), *Popular Culture and Custom in Nineteenth-Century England*, 1982.
Walton, J.K. and Poole, R., 'The Lancashire Wakes in the Nineteenth Century', in R.D. Storch (ed.), *Popular Culture and Custom in Nineteenth-Century England*, 1982.
Wardle, D., *The Rise of the Schooled Society*, 1974.
Watt, T., *Cheap Print and Popular Piety 1550-1640*, 1991.
Waugh, A., 'A Victorian Dame School', *Fortnight Review*, June 1930.
Webb, R.K., *The British Working Class Reader 1790-1848*, 1962.
Welford, R., *Men of Mark Twixt Tyne and Tweed*, 3vols, 1895.
West, E.G., *Education and the Industrial Revolution*, 1975.
Wheale, N., *Writing and Society*, 1999.
Williamson, J.B., *Memorials of John Bruce Schoolmaster in Newcastle-upon-Tyne and of Mary Bruce His Wife, Compiled from the Papers of Their Son John Collingwood Bruce*, 1903.
Willis, P.E., *Learning to Labour*, 1977.（熊沢誠・山田潤訳『ハマータウンの野郎ども』筑摩書房　1985）

Ⅲ　邦文文献（翻訳を含む）

青木康「地域社会と名望家支配」『世界史への問い 5　規範と統合』岩波書店　1990

——『議員が選挙区を選ぶ』山川出版社　1997

浅野博夫「イギリス・改正教育令（1862年）の初等教育史上の意義」東北大学教育学部『研究年報』第23集　1975

——「1840年代のイギリス初等教育政策に関する一考察」東北大学教育学部『研究年報』第27集　1979

イヴァン・イリッチ，東洋・小澤周三訳『脱学校の社会』東京創元社　1977

井野瀬久美恵『子どもたちの大英帝国』（中公新書）　中央公論社　1992

岩間俊彦「産業革命期リーズの都市エリート　1780～1820——名望家支配からミドルクラス支配へ」『社会経済史学』63巻 4 号　1997

大田直子『イギリス教育行政制度成立史——パートナーシップ原理の誕生』東京大学出版会　1992

——「イギリス1870年基礎教育法再考」『東京大学教育行政学研究紀要』第 7 号　1988

岡田与好『自由経済の思想』東京大学出版会　1979

——「自由主義のもとでの宗教と国家」岡田与好編『現代国家の歴史的源流』東京大学出版会　1982

岡本充弘「チャーティスト運動における象徴と言語」『東洋大学文学部紀要』第48集第20号　1994

W・J・オング，桜井直文・他訳『声の文化と文字の文化』藤原書店　1991

川北稔・指昭博編『周縁からのまなざし』山川出版社　2000

河村貞枝『イギリス近代フェミニズム運動の歴史像』明石書店　2001

北原敦「日常的実践の歴史学へ」『思想』848号　1995

北本正章『子ども観の社会史』新曜社　1993

喜安朗『近代フランス民衆の個と共同性』平凡社　1994

A・グリーン，大田直子訳『教育・グローバリゼーション・国民国家』東京都立大学出版会　2000

T・H・グリーン，松井一麿・他訳『イギリス教育制度論』御茶の水書房　1983

小西恵美「十八世紀におけるキングズ・リン・コーポレーションの活動」『三田商学研究』39巻 4 号　1996

小松佳代子「近代イギリス大衆学校における一斉授業の成立について」東京大学教育学部『紀要』第32巻　1992

——「D・ストウ『訓練システム』における〈矯正〉と〈教育〉」東京大学教育学部『紀要』第34巻　1994

——「J・ベンサムにおける統治術と教育術——『刑法の原理』第三部を中心として」

『日本の教育史学』第37集　1994
L・コリー，川北稔監訳『イギリス国民の誕生』名古屋大学出版会　2000
A・S・コリンズ，青木健・榎本洋訳『十八世紀イギリス出版文化史』彩流社　1994
近藤和彦『民のモラル』山川出版社　1993
――『文明の表象　英国』山川出版社　1998
――「シャリヴァリ・文化・ホゥガース」『思想』740号　1986
――「トムスン（エドワード・パーマ）」尾形勇・他編『20世紀の歴史家たち』(4)　刀水書房　2001
坂下史「国家・中間層・モラル――名誉革命体制成立期のモラル・リフォーム運動から」『思想』897号　1997
――「イギリス近世都市研究に関する覚え書き」『年報都市史研究』8号　山川出版社　2000
酒田昭廣「識字率と産業革命」『社会経済史学』44巻　1号　1983
――「イギリス近代における識字率」『大阪大学経済学』33巻　3・4号　1984
白田秀彰「コピーライトの史的展開」(1)(2)(3)(4)『一橋研究』第19巻4号・第20巻1号・3号・4号　1995・96
R・シャルチエ，福井憲彦訳『読書の文化史』新曜社　1992
――，水林章・他訳『書物から読書へ』みすず書房　1992
――，長谷川輝夫・宮下志朗訳『読書と読者』みすず書房　1994
――，松浦義弘訳『フランス革命の知的起源』岩波書店　1994
R・シャルチエ/G・ガヴァッロ，田村毅・他訳『読むことの歴史』大修館書店　2000
P・セイン，深澤和子・深澤敦監訳『イギリス福祉国家の社会史』ミネルヴァ書房　2000
高田実「イギリス福祉国家史研究の新しい視点」『西洋史学論集』35号　1997
高橋基泰『村の相伝』刀水書房　1999
滝川一廣「脱学校の子ども」『こどもと教育の社会学』(岩波講座現代社会学 12) 岩波書店　1996
谷川稔『十字架と三色旗』山川出版社　1997
R・P・ドーア，松居弘道訳『学歴社会、新しい文明病』(岩波同時代ライブラリー) 岩波書店　1990
中島直忠「英国における教員養成・教員資格への国家関与」東北大学教育学部『研究年報』第8集　1960
――「イギリスにおける教育国庫助成の類型と行政機構に関する考察」東北大学教育学部『研究集録』第5号　1974
中野忠『イギリス近世都市の展開』創文社　1995
長尾十三二『西洋教育史』東京大学出版会　1978

長谷川貴彦「イギリス産業革命期における都市ミドルクラスの形成――バーミンガム総合病院1765～1800年」『史学雑誌』105編10号　1996
久木尚志「パターナリズムと労働者」岡本明編著『支配の文化史』ミネルヴァ書房　1997
藤井泰『イギリス中等教育史研究』風間書房　1995
R・ポーター，日羅公和訳『イングランド18世紀の社会』法政大学出版局　1996
R・W・マーカムソン，川島昭夫・他訳『英国社会の民衆娯楽』平凡社　1993
松井一麿「ローバック教育議案の研究」『教育制度研究』第5号　1971
――「ブルーム『教区学校法案』の研究」東北大学教育学部『研究年報』第22集　1974
――「枢密院教育委員会に関するイギリス議会の審議過程」東北大学教育学部『研究年報』第24集　1976
松井良明『近代スポーツの誕生』講談社　2000
松塚俊三「スペンス（Thomas Spence, 1750-1814）観の変遷――ラディカリズムから千年王国主義へ」『史学雑誌』90編1号　1981
――「トーマス・スペンスの思想と行動――1790年代のイギリス・ラディカリズムと千年王国主義」『西洋史学』第123号　1982
――「一八三五年の都市自治体法と地域政治史――ニューカースル・アポン・タインのwhig middling ranks」『社会経済史学』49巻3号　1983
――「タインサイドの資本家家族」『研究論集』（名古屋大学）XCV　1986
――「ニューカースル文芸・哲学協会とウィリアム・ターナー」長谷川博隆『ヨーロッパ史における国家と中間権力と民衆に関する総合的研究』（科研報告）　1986
――「イギリス近代の地域社会と『第二の科学革命』――ニューカースル文芸・哲学協会をめぐって」『史学雑誌』98編9号　1989
松村高夫「社会史の言語論的アプローチをめぐって」『三田学会雑誌』11号　1993
宮腰英一『十九世紀英国の基金立文法学校』創文社　2000
三好信浩『イギリス公教育の歴史的構造』亜紀書房　1968
D・K・ミュラー/F・リンガー/B・サイモン編，望田幸男監訳『現代教育システムの形成』晃洋書房　1989
村岡健次『ヴィクトリア時代の政治と社会』ミネルヴァ書房　1980
山本範子「名誉革命成立期のモラル・リフォーメーション運動」『寧楽史学』41号　1996
K・ライトソン，中野忠訳『イギリス社会史　1580－1680』リブロポート　1991
P・ルントグレーン，望田幸男監訳『ドイツ学校社会史概観』晃洋書房　1995